· 和谐司法理念

· 象思维下的中华法系

· 礼乐刑政

· 文化传统

· 司法理念的道德基础重建

中国司法理念的变迁

马毓晨◎著

中国法制出版社
CHINA LEGAL PUBLISHING HOUSE

序言一

俞荣根[1]

一个退休多年的老头如果还有兴趣读点学术类文字，大致有这样一些原因：一是几十年养成的“嗜书癖”，说好听一点叫习惯成自然。二是相信了比自己更老的老人的教诲：“活到老，学到老。”三是被时下一些养生大师忽悠，说这样可以减缓脑功能衰竭速度，预防老年痴呆症。反正宁可信其有，不可信其无，如是而已。诚然，前提是身体吃得消，有一把老骨头支撑着。这些便是我拜读马毓晨博士大稿《中国司法理念的变迁》的心境。

作者在不同的高校里分别攻读了法学学士学位、科学技术哲学硕士学位和法学理论博士学位，出自这些学科几位名师门下，单就她法学博士学位的导师姚建宗教授、副导师张保生教授来说，便都是人品学识受人称道的法学界中生代梁柱级别人物。可想其在知识结构、研究视野、师法家法、综合创新方面自有一套讲究。读这样的作品确实与当年审读自己指导的学生写出来的论文不大一样，有种新颖感，让我这样一个自认为阅过些人、阅过些文又过了时的老头重新打开了半闭的眼，尝到了新知，或许真是一剂防痴呆的良药呢！

作者以“和谐司法理念”为核心向纵横两个维度扩展。纵向度从古至今，洋洋六大篇章，占了全书四分之三的份额。横向度论及“和谐司法理念”的

---

① 俞荣根，男，汉族，1943 年 1 月生，浙江省诸暨市人。当代著名学者，中国法学名家，享受国务院政府特殊津贴专家，国家有突出贡献专家。曾任西南政法大学副校长、重庆社科院院长、重庆市人大常委会委员（驻会）和法制委主任委员、第九届全国政协委员。出版了《儒家法思想通论》等 20 多种专著和合著。

内涵外延、功能特质，尤其着力于中国传统文化对“和谐司法理念”之孕育和成型的文化学理探讨，并由此进路归纳析论“和谐司法理念”的六个“下位理念”，及其重在追求“实质正义”的司法价值取向。诚然，这样的学理论析和法文化研究是贯彻全书的。

马博士每每自称“小女子”。翻阅书稿，发现“小女子”有大魄力，简直像一位学界“女汉子”。试看她的立论，“人类只有两大基本信仰形态：一是上帝信仰，二是敬天信仰”。（参见本书第15页）不用说，前者是西方的信仰，后者乃中华的信仰。“中国古代的法律，如果失去了礼的精神指导和制度配合，就会成为毫无意义的空文。同样地，在西方社会，如果没有了宗教信仰的支撑，法律也会失去生命力。”（参见本书第109页）近世至今，多少学人痛陈中土无信仰，以致道德沦丧，法治不彰。“小女子”大呼一声：不！中华民族自古有信仰！有敬畏！她论证说：“敬畏之心才是中国人司法理念的最终源泉和最强大的推动力。只有建立在有如此强大生命力的司法理念基础上的法律，才能得到每个当代中国人发自内心的尊重，才会得到民众认真的遵守。”（参见本书第212页）中国“和谐司法理念”正是建立在“敬天信仰”的基石上，“如果仅仅从司法层面看，通过司法达到的是整个社会秩序的和谐，但如果上升到‘天人合一’的最高层级看，通过司法还能达到整个宇宙秩序的和谐”。（参见本书第29页）若问这种“敬畏之心”“敬天信仰”积淀于民众心灵中那至上恒定的“道德律”是什么？作者答曰：“善恶因果律！”简洁直白，无一丝一毫含糊。

我等治法史者的学术境界无非两条，用四个字可概而括之：一曰求真，二曰达变。前者为尊重历史真实，后者有司马公留下“通古今之变”教言。积吾四十年学研经历而知，求真难，达变更难。达变，须认知当代，把握当下，谈何容易！所以，对那些敢于“通古今之变”的学界师友，我除了钦佩还有羡慕。马毓晨博士把文章写到“当代”，写到2017年10月中国共产党召开十九大以后，这正是吸引我读它的一大原因。作为一位儒家法思想的研究者，我也经常在考虑，儒家法思想的当代意义究竟表现在哪里？在当今具体的司法实践中，究竟还有没有载体？马毓晨博士大著探究的正是这些问题。书中直面“我国现有司法理念与司法制度之间存在不协调之处”，作者揭示说，司法的“危机”，就其深层的文化缘由而言，在于法律制度“与传统司法理念不符或者背离过甚”，从而“被架空”，作出的判决“被‘民意’推翻”。而所谓“民意”，“正是中国几千年来传统司法理念在当下的载体”。（参见本书第 214 页）

美国人类学家罗伯特·雷德菲尔德（Robert Redfield）在其名著《农民社会与文化》中提出“大传统与小传统”的二元分析框架。这也是马毓晨博士写作的借鉴方法之一。显然，“民意”应该归入“小传统”之中：“到了近现代，儒家思想的大传统地位在中国被彻底地推翻了。小传统表现为长期形成的地方风俗习惯，文化传统隐藏在风俗习惯更深的内涵里，往往通过集体无意识来维系，因此超稳定，几乎不存在被推翻的可能性。”（参见本书第 14 页）乍一看，似觉作者对司法回归“民意”小传统信心满满。但细细品味，才发现这位“80 后”的女博士竟也肩负一副重重的历史使命担子，心头翻腾的仍然是挥不去的文化忧患意识。法学学者对法的深层思考都会走向哲学，又会从哲学走向文化，走向文化人。自 20 世纪 90 代起，刑法哲学、民法哲学、法哲学、法文化、司法文化之类的新著一部部登上法学书架，不应看作偶然的功利性现象。这些法哲学、法文化学者往往既抱有文化复兴的乐观心情，又怀着深深的文化忧患。当我看到马毓晨博士在本书后记中说她有“科学技术哲学”的硕士学位背景时，也就明白她书中字里行间渗透出来的那种乐观自信与忧患焦虑交织的文化宿命了。

是啊！小传统缺失大传统的滋养能走远吗？恢复大小传统互济互补机制的路在何方？中国人的家曾经是大传统与小传统交融一体的场所，是亲其所亲、老其所老走向及人之亲、及人之老的出发地和归宿地，是一切疲惫、受伤的灵魂得以能量补充和修复的港湾，是传授“善恶因果律”的启蒙老师和终身导师，是它最尽职的监督者和奖善惩恶的执法者。这样的中国式家庭的复建工程如何完成？记得汤因比与池田大作的对话录《展望二十一世纪》中说道：“大乘佛教和儒家思想可以拯救世界。”其中应包括它们的家庭文化和“善恶因果律”。我曾在广东汕尾瞻仰过一座恢宏的土地庙，至今记得高耸的山门两旁的对联：“善有善报，为善不报，祖宗必有余恶，恶尽必报；恶有恶报，为恶不报，祖宗必有余德，德尽必报。”这种信仰曾代代相传，延至我们的父祖辈。马博士说："如果要重建当代中国的道德伦理的话，那么重建道德层面的善恶因果律才是当务之急，因为只有在善恶因果律的基础上才能建立起中国人的敬畏之心。内心有了敬畏之后，才能谈内心对法律的敬畏与遵行。"（参见本书第 212 页）话是对的。问题是，被庸俗唯物论丑化、妖魔化的"善恶因果律"还能重新安顿到民众的心灵中去吗？还有，人们津津乐道的中西文化、中西法文化的融合之路还有多长？过去，我曾告诫想入门或将入门的青年学生朋友："书读得越多忧患越多。"我还有后半句："忧患出思想。"读着马毓晨博士的书稿，又一次信吾言是之。她的问题意识正在这里，而且不躲不避，直入难题，孜孜探寻。中华文化之生生不息的奥秘，就蕴藏在我们有像马毓晨博士这样自投忧患之网的才子才女，且不知其有几千万之众也！那些问题被人们称为"世纪之问"，它们的答案不仅要从读者眼前这本书的字面上去寻找，更须从字里行间去体察。其实，倾注着作者炽心热血的这本书本身就是一种良心回应，包括作者、读者在内的千万法律人、十几亿自然人和法人的法律实践、文化守望与复兴活动更是一种最有力度的回答。我和作者一样，相信中国法治事业的深厚伟力，不囿于书斋理论，而成长于改革开放之实践。

走笔至此，脑海中忽地冒出了鲁迅先生说过的话："我们自古以来，就有埋头苦干的人，有拼命硬干的人，有为民请命的人，有舍身求法的人……虽是为帝王将相作家谱的所谓'正史'，也往往掩不住他们的光耀，这就是中国的脊梁。"在中华民族走向伟大复兴的当下，在中华文化历尽磨难渐现重光的今天，我们确实需要改"他信力"为"自信力"，重温一下鲁迅先生的《中国人失掉自信力了吗？》，大有益处。

最后有必要交代一下这则文字的来历。为新锐作者的处女作写序，是一桩神圣而又严谨的学术事业。唯其神圣，本老头不配。理由有三：一不是马毓晨博士读硕士或博士阶段的指导老师，二不曾忝列她的硕士论文或博士论文答辩委员会成员，三没有担任过她从本科到博士课程的任课教师。所以，没有资格为这部大作写序，不敢贪名冒功。唯其严谨，本老头怕累。这是大实话。轻轻松松地翻读书稿尚可，作序这样的苦活累活还是免了吧。然而，这位博士作者不依，她拿出写这本大书时的那种韧性，就差一点说出"您还是学儒的呢”这句狠话了。对的么！谁叫咱是学儒的呢！儒家的师道不就讲“诲人不倦”“己达达人”吗！成人之美，也算积一小德吧！马大博士揭示的“善恶因果律”可把本老头降住了。不投降不行啊！但愿这些东拉西扯的文字不至于损害本书的价值，不至于坏了读者的好心情。善哉！善哉！

2018 年 11 月 26 日

于海南盈滨双栖居

序言二

马小红[①]

毓晨的博士学位论文《中国司法理念的变迁》要出版了，这是一件值得高兴的事情。因为读了她的论文后，我能感受到她在写作时的那种全身心的投入和百分之百的用心。因为有了这种投入和用心，所以将要与读者见面的这本书涉及的知识领域才如此广泛：西方哲学、中国传统文化、法学理论知识、案例的分析，等等，无不涉猎。她尽可能多视角地告诉读者什么是司法理念，基于象思维的中国传统司法理念与基于“概念思维”的西方司法理念有什么不同，中西文化的冲突与融合给近现代中国的司法理念带来了怎样的改变，现实中的司法理念又是如何延伸传统的，等等。

在与毓晨交流的过程中，让我印象最为深刻的是她对象思维与中国传统司法理念关系的分析。象思维是中国文化的原创性思维，其与西方的概念思维并驾齐驱。象思维从“象”出发，在“象”不断的流动与转换中，通过超越“象”来达到认识事物的目的。象思维直接体现于中国古人的司法理念中，与现实司法中所运用的“三段论”思维大相径庭。三段论有个必然的推理前提，即在大前提和小前提都正确的情况下，才能保证结论的正确。但是从象思维出发，是找不到确定无疑的大前提与小前提的，因为一切都在变化过程中。象思维强调的是“位”的重要性，通过“位”可以开启丰富的想象和联想，这正是中华文明几千年来不断创新发展的不竭动力。直到今天，民众更多的也是遵循象思维模式来考虑问题、解决问题的。在象思维模式下，司法

① 马小红，女，1958年11月生，山东青岛人。法学博士，中国人民大学法学院二级教授、博士生导师，中国人民大学法律文化研究中心主任。

领域的案件解决不再是一个独立的事件，而是社会关系链中的一个环节。这种思维的特点决定了人们并不关注案件的裁断及纠纷的处理是否符合法律的逻辑推理，而是关注问题的解决是否妥当地处理了人际关系，是否有利于社会秩序的和谐。总之，在象思维的影响下，"社会效果"才是评判司法的最终依据。象思维解释了中国文化背景下所产生的司法理念为什么以和谐为皈依。由此可见，和谐的司法理念有深刻而久远的中国传统哲学思想作为它的理论支撑。

以上这些颇为新颖的见解，相信会为读者理解中国当下的司法改革开启新的视角。即对当下的法律制度来说，如果其与中国传统司法理念相吻合的话，那么它的实效就会发挥得比较好，并容易得到民众的自觉遵从；如果其与传统司法理念不符或者背离过甚，这样的法律制度往往会被变相地架空，难以在审判过程中发挥应有的作用，甚至有些依法作出的判决也可能被"民意"谴责以致推翻。而所谓"民意"，正是中国几千年来传统司法理念在当下的载体。通过阅读本书，可以得出这样一个结论，对传统法文化的甄别发掘已然成为当下法治发展的迫切需要。

毓晨邀我为这本书作序，但客观地说，书中所涉及的有些领域确实超出了我的专业范围，故而写了一点作为先读者的感想以供读者参考。毓晨说一笔写不出两个"马"，我想这就是我写这篇序的充分理由了。

2018 年 11 月

前　言

中华文明是世界上唯一由古代文明延续至今的文明，其他的古代文明都因为各种各样的原因先后灭亡了，仅此一点就能证明，中华文明自有它的独特性和优越性。世世代代在这片土地上生活着的民众自然就是这一文明的载体，或者说这一文明已经化为基因使之代代相传。在这一文明孕育下的传统司法理念也是极具中华民族特色的。

中国传统的司法理念是和谐，这种和谐是建立在人类社会秩序对宇宙运行规则效法基础上的。这种和谐的理念有深刻而久远的中国传统哲学思想作为理论支撑。从和谐这一基础理念上我们推衍出其下位理念，包括慎刑的理念、教化的理念、调解的理念、司法裁判符合民意的理念、执法平等的理念、象思维的理念等。同时指出这样的司法理念是与传统文化融为一体的，也是与中华民族祖祖辈辈的生产生活方式相适应的。自晚清以来，司法理念经历了从几千年来传统社会的和谐理念开始的变迁过程，晚清人士主张全面向西方学习宪制的司法理念，国民党政府提出了以“三民主义”为指导的“司法党化”的理念，新中国成立前中国共产党提出了“新民主主义”司法理念，并推出了极具特色的马锡五审判方式。新中国成立后，在全面移植苏联司法理念的基础上，又推出了“阶级统治工具”的司法理念；“文化大革命”结束后，司法理念沿着“司法为民”的理念前进了大约20年的光景；在21世纪初，中国共产党根据中国的司法实践以及法治建设目标，提出了中国特色社会主义法治理念，近期提出的习近平法治思想才真正指明了未来的发展方向：要体现鲜明的中国特色，而且要和中国的大国地位相匹配。这意味着，司法理念向传统的回归，既包括向几千年来和谐司法理念的回归，又包括向新传统中“司法为民”理念的回归。这一理念与西方的司法理念有本质区别，彰显了当今中国作为一个经济强国，要向文化强国迈进的决心。

在对中国司法理念历史发展进行梳理的过程中，我深深地感悟到这样一个事实：历史上每一代法律人都会受到其所生活时代的各种限制，其法学思想也不可能超越其所处的时代，所以站在今天的立场，以当代法律人的经验为基础，去品评与裁量历史法学人物的做法是错误的。我们应该更多地注重历史法学人物在当时社会环境下的所思所想，以及关注他的前代人对他所产生的影响。由此我想阐明的是，不要用现在的眼光以及看问题的方式去苛责历史法学人物，如果我们生活在那样的时代，在当时既定的各种条件下，我们未必比他们做得更好。如果时间不能倒流的话，那么，总认为我们比前辈法律人更优秀的想法就没有任何意义，当然，总去指责前辈法律人所做错的事情也没有多少现实意义。我们冷静地看待法学思想发展的历程，分析中国司法理念变迁，是为了更好地回答，如何从不断变迁的历史中吸取有价值的经验，让我们的法治未来变得更加美好。

因此，本书写作的目的有两个：一是从中西方文化差异的角度论证中国特有的司法理念的形成机制；二是运用法律文化发展的基本理论，深入考察中国近代以来的司法理念发展进程及其主要脉络，深刻揭示中国司法理念从晚清到当代转型的内在机理及其特点，科学把握从传统司法理念向当代司法理念转变的基本规律，进而为探寻司法理念发展的中国道路和中国模式打下坚实的基础。由此，本书重点研究从晚清到当代近 200 年间中国司法理念发展演化的进程，从而为当代中国特色社会主义司法理念的形成寻找到坚实的历史依据。随着中国经济的崛起，中国正在以崭新的姿态重新屹立于世界民族之林。中国有坚定的道路自信、理论自信、制度自信、文化自信，其本质是建立在 5000 多年文明传承基础上的文化自信。相信随着中华民族文化自信心的不断增强，习近平法治思想也将大放光彩。

谨以此书，向每一代为中国的法治发展进行过艰苦卓绝探索的人们致以崇高的敬意！向所有为中华民族独立和富强作出过贡献的人们致以最崇高的敬意！

目 录
CONTENTS

第一章

问题与方法

一、司法理念的概念

司法理念与司法制度是司法文明中两个重要的组成部分。可以说，司法理念是司法文明的内核，司法制度是司法文明的外壳。司法理念指导着司法整体的价值取向和发展方向，并直接决定着司法制度的整个面貌，二者是一种互为表里的关系。[①]

司法理念是司法的原理、观念、价值观，是司法制度在建构和设计中的指导思想、原则和哲学基础。[②]它是一系列价值选择的结果，并指向某种特定的目标，这种价值选择以及特定的目标主要是由民族文化决定的。司法理念指向的特定目标是司法正义，包括实质正义与程序正义。

司法理念是一系列下位概念的集合。中西方文化的差异很大，导致中国传统社会的司法理念的下位概念与西方现代社会的司法理念的下位概念有很大的差异性。中国传统社会的司法理念的下位概念主要包括：象思维的理念、以家族主义为前提（以血缘为纽带的集体主义）的理念、地方行政兼理司法的理念、慎刑的理念、调解的理念、教化的理念、执法平等的理念、追求实

① 崔永东：《西方司法理念与司法制度》，载《中国刑事法杂志》2010年第11期。

② 范愉：《现代司法理念的建构》，载《检察日报》2001年7月17日。

质正义的理念等。西方现代社会的司法理念的下位概念主要包括：概念思维的理念、以个人主义为前提的理念、司法独立、司法专业化、司法中立、司法平等、程序正义至上的理念等。不可否认的是，二者在当代中国是一个不断发生撞击与不断融合的过程。

本书所研究的理念是由司法制度（包括国家法和民间法，民间法的主要表现形式是风俗习惯）和司法活动（主要体现为具体的案例分析）支撑的理念，仅仅是理论层面探讨的观念问题不在研究范围之内。另外，本书认为理念与观念是相关而不相同的概念：理念是观念，但它是最核心、最源头、最基础的观念。因此，本书只研究每个时期的“理念”问题，对与“理念”形成无关的各种各样的观念不予研究。

司法理念是谁的理念？是司法人员[①]的理念自然不错，因为是司法人员在进行司法活动，但若进一步追问会发现，司法人员的司法理念并不是随心所欲的，他们必须遵守国家法所体现的司法理念，而国家法所体现的司法理念表征着国家意志。尤其是反映并维系国家政治制度的司法理念，不仅直接体现着国家意识形态，而且直接决定着司法人员的司法理念。除此之外，还有法学理论界的学者，法学学者直接或间接地参与国家法的制定，也就影响着司法理念的走向。但广大民众的司法理念的主要来源仍然是日常生活习惯和经验，主要以民间习俗作为载体，往往通过“民意”的形式表达出来。民众的司法理念对个人行为具有指导和规范的价值作用，他们固有的司法理念可以外化为与之协调一致的具体行为，同时使他们的外在行为有明确的目标及价值取向。[②]所以，司法理念的主体可以设定为两个，一个是国家，另一个是民众。另外，司法人员自身所持有的司法理念也是需要考虑的，他们既是一个自然之人，又是一个理性之人，这决定了其司法理念一方面源于他们自己的生活习俗，另一方面源于他们在系统的法学教育中学习到的司法理念与制度，这不仅是一个逻辑推论，更是一个人真实的生活写照。

---

① 司法人员包括在公检法司工作的人员，但是，就本书而言，更多的语境下，是指在法院从事审判工作的人员。

② 张建伟：《社会主义司法理念的中国诠释》，载《人民法院报》2011年8月24日。

二、问题的提出

我国目前正处在社会转型期，各种社会纠纷大量增加，进入司法程序的案件也呈“爆炸式”增长。司法作为法律与社会之间重要的纽带，作为化解各种纠纷的最后手段，需要发挥定分止争、维护人们所期望的安定、和谐社会秩序的作用。但是，伴随着一些案件中出现的司法腐败、司法不公等现象，民众上访信访的现象有所增加，阻碍了司法发挥定分止争的作用。为了应对司法中出现的这些问题，当今中国正在进行一场涉及方方面面的司法改革，这场改革包括形而下的司法器物改革，比如法庭之上法官所使用的法槌和法袍等，也包括形而上的司法理念改革，还包括中间层级的司法制度改革。[①] 这场司法改革的先导应该是司法理念的变革。

我国现有司法理念与司法制度之间存在很多不协调之处。在大多数司法制度比较成熟的国家，司法改革都是从改变司法理念入手，在司法理念转变之后，再进行具体的制度层面的改革。而我国司法改革的过程，通常都是为了解决现实司法中出现的问题，先进行制度方面的改革，将制度落到实处后，再对相关的理念进行修正。这样的改革方式会导致司法理念与司法制度很难达到统一，从而也就无法发挥司法理念对司法制度应有的指导作用。

我国现行的一些法律，无论是司法理念还是司法制度，与我们内心世界的道德律还是有距离的。这就是我们所面临的困境之一。[②] 要走出这个困境，就有必要探索中国人的内心秩序，因为，外在世界良好秩序的形成最终依赖于每个人内心世界的良好秩序。当遵守规则成为每个人内心的真实想法以后，其外在行为才能表现为自觉守法，良好的社会秩序才能最终形成。

纵观中国近现代史可知，通过政治力量可以很容易地构建法律制度体系，不同的政治力量可以很轻易地改变以前的法律制度体系，而且每个法律

---

① 季秀平：《关于现代司法理念的一些误区》，载《南京社会科学》2006 年第 7 期。

② 喻中：《社会主义法治理念概论》，法律出版社 2012 年版，第 12 页。

制度体系都体现着不同的法律理念。但是，一旦把官方制定的成文法应用到具体的司法过程中，马上就会遇到各种各样的阻力，甚至会使制定完备的法律成为一纸空文。原因在于民众的司法理念与制定法所承载的司法理念是不同的，甚至是截然相反的。中国广大民众的司法理念是如何形成的，其根基究竟在何处，这些都是本书探讨的重要内容。只有弄清楚了这些问题，我们才能提供让民众信服的司法。

三、司法理念与文化

司法理念的变迁过程并不是一个单独的法律事件，甚至首要的并不是法律事件。法律和社会之间的内在关联性和一体性决定了只有在社会变迁的整个历史中，才能把握住司法理念变迁的内在根据。[①] 世界上绝不可能出现一个脱离于本国历史与文化[②]的司法理念。马克思曾经说过，人们不能随心所欲地创造自己的历史，而只能在他们既定的条件下继续创造历史。[③] 霍姆斯认为，任何一个时期的法律内容都大致与当时适宜的条件相应，但是它的形

① 叶传星：《当代中国的法理念：以构建和谐社会为背景的考察》，中国政法大学出版社2012年版，第1页。

② 文化是由人们行为选择的价值取向形成的一套观念体系，这套体系的内容指示了行为规则，文化支配了人们的行为选择模式。文化是一个民族的灵魂，文化也是一个民族的性格和品质，文化还是一个民族的特征和共性。从历史上看，文化是一个民族世代发展中流动的血液，文化也是世代传承中的精神纽带，文化还是世代交替中的精神基因。文化构成了人类行为最广阔的生活世界背景，一种文化本质上是一个民族的生活，是一个民族“集体无意识”的思想和行为模式。文化是民族的生命有机体和精神家园。斯宾格勒把文化比喻为民族的生命之树，他说：“每一种文化都以原始的力量从它的土生土壤中勃兴起来，都在它的整个生活期中坚实地和那土生土壤联系着；每一种文化都把自己的影像印在它的材料，即它的人类身上；每一种文化各有自己的观念，自己的情欲，自己的生活、愿望和感情，自己的死亡。从根本上说，文化是民族的生活实践，每一种文化都因不同的自然地理、历史文化、政治经济等特定民族生活实践而呈现出不同的民族性。当一个民族的文化被别人吸收了，当一个民族的文化没有了，中断了，这个民族就消失了。”参见［德］斯宾格勒：《西方的没落》（上卷），齐世荣、田农等译，商务印书馆1995年版，第20页。

③《马克思恩格斯选集》（第1卷），人民出版社1976年版，第603页。

式和机能以及达到理想结果的程度，则多半取决于历史。[①] 崔永东教授认为，法治的基础就是文化。每个民族的法治都是以本民族的文化为基础的，否则的话，法治就会成为悬置在半空中的无根之花，这样的法治是没有生命力的。[②]

在任何一种文化中，核心都是信仰问题。信仰指向的是存在的意义，“意义”背后则体现着价值，因此，所谓信仰指的就是文化的内在价值系统。人类学家说，给定我们所信仰的内容，就决定了我们必然的行为方式；而给定了我们行为的方式，又决定了我们必须信仰的内容。[③] 如果说法律也是决定我们如何行为的规则的话，那么它背后一定有强大的信仰力量作为支撑。

任何一个民族的法律本身都是该民族文化的一种表现形式，因此，就法律而言，它不可能仅仅来源于人们主观的想象和理性的建构，它必然受到该民族文化模式的种种制约。如果忽视民众对法律的切身感受和体验，忽视民众所依存的文化系统，法律就会沦为一种纯文字游戏。[④]

凡是有自己文化的民族都有自己的法律文化，并且它带有很强的传统习惯的思维定式，在一定文化环境中成长的人都很难摆脱这样的思维定式，所以法律文化有很强的现实性，它指导和决定着人们对法律现象的看法和行为。陈晓枫教授这样定义法律文化：法律文化是决定特定民族中法律规则特征的指令系统，基本法的文化则是人类历史上缔结社会组织时所依循的最基本的理念和其作用下的基本原则。[⑤] 他将法律文化分为三个层次：一是表层结构，表现为现实的法律制度和设施，这是法律文化所要求的外在的行为准则；二是中层结构，表现为法律关系、法律经验以及法律技术在整体上的联

---

① ［美］霍姆斯：《普通法》，冉昊、姚中秋译，中国政法大学出版社 2006 年版，第 320 页。

② 崔永东：《法治的基础是文化》，载《人民法院报》2013 年 7 月 19 日。

③ ［美］吉尔兹：《地方性知识：事实与法律的比较透视》，载《法律的文化解释》，生活·读书·新知三联书店 1995 年版，第 89 页。

④ 田成有：《传统与现代：乡土社会中的民间法》，中国政法大学 2005 年博士学位论文，第 12 页。

⑤ 陈晓枫：《中国基本法文化的特征及其当代变迁》，载《中国法学》2015 年第 1 期。

系，它带有对法律概念的理解和评判；三是深层结构，是民族文化沉积而成的法律思维定式、法律价值观念，是驱动人们对法律理解接受和采取行为方式的内在因素，它通常表现为人们日常生活中的潜意识。①

司法理念作为法律价值观念的一个重要组成部分，必然地受到整个民族和国家的整体文化②的影响，作为司法理念载体的司法制度本身必然承载着一个民族文化生活的深层价值。美国学者格伦顿认为，“必须记住法律是特定民族的历史、文化、社会的价值和一般意识与观念的集中体现，任何两个国家的法律制度都不可能完全一样，法律是一种文化的表现形式”③。

（一）西方法律理念在理性与信仰之间流变

西方法律理念有其内在的文化基础，其背后有一整套的西方哲学思想传统作为内在支撑，而哲学正是每个民族的文化精华。

从西方文明的发展史来看，是希腊文明的理性孕育了它的逻辑思辨哲学，是希伯来文明的信仰孕育了它的心灵祈盼哲学。④希腊理性哲学认为人是理性的动物，人应通过理性来认知这个世界；希伯来宗教哲学认为人的本质既不是理性，也不是动物，人是上帝按照自己的形象创造并且高于动物的被造物。有上帝形象的人应该过虔敬信仰上帝的生活，遵守上帝的律法就是人生的全部意义。希腊哲学开辟的是“理性—认知—理智的生活”这样一种理性主义的认知方式和生活之路；希伯来宗教则奠定了“信仰—律法—虔

① 陈晓枫：《中国法律文化研究》，河南人民出版社 1993 年版，第 18 页。

② 可能有人会反驳说，随着全球化的发展，法律的趋同性在增加，尤其是对于国际法来说，体现的民族性是比较弱的。对于这个问题，首先，司法理念主要是就一国国内的司法而言的，而国际法对当今的中国绝大多数司法机关来说，适用的次数都很少，基本可以忽略；其次，就这个问题，我专门向浙江大学国际法方向的马光教授请教过，他明确表示，当今国际法带有明显的西方国家的价值观，换句话说，假设国际法由中国主导制定的话，那么和当下的国际法应该有极大的差别，因为中国也会不由自主地加入中国的价值观念在里面。

③ ［美］格伦顿、戈登、奥萨魁：《比较法律传统》，米健译，中国政法大学出版社 1993 年版，第 21 页。

④ 近年来，中国学者越来越多地接受了西方文明是“两希文明”的“后代”之说，这表明大家已经开始认识到基督教对西方文明的塑造作用。

敬的生活”这样一条信仰型的得道方式和生活之路。[①]

古希腊时期的法观念认为：第一，公民必须遵守国家法律，不论这样做会带来什么后果；第二，在国家的法律之外，还有一种独立的道德法（也称作自然法）存在，它高于国家法，可以用来评判国家作出的各种判决是否道德或公正；第三，对各个公民来说，假如他办不到说服国家承认法律在道德上犯有错误，那么遵守国家的法律就是他必须履行的义务。因为神的律法本身便要求人类遵守法律，哪怕法律本身是不公正的。[②]而希伯来人的法观念正好与之相反，在他们看来，国家的法律在上帝的律法之下，国家的法律只有在和上帝的律法一致的时候才有效力，才会被遵守，而且他们还认为，上帝作出的判决无论多么费解，也绝不可能帮助“不公正”来对抗“公正”。[③]

古希腊哲学先后出现了几大流派，他们分别从“变”与“不变”，“一”与“多”的角度，对自然界的本源作出解答，但彼此之间最终没有达成一致意见，发展到最后滑向了智者学派的诡辩，古希腊的民众逐渐对诡辩失去了兴趣，也对哲学的思辨不再感兴趣。从某种意义上说，是理性主动为信仰让出了地盘。公元前 332 年，亚历山大大帝征服以色列之后，在以色列等地区开始推广希腊文化，在这样的历史机缘下希腊哲学与希伯来宗教初遇了。公元之初，希伯来宗教衍生出了基督教，经过早期教父们的努力形成了中世纪的经院哲学，并借助基督教把上帝信仰植入了欧洲文化，[④]使之成为其中的重要组成部分。中世纪是一个信仰为主的时代，这个时代的理性为信仰服务。

---

① ［英］罗素：《西方哲学史》，商务印书馆 1982 年版，第 38 页。

② ［英］丹尼斯·罗伊德：《法律的理念》，张茂柏译，新星出版社 2005 年版，第 33 页。

③ J. Needhom, Science and Civilization in China, Vol.2, Cambridge University Press1956, p.18.

④ 古希腊和古罗马的宗教有一个共同的特点，就是并不教给人以良好的道德。他们的神具有人的所有的缺点，他们比人的高明处仅仅是本事大，他们什么坏事都能干！包括愤怒、嫉妒、报复心、不公平、诱奸、乱伦。有些人，中国也有，西方也有，对古希腊罗马文化，毫无批判，崇拜得五体投地。它的确非常辉煌，但是它有重大的缺陷，可以称为患了癌症的文明。何光沪先生认为，正是基督教拯救了古希腊和古罗马。《圣经》要求基督徒“不要效法这个世界”，这当然指的是罗马帝国腐烂的、道德败坏的生活，要求基督徒过一种有道德的生活。何光沪先生进一步认为，基督教是西方文明的灵魂，西方文明取得辉煌成就的原因是它的宗教信仰。何光沪：《基督宗教与西方文明》，载《暨南学报（哲学社会科学版）》2013 年第 12 期。

近代科学是人们在此岸世界用来探寻奇妙宇宙的方式，目的是更深刻地认识上帝，更加虔诚地信仰上帝，[①] 这种想法在大科学家牛顿身上表现得尤为明显。[②] 也就是说，大家希望通过科学手段来实现对上帝的理性信仰。安瑟尔谟[③] 关于上帝存在的先天证明，以及托马斯·阿奎那[④] 通过“五路”的路径来证明上帝的存在等，都试图通过严密的逻辑推理来证明上帝的存在。他们不断求证的结果却与《圣经》的描述不相符，以致走到了用科学反对宗教的境地，但是，不能否认，科学与理性在近代取得突飞猛进的发展是和对宗教的虔诚信仰密切相关的。

文艺复兴和启蒙运动以来的近代西方文化包含两个部分，一是理性主义在欧美国家发扬光大并把欧美国家推向了世界的顶峰，书写了西方文化中最辉煌的一页；二是犹太—基督教信仰，尽管基督教在欧美国家变得空前的世俗化了，但是，这并不是基督教本身的破产。[⑤] 在当今的西方，基督教的传统价值观念仍然发挥着塑造人格和道德约束的作用。

当启蒙思想家用理性激烈地批判宗教的狂热信仰时，宗教哲学家也猛烈

---

① 严行：《中国文化与基督精神》，https://www.douban.com/group/topic/26677260/，最后访问时间：2017 年 1 月 29 日。

② 牛顿有一位朋友，就是英国著名天文学家哈雷，他不肯相信宇宙中一切的天体是神创造的。有一次，牛顿造了一个太阳系模型，哈雷来访，急着问这是谁造的。牛顿回答说，这个模型是各种材料凑巧碰在一起形成的。哈雷说，必定有创造它的人。牛顿说：“这个模型比起真正的太阳系，实在算不了什么！你尚且相信一定有制造它的人，那么比这个模型精巧亿万倍的太阳系，岂不是全能的神用高度智慧创造出来的？”哈雷这才恍然大悟，也相信了有神存在。从这个故事可以清楚地看出，对于牛顿来说，他所进行的科学研究，就是为了证明上帝的伟大。参见《牛顿妙譬说服哈雷证明他看到神》，http://tieba.baidu.com/p/1980691964，最后访问时间：2016 年 12 月 7 日。

③ 安瑟尔谟仅仅依赖于概念的分析来证明上帝存在，与从经验事实出发来证明上帝存在的“后天证明”相比，这是典型的先天证明。它的先天性表现在两点：一是它是对“上帝”概念的意义所做的逻辑分析；二是“上帝”概念是证明的出发点，不像后天证明那样直到结论才出现。参见赵敦华：《西方哲学简史》，北京大学出版社 2008 年版，第 142 页。

④ 托马斯·阿奎那提出了关于上帝存在的五个证明，简称“五路”。第一个证明：依据事物的运动；第二个证明：依据事物的动力因；第三个证明：依据可能性与必然性的关系；第四个证明：依据事物完善性的等级；第五个证明：依据自然的目的性。参见赵敦华：《西方哲学简史》，北京大学出版社 2008 年版，第 158 页。

⑤ ［英］库比特：《西方的意义》，王志成、灵海译，四川人民出版社 2012 年版，第 44 页。

地抨击着理性和科学。如果说启蒙思想家对狂热的宗教信仰的批判为科学的发展开辟了道路的话，那么宗教哲学家对理性的批判则遏制了理性的过度膨胀。爱因斯坦认为，科学如果离开宗教就会导致科学的跛行，宗教如果离开科学就会导致宗教的盲行。在西方，科学和宗教共存于统一的西方文化体系中，从而避免了“科学跛行前进”或“宗教盲行前进”。①

宗教存在的意义就在于服务于道德的需要。②一切真正宗教的目的和本质就是人的道德。③宗教通过践行道德来实现对善的信仰。若一个人缺乏信仰，就会期望通过财富和权力来增强自身的安全感，就会下意识地去做利己的事情，甚至不惜践踏一切人间法律，从而道德也无从谈起。④因此可以说，法律以道德为基础，而道德是建立在宗教之上的。

塔玛纳哈教授认为现代西方的法治传统起源于中世纪的宗教，因为它蕴含着许多法治理念形成和发展的因素：中世纪的法律高于统治者，是因为那时的人们相信存在神圣法和自然法，现代法治国家依然强调法律高于统治者和国家机构；法律与宗教的不可分，使人们获得了“正义与神圣同义”的理念；⑤在西方，法律能被人们崇敬和信仰，就在于法律取得了和宗教一般的神圣地位。

在西方现代社会中，个人主义成了西方现代社会的理论基石，个人也取代了上帝的位置，成了价值的基础。个人主体性的过度张扬逐步瓦解了西方

---

① 傅有德：《理性与信仰之间：西方文化的源流与生命力》，载《世界宗教文化》2014 年第 5 期。

② 美国人说，美国的基本价值是在美元上的一句话体现出来的：“In God We Trust”，即我们信赖上帝，所以说，美国的教堂比银行还多、还珍贵。他们对于教堂也有定义，“Church is the incubator of our national morality”，教堂是我们国家公民的道德孵化器。欧洲大陆也有类似的说法：“Modern Europe has been brought about by the cultural nurse of church”，即宗教是我们欧洲现代文明的文化保姆。有人认为，美国近 20 年正在以宗教信仰重塑负责的家庭伦理和自由和谐的社会精神风貌。参见张晋藩、郭道晖、陈光中等：《“中华文化与现代法治”对话录》，载《中国政法大学学报》2010 年第 5 期。

③ ［德］黑格尔：《黑格尔早期神学著作》，贺麟译，商务印书馆 1988 年版，第 171 页。

④ 黄瑞英：《走向理性信仰的意义世界——康德道德信仰观对我们的启示》，载《东南大学学报（哲学社会科学版）》2009 年第 1 期。

⑤ 转引自陈弘毅：《法治国家要有道德基础》，载《领导科学》2015 年第 9 期。

文化传统的道德基础，比如单纯从个人主义出发建立起来的公平与正义就是缺乏道德根基的，它只是在特定时空下特定人群之间所达成的一种相对共识而已。如何避免出现因道德基础的崩溃而导致西方整个社会价值体系彻底瓦解的可怕前景，以及如何重建统一的道德价值准则，就成为西方当代哲学面临的主要问题。罗斯科·庞德说，在我们的生活中，如果承认法律是主要的社会控制手段的话，那么它就必须有宗教、道德和教育作为支持；如果法律得不到宗教和家庭教育的支持的话，那么它就更需要道德的支持了。① 涂尔干曾指出，现代西方社会精神迷惘和道德危机的一个重要原因就在于没有发现那些长期承载着最根本道德观念的宗教观念的理性替代物。② 在基督教走向衰落的今天，道德成为西方学者关注的重点，道德重建是从康德开始，经麦金太尔、施特劳斯，到德沃金这些一流大师不懈的追求。

康德指出，不是为了神才要有信仰，而是因为我们自身需要道德信仰提供的精神家园。康德认为宗教是以道德为内核，以信仰为外衣的综合体，而法律则是道德的外壳。形而上学的独断论是一切不信仰的源泉，而不信仰是违反道德的。因此，康德要做的是打掉思辨理性的狂妄自大，为信仰留出地盘。③ 康德在改造和扩充理性的前提下，又在实践理性的基础上重新树立起了宗教，最终实现了理性与信仰的统一。④

麦金太尔激烈地抨击西方当代道德的困境，既包括理论上的混乱，又包括实践上的支离破碎，在他看来，只有借助亚里士多德的目的论概念，强调在理性之上，必须有一个目的论作为指导，人才能产生道德。他认为传统伦理只残留于少数远离现代世界主流的边缘社群之中，而他的目的就是要拾起这些被肢解的碎片，重建道德思想的整体。⑤

---

① ［美］罗斯科·庞德：《通过法律的社会控制》，沈宗灵译，商务印书馆 2010 年版，第 37 页。

② ［法］涂尔干：《道德教育》，陈光金等译，上海人民出版社 2001 年版，第 12 页。

③ ［德］康德：《纯粹理性批判》，邓晓芒译，人民出版社 2004 年版，第 31 页。

④ 徐文俊、林进平：《康德对宗教合理性基础的批判与建构》，载《哲学研究》2001 年第 3 期。

⑤ 顾肃：《自由主义基本理念》，中央编译出版社 2005 年版，第 399 页。

施特劳斯把西方的现代危机归咎于西方人对理性的过度崇拜，他认为理性不但没有给道德提供必要的支持，反而进一步摧毁了信仰。人们需要由神来惩罚恶人，奖赏好人，因此人类就必须信仰超验的神。古代思想家对此已经做了相当充分的阐述，现代人反而走入了误区，认为理性就是社会生活坚实的基础。[①] 施特劳斯号召真正的自由主义者联合起来抵制步入邪途的自由主义者，因为他们已经忘了人类追求的应该是品质的高贵和德行的完满。[②]

德沃金在对法律实证主义进行全面批判的基础上，提出了价值一体性命题，这意味着在我们生活的价值世界中，各种价值之间是以一种统一的方式关联成一个整体。法律作为政治道德的一个分支，而政治道德生发于个人道德，最后个人道德源于伦理。这一新的理论图示能够最终解决"恶法非法"的问题。[③]

虽然那么多大师在为西方的道德重建而努力，但是，也必须看到，西方的道德重建还有很长的道路需要走，这也是当今西方社会所面临的重要的困局之一，当然，这一困局也直接制约着西方的法治发展。从以上西方哲学的发展历程来看，客观地说，它决定了西方当代法治有其自身不可避免的缺陷，对于这种固有缺陷，西方的哲人们认识得更加深刻到位，从他们的论述中，我们可以体会到他们深深的忧患之情。因此，我们应该杜绝对西方法治的盲目崇拜，客观公正地对其加以认识分析。

（二）中国的传统文化与文化传统

世界上的国家很多，但是能够称得上"文明体"的很少。中国文化自成体系，是与其他民族文化不同的独立的文化形态，因此，中国是一个真正文化人类学意义上的"文明体"国家。文明[④] 的载体是民族，民族形成的显著

---

① 顾肃：《自由主义基本理念》，中央编译出版社 2005 年版，第 391 页。

② ［美］列奥·施特劳斯：《古今自由主义》，马志娟译，江苏人民出版社 2012 年版，序。

③ Ronald Dworkin, Justice for Hedgehogs, Harvard University press2011, p.55.

④ 辜鸿铭认为人的道德教养水平最能体现一种文明的本质，最能反映一种文明价值的高低。在英译《中庸》一书的序言中，辜鸿铭认为，中国文明的目标就是限制人心的自我放纵，培养民众的道德责任感，这种"道德责任感"构成了中国文明设计下的人类行为和社会秩序的基础。

标志是群体超越了血缘认同，产生了文化认同。

传统文化与文化传统是彼此关联又有很大不同的概念。传统文化，是指中国传统社会中的文化，大家通常把周秦至辛亥革命之前的社会称作传统社会。传统文化包括各种历史典籍、历史文物以及非物质的历史文化遗产。文化传统是深藏在传统文化背后的文化理念、文化精神和文化信仰，是文化血脉的延续，每一个人都站在文化传统的延长线上。[①] 中国的文化传统就是尧、舜、禹、汤，文、武、周公这些先圣们所树立的治理秩序典范，即孔子所阐述的“道”，分化为信仰、礼俗和律法。[②] 正如庞朴先生所说，文化传统既在传统文化之中，也在当代文化之中，还在当代每个人的灵魂之中。如果说文化传统是形而上的道的话，那么传统文化就是形而下的器，即道在器中，器不离道。[③]

在文化传统中，起核心作用的就是信仰。信仰使文化传统具有了权威性和神圣性，从而在整体结构上具有很强的稳定性。中国人信仰的是天地正气和行其心所安，简称为“道”，而不是像西方的民众那样信仰上帝的诫命。[④] 中国人并不是只重视人与人之间行为的外在规范，而是更重视内心对“道”的信仰。[⑤]

文化传统是全民族的，是民族之所以为该民族的气质、品格、精神、灵魂。文化传统是不死的民族魂，它产生于民族的历代生活，成长于民族的重复实践，形成民族的集体意识和集体无意识。简单来说，文化传统就是民族

---

① 刘梦溪：《如何追寻文化的价值信仰》，载《中国文化报》2014 年 7 月 3 日。

② 秋风：《尊重孔子，现代化才有意义》，载《南方都市报》2011 年 2 月 6 日。

③ 庞朴：《文化传统与传统文化》，载《科学中国人》2003 年第 4 期。

④ 牟宗三、徐复观、张君劢等：《为中国文化敬告世界人士宣言》，http://news.artxun.com/huashi-497-2480739.shtml，最后访问时间：2017 年 1 月 28 日。

⑤ 从文天祥就义时的“衣带诏”可以清楚地看出来：“孔曰成仁，孟曰取义，惟其义尽，所以仁至。读圣贤书，所学何事，而今而后，庶几无愧。”文天祥面对死亡能淡定从容无疑是因为他内心有坚定的信仰，而这种信仰超越了国家与忠君，因为国家已经灭亡了，君主已经投降了，因此说文天祥是“以身殉道”的典范，而这正是中华文明的最高境界。中华民族给这位视死如归的民族英雄最高的礼遇就是，直到今天，全国多地都有专门供奉他的祠堂。可以说，人们对这位代表着中华文化制高点的英雄给予了神一样的膜拜。

精神的反映。作为中华民族文化传统的基本精神，是一种带有广泛性、普遍性的精神，是我们民族在艰难困苦的环境中延续发展的精神支柱，是贯穿于民族历史全过程的精神。民族精神是文化传统的核心与灵魂。[①] 这是在学界已经达成共识的观点和看法。张岂之先生将文化传统的基本精神归结为：第一，重视人的道德修养，提倡德治与礼仪，追求“天下为公”的人文精神；第二，关注“天人合一”，敬畏自然，并不断效法自然；第三，自然世界和人类世界本质上都是“道”的世界，道由阴阳构成，并且是阳主阴从，[②] 这是中国人对宇宙、国家、家庭和人生一以贯之的基本认识；第四，善于学习各种不同的文化体系，并能融会贯通，[③] 为我所用的包容精神。[④]

我们常说的民族文化心理结构，在一定意义上也就是对文化传统的强烈归属与认同。它是一个国家、一个民族赖以生存和发展的根基，是一个国家、一个民族在世界上的自我确认与自我界定，即“我是谁”的根本问题。一个国家、一个民族失去了自己的文化传统，将会造成民族主体性、自主性的完全迷失，即“我是谁”这个根本问题的完全迷失，这种后果将是灾难性的。[⑤]

---

① 彭付芝：《中国传统文化概论》，北京航空航天大学出版社 2007 年版，第 63 页。

② 冯友兰：《中国哲学简史》，北京大学出版社 1996 年版，第 144~153 页。

③ 以佛学为例，从汉明帝时期把佛教引入中原算起，到以唐代慧能的《六祖坛经》为标志，完成佛教的中国化，大约是五百年时间，再到宋明理学真正将佛学化为中华文化不可或缺的一部分时，已经历经了约一千年。而正是这样长时期艰难的融合过程，成就了中华文化的深厚与广博。

④ 张岂之：《中国传统文化》，高等教育出版社 1994 年版，第 2~4 页。

⑤ 《礼记·大传》讲到社会发展中的“变”与“不变”：“圣人南面而治天下，必自人道始矣。立权度量，考文章，改正朔，易服色，殊徽号，异器械，别衣服，此其所得与民变革者也。其不可得变革者则有矣！亲亲也，尊尊也，长长也，男女有别，此其不可得与民变革者也。”意思是说，圣人一旦坐上天子宝座而治理天下，一定要从治亲开始。统一度量衡，制礼作乐，改变历法，改变服色，改变徽号，改换器械，改变衣服，以上这些事情，都是可以随着社会的改变而改变的。但是，也有不能随着社会的改变而随意改变的，那就是“亲亲，尊尊，长长，男女有别”。这些事情代表着孝、忠、节、义的思想。同族相亲，尊祖敬宗，幼而敬长，男女有别，这是永恒不变的人情，不能因为社会变了就跟着变。为什么不可以变呢？因为这是自然赋予人类的本能。参见马毓晨：《男女有别：发掘传统法文化的正能量》，载民主与法制网，http://www.mzyfz.com/cms/benwangzhuanfang/xinwenzhongxin/zuixinbaodao/html/1040/2018-05-29/content-1338552.html，最后访问时间：2018 年 9 月 25 日。

每个民族都有自己的文化传统，不同的文化传统之间可以交流，但很难进行价值高低的比较，因为每种文化传统对于自己的民族来说都是最适合的。有些民族主义者试图将自己民族的文化传统宣称为全人类普适的，甚至强迫别的民族接受自己民族的文化传统，这只能说明他自己是无知的或狂妄的。

文化传统可以分为大传统与小传统。占社会主流位置的文化形态叫作大传统，[①]比如中国传统社会长达两千年之久的大传统就是儒家思想。小传统指民间习俗和民间信仰，其载体就是民间艺术和民间宗教。[②]在中国传统社会中，民间社会很发达，小传统随之也特别发达，并且内容丰富多样。大传统虽占据社会的主流地位，但经常被时代精英增减或融合，而且经常会受制于最高统治者的政策变化，因此其变化一直存在，尤其是到了近现代，儒家思想的大传统地位在中国被彻底地推翻了。小传统表现为长期形成的地方风俗习惯，文化传统隐藏在风俗习惯更深的内涵里，往往通过集体无意识来维系，因此超稳定，几乎不存在被推翻的可能性。大传统与小传统之间的关系是相互补充共同发展的，如果缺失了大传统的统筹，那么小传统就无法获取文化体系的强大资源；如果缺少了小传统的呼应，大传统就无法深入人们的日常生活中，其根基就会不稳。[③]

在民族的各组成要素中，文化传统决定着最重要的因素，即民族所信仰的东西；同样，在国家法律体系的各组成要素中，法律文化传统也决定着最重要的因素，即法律理念，当然也包括司法理念。

（三）中西方文化源头上的差异

从人类文明史的发展过程来看，犹太教、基督教、伊斯兰教、天主教、东正教、新教等，都是“亚伯拉罕信仰系统”[④]的子系统，其共同特征是信仰

---

① 刘梦溪：《百年中国文化传统的流失与重建》，载《浙江艺术职业学院学报》2010年第6期。

② 刘梦溪：《如何追寻文化的价值信仰》，载《中国文化报》2014年7月3日。

③ 刘梦溪：《如何追寻文化的价值信仰》，载《中国文化报》2014年7月3日。

④《圣经》旧约中的创世纪和《古兰经》中皆记载了亚伯拉罕的嫡子以撒是犹太民族的祖先、庶子以实玛利是阿拉伯民族的祖先。参见《犹太教、基督教、伊斯兰教的联系与区别》，http://blog.sina.com.cn/s/blog_0ee5033801016y39.html，最后访问时间：2019年2月1日。

普遍唯一的神。真正与之构成不同的异质文明系统是以儒释道为核心的“中华文明系统”。[①] 事实上，人类只有两大基本信仰形态：一是上帝信仰，二是敬天信仰。[②]

先圣们在缔造中华民族的过程中，经过多次反复，直到尧帝时期才最终完成了“绝地天通”的伟业。从此以后，人们无法召唤神灵，神灵也不再降临到人间，人间至此有了良好的秩序。[③] 孔子极力赞美尧帝的做法，曰：“大哉，尧之为君也！巍巍乎！唯天为大，唯尧则之。荡荡乎！民无能名焉。巍巍乎！其有成功也；焕乎，其有文章！”[④] 在孔子看来，尧的至伟功业正在于此。尧以后，中国人只相信“唯天为大”，天在一切神灵之上，中国人的敬畏之心最终都指向天，一切观念与制度最终都会溯源于敬天，治理社会的各种策略也以“敬天”为根基。[⑤]

为什么中国会出现“绝地天通”的现象，导致中国再也不可能出现一神教的信仰模式，从而在文化起源上就与西方文化分道扬镳了？直接的解释是神人相通会扰乱人间的正常秩序。但若放到整个中国历史中考察，应该和中国的政治早熟有直接的关系。江山教授也认为，中国文化在起源时期就直接进入了政治频道，当代以前的绝大多数历史时期，当政者主动规避甚至打击宗教，因为强大的宗教意识形态对当政者来说极为不利，它是安在民众内心深处对抗当政者的一种强大能量。[⑥] 政治的早熟性决定了民众只能相信当政者是唯一权威，不允许再去信仰唯一的神，尤其是人格化的神，否则就会削弱当政者自身的权威。换句话说，上古时期的三皇五帝都在自觉地做着同一件事情，即故意破坏了先民对神的信仰，从而树立起当政者的权威或者说是

---

① 单纯：《中华法系的“天人合一”特色》，载《粤海风》2010 年第 1 期。

② “天”字是中国人心中最让人敬畏的字。所以，《说文解字》在解释天的时候说：“天，颠也。至高无上，从一，从大。”而段玉裁进一步发挥道：“至高无上是其大无有二也，故从一大。”

③ 《绝地天通》，http://baike.so.com/doc/1185598-1254138.html，最后访问时间：2016 年 11 月 6 日。

④ 《论语·泰伯篇》。

⑤ 姚中秋：《中国治道探源：敬天与人文之治》，载《人大法律评论》2015 年第 2 期。

⑥ 江山：《中国法思想讲义》，中国经济出版社 2014 年版，第 202 页。

领导人的权威。这点和西方长期存在的皇权与教权之争是有很大区别的，关键是西方还经历了长达千年之久的教会统治时期，这对中国古人来说是不可想象的事情。

如果再继续追问为什么中国和西方在文化起源上出现了如此大的分歧的话，笔者认为最有说服力的应该就是孟德斯鸠的“地理环境”决定论了。比如中国作为典型的大河文明，长江和黄河的走向都是从东向西，流经广袤的土地，沿岸的人们自古就在肥沃的土地上繁衍生息，因此比较容易建立起很多人的稳定秩序，这和西方的海洋文明还是很不同的。① 中国人面对自然并没有太多对苦难的感慨，面对战争讲究的是化干戈为玉帛，也不是非要你死我活，换句话说，“上帝”的存在对生活相对安逸的古代中国人来说，并不是必需品。而对早期的西方人来说，渺小的个人时常会漂浮在浩瀚的大海上，随时有生命危险，人的心灵需要“上帝”的庇护；西方古代更多的时候是国与国之间的残酷战争，就是你死我活、你输我赢的结果，所以生活在那里的人们会有更多的命运无常的感慨，对上帝的信仰就是活下去的精神支柱，必不可少。②

（四）现代化与西方化

广义的现代化是指从农业文明向工业文明的过渡，其根本内容就是工业化，同时又包括政治、文化的现代化等，涉及社会发展的方方面面；狭义的现代化主要用来描述现代发生的社会和文化变迁的现象。无论是广义的现代化，还是狭义的现代化，都说明现代化离不开文化，现代化都必须根植于一

---

① 孟德斯鸠认为：法律应该和国家的自然状况有关系；和寒、热、温的气候有关系；和土地的质量、形势与面积有关系；和农、猎、牧各种人民的生活方式有关系。法律应该和政治所能容忍的自由程度有关系；和居民的宗教、性癖、财富、人口、贸易、风俗、习惯相适应。最后，法律和他们的渊源，和立法者的目的，以及和作为法律建立的基础的事物的秩序也有关系。应该从所有这些观点考察法律。这就是笔者在这本书里所要进行的工作。笔者将研讨所有的这些关系。这些关系综合起来就构成所谓的法的精神。参见［法］孟德斯鸠：《论法的精神》（上册），张雁深译，商务印书馆 1978 年版，第 7 页。

② 江山：《中国法思想讲义》，中国经济出版社 2014 年版，第 14 页。

种文化之中，以一定的文化作为支撑。[1]

“西方现代性”无疑是18世纪以理性为根据的启蒙运动的产物。长期以来，西方人把“西方的现代性”等同于现代性，亦即视西方现代性具有现代性的典范地位。如实地说，西方的现代性本身亦有缺陷。[2]尼采在其关于“主人道德与奴隶道德”的著名论述中指出，“主人道德”或“贵族道德”的基础是“以最大的敬意尊重老年和传统”，这也正是所有法律的基础，但西方的现代性彻底颠倒了这一道德基础，因为现代观念特别迷信“进步”和“未来”，并企图用所谓的“进步”与否来作为评判好坏的标准。施特劳斯同意尼采的观点，认为西方的现代性给人类带来了一个全新的视角，即所谓“历史观念”的发现，这一发现的重大后果就是人类开始用“进步还是反动”的区别取代了“好与坏”的区别。由于这种“历史观念”已经渗入现代人的潜意识中，致使现代人已经忘了只有“好坏”的标准才能判断某一历史变革究竟是社会的进步还是社会的倒退，而“进步和倒退”自身并不能成为某一历史阶段“是好还是坏”的判断标准。这正是1953年出版的施特劳斯的成名作《自然正义与历史》的核心内容。[3]由此可见，西方哲人已经深刻认识到了现代化自身所存在的严重问题。

但是，自晚清以来，随着西方文明不断地冲击古老的中华文明，中国人开始探讨要不要“西化”的问题。20世纪30年代之后，“西化”开始被“现代化”的提法所取代。其实在西化派看来，所谓的“现代化”就是“西化”，

---

① 迟梅华：《中国传统文化在现代化进程中的地位与作用》，大连海事大学2009年硕士学位论文，第15页。

② 物质主义的泛滥导致社会物欲横流，人们唯利是图，社会道德沦丧，商业原则逐渐取代了前现代社会的拙朴却充满温情的精神理念，赢利还是赔本成了人们的基本行为准则。现代社会与前现代社会一个特别值得注意的区别在于：所有的前现代社会都把人类的物质贪欲看作洪水猛兽，而现代社会则把人的贪欲看作进步的动力和创造的源泉；所有的前现代社会都只给商人很低的社会地位，而现代社会则把商人凸显为社会的中坚。如此一来，以赚钱为志业的人们成为社会中坚、“资本的逻辑”成为支配现代社会建制的“逻辑”、物质主义价值观成为主流价值观，这三者构成了现代化过程的三个重要侧面。参见卢风：《启蒙与物质主义》，载《社会科学》2011年第7期。

③ Leo Strauss, Natural Right and History, Chicago: University of Chicago Press, 1953.

因为现代化强国都拥有这样的理念与制度文明，我们如果要和他们一决高低的话，就必须先向他们学习。如果说“西化”的提法有损民族感情的话，现代化则是不带感情色彩的说法，所以相对容易让中国人接受。①

但事实上，实现人类文化价值统一还是相当遥远的事情，因此任何民族的文化都要受到自身历史背景和民族感情的制约。②这决定了中国在现代化过程中要解决的最根本的问题就是文化问题，中华文明与西方文明之间的碰撞是必然发生的现象。但是，从来不存在彻底忘记传统文化的现代化，从西方来看，英、美、德、法虽然都是现代化国家，但他们也都保持着各自的很多文化风貌。在亚洲，日本除了具备现代化的形态外，还保留了神道教和佛教信仰；韩国、新加坡等现代化国家都照样崇拜儒学，这可以证明非西方化的社会仍然能实现现代化。③这些事实都证明了亨廷顿的结论：现代化不等于西方化，这两者之间不能简单地画等号。这两者经常被混为一谈的原因在于，人们对现代化本身的认识和最先实现现代化的地区没有进行很好的区分。事实上，现代化只是一种社会形态，只是西方的一些国家率先进入了这种社会形态而已。④

如果从传统文化与文化传统的区分来看，我们可以说中国的传统文化不是现代化的，但由于文化传统是从过去一直延续到现在乃至通向未来的，因此就没有是不是现代化的问题。我们能批判并抛弃传统文化中的糟粕，却不能够抛弃我们的文化传统，因为它已经融化在了我们的基因里。因此，中国实现现代化的文化根基必然是中国的文化传统，这是没有选择余地的。⑤

中国现代化的过程必须坚持文化主体性，这就要求以我国国民特有的生

---

① 胡水君：《法理学的新发展：探寻中国的政道法理》，中国社会科学出版社 2009 年版，第 369 页。

② 陈来：《儒学思想录：时代的回应和思考》，华东师范大学出版社 2014 年版，第 167 页。

③ 胡邦炜：《现代化西方化本土化——对亨廷顿〈文明的冲突〉中一个观点的解读》，载《四川行政学院学报》2005 年第 1 期。

④ ［美］亨廷顿：《文明的冲突与世界秩序的重建》，新华出版社 1998 年版，第 522 页。

⑤ 迟梅华：《中国传统文化在现代化进程中的地位与作用》，大连海事大学 2009 年硕士学位论文，第 23 页。

活方式和信仰模式作为现代化的前提，现代化只能是中华民族作为一个文化共同体实现社会现代化的过程，而且在这一过程中，还要尽量克服现代化自身的缺陷，尽量避免走许多西方国家已经走过的弯路。从法治的现代化进程来看，也应该是同样的道理，即坚持中国法治现代化的文化主体性，是我们的必然选择。

（五）杜绝傲慢与偏见

经历了19世纪后期的乾坤倒转后，世界的中心转移到了欧美国家，中国被无情地抛到了“四夷”的地位。在这种全新的文化格局下，一些推论自然形成了：先进的文化和法学都在西方，因而，只有用西方语言表达的西方法学才代表着人类法学的发展方向。这种推论从某种程度上说，已经成了中国当代不少法学工作者的理论出发点。

中国当代不少法学家经常以西方司法的独立性、专业化作为标准来衡量中国的司法，然后得出的结论就是：中国的司法，从古至今都是要批判的对象，因为从理论到实践错得一塌糊涂。而且马上举出柯克的例子，来证明“司法独立性和专业化”在西方司法史上有着悠久的传统。故事梗概是这样的：17世纪初，有一天，英国国王詹姆斯一世想自己审理几个案子作为消遣，于是来到了皇家法院，首席大法官柯克爵士严词拒绝了国王的要求。国王问为什么不能让他审理案件，柯克回答说，国王您是很聪明，但是，您没系统学习过英格兰王国的法律。法官要审理好案件只懂自然理性是不够的，同时还要有人工理性。法律是一门艺术，需要长期的学习和实践才能真正掌握它。[①]

笔者在此也讲两个在中国历史上和司法有关的故事。

> 《史记》记载，顷之，上行出中渭桥，有一人从桥下走出，乘舆马惊。于是使骑捕，属之廷尉。释之治问。曰：“县人来，闻跸，匿桥下。久之，以为行已过，即出，见乘舆车骑，即走耳。”廷尉

① 吴钩：《为什么赞美宋仁宗》，载《视野》2016年第16期。

奏当，一人犯跸，当罚金。文帝怒曰："此人亲惊吾马，吾马赖柔和，令他马，固不败伤我乎？而廷尉乃当之罚金！"释之曰："法者天子所与天下公共也。今法如此而更重之，是法不信于民也。且方其时，上使立诛之则已。今既下廷尉，廷尉，天下之平也，一倾而天下用法皆为轻重，民安所措其手足？唯陛下察之。"良久，上曰："廷尉当是也。"

汉文帝外出走到渭桥，有一个人突然从桥下跑出来惊了御驾的马，文帝险些被摔下马车，于是命人把他拘捕了交给廷尉审判。张释之详细审讯后依法判其"罚金四两"，汉文帝听后发火了，认为判决过轻。张释之说："法律是天子和百姓共同遵守的行为准则，法律有明文规定的就要依法判决，如果随意加重处罚，怎么能取信于天下万民呢？我作为廷尉，理应作天下公正执法的表率，如果连廷尉判决都不公正，恐怕地方各级的判决会更加不公正，百姓就会感到惶恐不安了！"汉文帝思考了良久，最后说："你作出的量刑判决是对的。"①

《宋史》记载，时近臣有罪，多不下吏劾实，不付有司议法。谏官王赞言："情有轻重，理分故失，而一切出于圣断，前后差异，有伤政体，刑法之官安所用哉？请自今悉付有司正以法。"诏可。②

宋仁宗也想自己当法官审理案件，于是就审理身边犯罪的近臣，"近臣"是指皇室家奴，皇帝以家法审判他们也无大不妥。王赞作为谏官上书说："司法是一门专业的技艺，君主未必理解法律的细微之处，再说皇帝您当了法官，专业的司法官就没事干了。"最后宋仁宗接受了王赞的批评意见。

上述两例有力地证明了中国古代司法也具有"独立性和专业化"的特征。有人可能争辩说，因为汉文帝、宋仁宗是英明的君主，所以张释之、王赞的

---

① 《史记·张释之冯唐列传》。

② 《宋史》志，卷一百五十三。

司法意见被采纳了。但是在柯克的故事中，结局是詹姆斯一世勃然大怒，柯克爵士赶忙祈求陛下怜悯他、宽恕他，随后柯克被免职了。西方司法史上究竟有没有司法官战胜王权的案例？如果有，为什么总拿柯克这个失败的例子来论证呢？柯克的例子，最多只能证明在西方历史上，司法有独立性和专业化的倾向而已。因为结局是国王把柯克"炒鱿鱼"了，合理的想象应该是国王继续过他的"法官瘾"了。也就是说，此时西方的司法试图拥有"独立性"和"专业化"，但是梦想破灭了！

杜绝傲慢与偏见，通过上述几个司法故事，我们可以得出的公正结论应该是：第一，就事说事，汉文帝与宋仁宗的确更尊重司法的独立性与专业化；第二，就司法的"独立性"和"专业化"来说，中国古代司法即使不比西方的司法强很多（案例不但是二比一，而且中国还是两个成功案例，西方就一个失败案例），但也绝对不比西方差。

但令人十分不解的是，今天个别的中国法学者在引述柯克爵士的故事时，只讲柯克大义凛然进行抗争的场面，而不讲柯克爵士被"炒鱿鱼"的结局，更不会告诉大家汉文帝与宋仁宗有关司法的故事，[①] 但告诉大家的结论却是：柯克的例子证明了"西方有司法独立性和司法专业化的传统"，而中国的司法传统就是"人治"与"专制"。这岂不是太不讲道理了吗？作为学术研究，还是要以真实历史的全貌来展现于公众，得出能让公众信服的结论，而不是带着"傲慢与偏见"居高临下地审视东西方的司法文化传统及司法理念。

四、研究的意义与现状

（一）研究的意义

司法理念在整个司法中的重大意义表现为：首先，在司法改革过程中，如果没有成熟的司法理念作为指导的话，那么司法改革就会失去总体目标与

① 吴钩：《为什么赞美宋仁宗》，载《视野》2016 年第 16 期。

方向，改革的内容就会杂乱无章，程序就会逻辑混乱，导致整个改革都处于反复无常的状态；其次，司法理念对司法制度的设计和创制起着决定性的作用，否则就会导致司法制度理论体系自身存在不可调和的矛盾，换句话说，是司法理念赋予了司法制度以灵魂；再次，司法理念对立法理念起着反向制约作用，一旦立法理念与民众的司法理念偏离过甚，就会导致已经制定完备的法律沦为一纸空文；最后，司法理念包含着信仰的因素，理念的缺失会导致信仰的危机。对每个人而言，了解和掌握了有关司法理念的知识，并不等于真正树立了司法理念，因为通晓司法理念的知识却不信仰它的话，这样的司法理念仍然是虚假的、无意义的。

（二）国内外研究现状

2001 年 12 月，时任最高人民法院院长肖扬提出了现代司法理念。从那时起，可以说法学界对司法理念的研究就成了一个热点问题。

关于司法理念的专著还是不少的，比如邹川宁的《司法理念是具体的》（人民法院出版社 2012 年出版），主要从具体案例入手谈每个案例所反映出的司法理念是什么，同时从理论高度作出了相应的分析。卞建林教授的《现代司法理念研究》（中国人民公安大学出版社 2012 年出版），主要从刑法和刑事诉讼法的角度谈对司法理念的理解，以及在具体的刑事司法过程中如何体现现代司法理念。从历史的角度进行理念研究的也有，比如喻中教授写的《社会主义法治理念概论》（法律出版社 2012 年出版）一书，不但用历史发展的眼光详细考察了近代以来的法治观念的变迁，而且详细分析了社会主义法治理念，通过分析指出，我国当代法治理念的主要目标在于维护整个社会的秩序。

从论文看，以“司法理念”为主题的论文很多，中国知网能搜索到的就有 3646 篇（2022 年 4 月 6 日检索），这些论文主要阐述了现代司法理念的内容及其合理性，以及对司法审判的指导作用。比如，高少勇的《现代司法理念的基本概念与主要构件》，吴新梅的《现代司法理念与司法为民——一个凌驾于最高标准之上的标准》。选择从历史的维度考察司法理念变迁的文章目前并不多，如崔永东教授的《“西学东渐”背景下的中国近代司法思想——

兼谈对待中西法律文化的正确态度》，马小红教授的《二十世纪前半叶的中国法理念》。

从国内的研究现状来看，不少学者是按照西方司法理论来构建中国的司法理论的，从理念到制度皆是如此。比如认为中国的司法发展方向就是向西方的司法目标前进（前提是西方的司法理念是具有全球普适性的），中国的司法理念应和西方先进国家的完全一致，比如司法独立、司法效率、司法公开等，这种趋势以部门法学者体现得最为明显。当然也有一部分学者意识到了中西方司法理念应该有所不同，比如邹川宁讨论了司法理念的人民性、和谐性、能动性等这些颇具中国特色的问题。喻中教授站在法律理论的高度，以中国为主体在近代史和当代史中考察了一番，得出的结论是中国和西方的司法理念本质是不同的，当下的中国司法追求的是秩序，而不是西方的自由。当然他们也认为中西方司法理念在一定程度上是会发生融合的，只是融合的结果不至于找不到自我。

从国外的情况来看，尤其是欧美国家的学者，中国的迅速崛起，使他们不得不越来越关注中国的发展，其中也包括中国法治的发展。可喜的是，他们主流的观点不再认为中国历史上的法律是落后的，他们也在逐步重视研究中国当代的法律状况，也在重新审视曾经辉煌无比的中华法系。德国的何意志教授在《法治的东方经验：中国法律文化导论》（李中华译，北京大学出版社 2010 年出版）一书中，在客观分析评价中国传统法律文化的基础上，指出其对当代的法治建设仍有很多可借鉴的地方。笔者相信，更多的西方学者应该能看到中华文明和西方文明的差异性，而不是优劣性，就像《上天・审判——中国与欧洲司法观念历史的初步比较》（李滨译，上海交通大学出版社 2013 年出版）的作者法国的雅各布教授和《施莱辛格比较法汇编》的编纂者指出的那样，中国的司法理念当然应该具有中国自己的特色。

五、研究方法

对司法理念的研究，有两种路径：一种是法哲学的研究方法，它通过对法学原理及规律的研究，来探求建立司法理念的途径；另一种是法社会学的研究方法，它是从社会既有条件出发，来探索可行的建立司法理念的途径。本书兼采这两种路径，对司法理念既作形而上的理论研究，又兼顾形而下的现实问题研究。

（一）文化研究法

一切问题由文化产生，一切问题由文化解决。本书对文化进行两个向度上的考察：一是对文化作历史的比较，即对中华民族文化不同时期的文化现象进行比较研究，目的是研究中华文化自身的特质和一脉相承的关系；二是对文化进行横向的比较研究，从不同民族文化的总体层面进行横向比较，尤其是对中华文明与基督教文明的比较，通过比较得出不同文化的各自特点和区别，进而研究在不同文化下，司法理念发展的一般和特殊的规律。

文化学的研究方法要求我们除了注重对司法理念本身的研究外，还要注重对司法制度以及司法文化等相关问题的研究。运用文化学的研究方法，不仅有助于避免纯理论研究产生的艰涩，还可以克服单线研究带来的僵硬与偏颇，从而达到对司法理念的研究更加丰满与多彩的目的。

（二）案例研究法

司法理念本身是理论层面的，显得既枯燥又缥缈。但就司法问题而言，无疑是法学领域中实践性很强的课题。因此，借助实证的、个案分析的方法把司法理念从微观的层面展现出来，这样就能更好地把握司法理念的精神内核。

人类发展的历史就是一部充满纷争的历史，古今中外概莫能外。因此，司法案例在历史的每个时期都大量存在，当然有些因为历史久远，消失在了历史的长河中。由此可知，那些直到今天还经常被人们提起的案例，就是那个时代矛盾冲突的代表，在这些曾经轰动一时的案件中，一定有深层次的理念问题牵动着民众不断地关注。因此，选择经典的尤其是轰动一时的案例进行详细阐释，细加剖析，这样不但能够增进历史的穿透力，让我们有亲临其境之感，而且能够让我们更深刻地理解每个时代特有的历史使命，同时造就了每个时期不同的司法理念，从而增强本书的说服力。离开实证的案例研究，法学理论必然是苍白与空洞的，也很难有效地给出合乎实情的答案。

（三）辩证分析法

我们研究每个时期历史人物的思想，都要通过考察其一生的变化发展轨迹，来得出比较中肯的结论。比如沈家本，今天我们研究他，更喜欢引用他“模范列强”为宗旨的论述，但不能就此忽视他对中国传统文化的珍视，比如他在有生之年写的最后一部著作是《汉律摭遗》，该书使汉律研究达到了前所未有的广度和深度。试想如果他真的坚持变法以“模范列强”为唯一的、最高的宗旨的话，那么中国古代的法律岂不是都可以扔到历史的垃圾堆了，还有必要再去作这么精细的研究吗？笔者认为，这样的对比与反思，更有利于我们看清司法理念不断发生变化的轨迹。

每个时代都有能真正把握时代潮流的大师，他们的观点经过历史检验后被证明是正确的，对于他们的观点，本书往往采取直接引用的方式，引用的内容一般也会包括他们所使用的材料，这样做的目的在于使本书更加具有历史穿透力和现实说服力。

（四）代际逻辑法

美国著名的汉学家柯文曾提出代际逻辑的概念，[①]即强调历史上每一代法律人都会受其所生活时代的各种限制，其法学思想也不可能超越其所处的时代，所以站在今天的立场，以当代法律人的经验为基础，去品评与裁量历史法学人物的做法是错误的，我们应该更多地注重历史法学人物在当时社会环境下的所思所想，以及关注他的前代人对他所产生的影响。

由此笔者想阐明的是，不要用现在的眼光以及看问题的方式去苛责历史法学人物，如果我们生活在那样的时代，在当时既定的各种条件下，我们未必比他们做得更好。如果时间不能倒流，那么，总认为我们比前辈法律人更

---

① ［美］柯文：《在传统与现代性之间——王韬与晚清革命》，雷颐译，江苏人民出版社1989年版，第15页。

优秀的想法就没有任何意义，当然，总去指责前辈法律人做错的事情也没有多少现实意义。我们冷静地看待法学思想发展的历史、分析司法理念变迁，是为了更好地回答，如何从不断变迁的历史中总结有价值的经验，让我们不久的法治将来变得更加美好。

（五）文献考察法

由于本书的研究视线放在了中国近200年的历史中，所以涉及每个历史时期的相关文献资料很多。那么，如何对这些文献进行筛选使用呢？鉴于本书写作的目的不在于对历史资料方面的创新研究，而在于用资料来佐证司法理念的变迁过程，所以本书一方面尽量引用在学界有较高认可度的资料，同时是学界引用比较多的、比较有定论的资料；另一方面尽量引用官方资料，这样会更有说服力。

（六）如何看待当下的中国

法律终究是用来调整中国当下的社会秩序的，在这里，我想强调的是"当下的中国"，这意味着它不是遥远的未来中国，也不是当下的西方。无可否认，当下的中国仍然是一个发展中国家，仍然是一个以工人农民为主的国家。尽管我国的国内生产总值世界排名第二了，但是在中国960万平方公里的土地上，公民的法治意识尚在觉醒。如果我们认可法律的主要作用是解决社会生活中的纠纷的话，那么我们只能把研究的重点放在"当下的中国"，而不是在一些法学学者头脑中已经建成的"法治国"。①

---

① 不少持现代化论的法学家在对传统持否定态度的同时，热衷于设计理想的法治国家。这些设计完全基于理性人——抽去了历史、民族、文化属性而只考虑功利的人——的立场，力图描绘出一幅最合理的法治图景，因而具有强烈的理性主义和普遍主义色彩，而没有充分尊重与体现中国社会特殊的历史、文化与传统。在他们看来，中国传统法律文化中无法转化或生长出能够与现代高度复杂的市场经济、发达的民主政治和全球性国际交往相适应的现代化的法制。因此，他们主张通过移植等方式，创立一个全新的、完善的现代法律体系。当然，这样的理想的"法治国"在他们头脑中是已经构建完成的，他们要做的是如何通过国家引导社会朝"法治国"的方向前进而已。参见黄文艺：《论中国法律发展研究的两大范式》，载《法制与社会发展》2000年第3期。

六、本书创新之处

1. 双向路径研究。本书不但讲述了从晚清起，中国官方的司法理念的变迁历程，而且，认为中国传统的司法理念并没有消亡在中国近现代化的历程中，它存在于民众的“潜意识”里，以“民意”的形式表达着自己的诉求，因此也分析了中国传统的司法理念从近代到当代的发展脉络。

2. 立足于中国自身的主体性。中国自近代以来虽然不断遭受侵略，但在中华民族的英勇抗争下，中国并不是真正意义上的殖民地，这决定了对西方法学理念及制度的继受，都是中国主动选择的结果，因此，“为什么作出这样的选择”就是问题的关键。在近现代中国历史上，法律更多地充当了中国走向现代化的工具，比如，清末司法改革的真正目的是救亡。通过中国在不同时期作出的不同选择，我们也可以清晰地看出司法理念的变迁过程。

3. 用中国的道统论与思维方式看待中国的司法问题。很多法学论著都是以西方的宪制理论以及逻辑思维的标准来衡量中国当下的司法实践，本书不赞同这样的研究方式。本书认为，与西方宪制理念相对应的是中国的王道思想，与西方逻辑思维相对应的是中国的象思维。本书试图在中国传统文化的理论框架下，验证建立在中国传统基础上的中国特色司法理念对当下的中国人来说是最适合的。

4. “正义”“道德”“权利”这些“法学概念”，虽然是法学中非常重要的概念，但本书指出，这些概念的价值取向并不在法律之内，而是蕴藏在各个民族的文化之中，并通过各个民族的哲学思想进行深入的阐释。中华民族在几千年的文化发展过程中，对这些“概念”也发展出了一套具有中华民族特色的认知模式。

通过以上梳理可以看出，从历史发展维度对司法理念的变迁作出解读的专著相对较少，尤其是对中国近现代每个时期的司法理念都作出具体分析的更少，因此可以说，本书研究的课题在一定意义上具有开拓性。

第二章

中国传统文化下的和谐司法理念

我们研究中国近代以来司法理念的变迁过程，首先要解决的问题就是中国本土所生成的司法理念本来是什么样子。只有弄清楚了这个问题，我们才能知道是谁在近代以来不断地发生着变迁。中国固有的司法理念是几千年的传统文化孕育下的传统司法理念，即和谐司法理念。

一、传统司法理念是和谐司法

《象》辞说：天向西转，水向东流，各有所执，这是《讼》之象。[①] 自然界不能统一行向，天下万民之心自然也不能统一，所以人与人之间的交往必然会发生争讼，这是由各自的利益相互矛盾导致的，如果不遏制争讼就会出现社会混乱，故应该运用法律来止讼。中国传统法律文化崇尚无讼的理念，追求的最终目标是整个社会的和谐。[②]

在古文献中，“和谐”一词中的“和”与“谐”是同义。“和”字写作“龢”，“龠”是类似于笙的编管乐器。编管的长短不同决定了吹出来的声调不同，

---

① 参见《讼卦》，载 http://baike.so.com/doc/5927984-6140908.html#5927984-6140908-5，最后访问时间：2016 年 5 月 15 日。

② 徐显明、刘翰主编：《法治社会之形成与发展》（上），山东人民出版社 2003 年版，第 720~721 页。

只有依据曲谱才能演奏出悦耳的曲子，这就是“龢”字的本意。我国古代的乐器分别用金、石、丝、竹、匏、土、革、木八种不同的材料制作，称为“八音”。如果诸乐器之间各吹各调，就不能形成优美的曲子。①不但音乐需要和谐，整个社会也以和谐为目标，甚至宇宙秩序也追求和谐，这就是古代中国人认识这个世界的基本理念。②

如果仅仅从司法层面看，通过司法达到的是整个社会秩序的和谐，但如果上升到“天人合一”③的最高层级看，通过司法还能达到整个宇宙秩序的和谐。④

二、中国传统司法理念的文化根基

（一）敬天文化与上帝信仰的差异

英国历史学家汤因比说，文化是信仰的表现形式，信仰决定伦理，伦理决定制度，制度决定物质文明。技术容易模仿，制度容易学习，但信仰却需要自身好好建立。⑤从国家治理的制度层面看，法系迄今大致可分为三种：第一种是以英美法系、大陆法系为代表的法律 + 宗教模式；第二种是以阿拉伯法系、印度法系为代表的法律与宗教合一模式；第三种则是由中华文明独创而在东方国家得到实践的法治 + 德治模式。⑥其中，只有中华文明创造了没有宗教信仰的治理模式，不过，德治在国家治理中所发挥的作用是类似于宗教的作用的。中国的敬天文化和西方的上帝信仰的区别在于：这

---

① 彭林：《礼乐文化与和谐社会》，载《中国教育报》2007 年 5 月 1 日。

② 崔永东：《古代司法文化中的和谐价值观》，载《人民法院报》2011 年 1 月 14 日。

③ “天人合一”思想，是中华民族几千年来的思想核心与精神实质。它指出了人与自然的辩证统一关系；表明人类生生不息，效法天的完美主义和进取精神；体现了中华民族的世界观、价值观的思维模式的全面性和自新性。“天人合一”的思想在当代人们的生活中也无处不在。

④ 崔永东：《从简帛史料看中国古代的司法思想》，载《江苏警官学院学报》2010 年第 9 期。

⑤ 转引自何光沪：《癌症与重生——罗马帝国、西方文明与基督宗教》，载《汕头大学学报（人文社会科学版）》2012 年第 4 期。

⑥ 徐显明：《坚持依法治国与以德治国相结合》，载《求是》2017 年第 6 期。

二者在各自几千年的传承过程中，塑造了两种完全不同的人间秩序和治理模式。[①]

1. 上帝信仰下的人间秩序

按照《圣经·旧约》的说法，上帝是最高意志的体现者，主宰着人类的命运，人应该虔诚地敬畏与服从上帝。《旧约·创世纪》开篇即说，神通过自言自语创生一切：起初神创造的天地一片黑暗，神说："要有光"，就有了光。神称光为昼，称暗为夜，有晚上，有早晨，这是头一日。[②]

上帝头一日创造了"光"，接下来创造的其他物体都在光的照耀下，所以有上帝神性的人可以通过理性认识万物，探知真理。这一切上帝都通过自言自语的形式表达了出来。同样地，古希腊哲学的"逻各斯"也是以"言"表达出来的智慧。[③]正是在这一点上，古希腊哲学与基督教共同塑造了西方人以"言"为中心的生活模式，这种模式直接体现在了西方的法治中。

神依自己的形象创造了亚当，并马上对他颁布律法：耶和华神将那人安置在伊甸园，使他修理看守。耶和华神吩咐（commanded）他说，园中各样树上的果子，你可以随意吃。只是分别善恶树上的果子，你不可吃，因为你吃的日子必定死。[④]由此可见，在西方人看来，除了上帝的声音，律法还会是什么？（What is the law but the voice of God？）[⑤]

继"彩虹之约"后，上帝与亚伯拉罕、摩西又先后两次立约。立了约就必须履行，这就把神与人的关系纳入了"法治"轨道。由于每一个成员都作为独立的个体与上帝签了约，作为践约的个体，他们的地位就是平等的，人与人之间虽然存在智能、职位、出身、遗传、贫富等差异，但人在本质上是

① 姚中秋：《中国治道探源：敬天与人文之治》，载《人大法律评论》2015 年第 2 期。

② 《圣经·旧约》(简化字现代标点和合本)，中国基督教会 2000 年版，第 1 页。

③ 逻各斯是欧洲古代和中世纪常用的哲学概念，一般指世界的可理解的规律，因而也有语言或理性的意义。希腊文这个词本来有多方面的含义，如语言、说明、比例、尺度等。《逻各斯》，载 http://baike.so.com/doc/5734399-5947143.html，最后访问时间：2016 年 12 月 11 日。

④ 《圣经·旧约》(简化字现代标点和合本)，中国基督教会 2000 年版，第 3 页。

⑤ 李炜光：《西奈山"立宪"传奇》，载 http://www.aisixiang.com/data/10319.html，最后访问时间：2017 年 2 月 22 日。

平等的，任何人不得凌驾于他人之上，不可压迫他人，不可实行专制。上帝与人立约后，放弃了剥夺人的自由和生命的权利，拥有生命与自由便成为人的一种不可剥夺的权利，“天赋人权”正是这个意思。服从上帝就是服从律法；“在上帝之下”就是“在律法之下”。律法对人的绝对权威来自上帝，既然如此，个人只能信仰律法，遵守律法。[①]

世俗社会里，司法是维护正义的最后防线，但在基督教世界里，却是由“末日审判”守候着正义。每个人必须做什么，不能做什么，在“末日审判”时都会得到清算，因此《圣经》规定了整个基督教世界的人生意义与社会秩序。在上帝信仰的体系下，治理社会的规则就是上帝通过言语宣布的律法，人间的法律仅仅是对上帝律法的模拟而已，这决定了基督教世界只有法治这一种治理机制，进而成了西方法治的传统。

西方法治中，这些上千年积淀下来的宗教传统，对当代西方法治道路的影响是决定性的。对于我们中国这样一个基本上没有宗教文化影响的国度来说，想直接效法西方法治理念与制度的做法只能是邯郸学步。当然，中国人在几千年的发展历程中，也创造出了一套很有中华民族特色的司法理念。

2. 敬天文化下的人间秩序

与“上帝之言”不同，中国人心目中所敬仰的“天”是不言的。子曰：“予欲无言。”子贡曰：“子如不言，则小子何述焉？”子曰：“天何言哉？四时行焉，万物生焉，天何言哉？”[②]这在中国古代圣贤那里早已成为共识，诸子百家皆然。

天不言，人只能通过观看天象来理解“天”的意思。《周易》“贲”卦《彖辞》曰：“观乎天文，以察时变。”《说文解字》中有，文，错画也，象交文。段玉裁注，错，当作逪。逪画者，交逪之画也。初造书契，依类象形、故谓之文。象两纹交互也。纹者，文之俗字。文的本义是纹、纹路，也

---

① 李炜光：《西奈山“立宪”传奇》，载 http://www.aisixiang.com/data/10319.html，最后访问时间：2017 年 2 月 22 日。

② 《论语·阳货》。

即天象有规则地排列、交错。[①] 天文，即天体运行所留下的纹路。天生万物，故万物之文也可以看作天之文。

“贲”卦由两个卦象组成，下卦是代表火的“离”卦，上卦是代表山的“艮”卦。火性柔而山性刚。因此，贲卦《彖辞》曰，刚柔交错，天文也；文明以止，人文也。宋代程颐的解释是：天文，天之理也；人文，人之道也。天文，谓日月星辰之错列，寒暑阴阳之代变，观其运行，以察四时之速改也。人文，人理之伦序，观人文以教化天下，天下成其礼俗，乃圣人用贲之道也。[②]

“离”代表火，所谓“明”，就是像火照耀得那么鲜明、畅达，这是“火”带来的效果。比喻人的自然性，人的“食、色”等欲望像火一样熊熊燃烧，无法消除也不该消除，因而人文应该充分体现人的各种欲望、情感、价值和利益追求。“艮”代表山，比喻社会的道德和法律，它们像山一样稳定又不可撼动。所谓“止”，是指界限、遏制，这是“山”表达的意思。为了保障人类群体的生存发展，社会的安定有序，总要制定各种法律制度、道德信条。它们就像山压在火上制约着人的自然本性的释放，每一个人都应该自觉接受这种制约，把自然本性之火控制在社会规范所允许的界限之内，一旦越界就会受到法律的惩罚。这种自觉意识就是人的社会性，因而人文应该符合社会秩序的要求。儒家传统的人文观念是从人的自然性与社会性的统一来把握人文的本质的，即要求一切“人文”，包括人的容貌服饰、言谈举止，也包括文学艺术作品、典章制度规范，都要体现人的自然性与社会性的统一。[③]

和解读“贲”卦的道理一样，天不言，只呈象给人观看，因此，中国古人可以自由地解读。当然，观还是不观，人也可以自由选择，从这个意义上说，人是很自由的。但是，人贵为万物之灵，就要敬畏天地，就要效法天地，

---

① （清）段玉裁：《说文解字注》，中华书局 2013 年版，第 301 页。

② 《伊川易传》卷二。

③ 《“文明而止，人文也”——“贲”卦释义兼及先儒的人文观念》，载 http://blog.sina.com.cn/s/blog_72b46a520100u4sy.html，最后访问时间：2017 年 1 月 30 日。

承担起对他人以及对万物的责任，所以还是要主动选择去解读“象”的道理的，问题是并不是每个人都有能力看懂天象和世间万象，因此在传统文化中，德才兼备的人是每个时代所呼唤的。圣人若无道德（强调内心利他的动机）自觉，就不可能有观天之自觉，也就无以为文；众人若无道德自觉，也不可能有人文的自觉，也就无以达致良好的秩序。故在传统文化下，道德意识和践履乃是人文塑造健全生命和良好秩序之关键。

在中国，人文是圣人自己通过观天象而制作的。圣人虽然拥有智慧，但圣人依然是人，因此人文和圣人都没有取得和上帝一样的绝对权威。圣人可以自由地选取天象来制作人文，当然后人也可另取别的天象来重新制作人文，因此，人文并不必然是真理。那么怎样验证人文的对错呢？只能通过历史的实践去证明，因此，中华民族是书写历史的民族，甚至可以把每一天发生的事情都精确地记录下来。如果说《圣经》验证了上帝的全知全能全善的话，那么中华民族的历史就是中国人不断认识世界探索真理的证明。

从这个角度说，民众耳熟能详的一些司法理念，比如“天网恢恢疏而不漏”“善有善报恶有恶报”，也不是纯粹唯心的表述，它们也是经历了几千年历史检验的某种意义上的真理。

（二）敬天文化下的礼乐观念

人依天而生，因此人是大自然的一部分，人的生产生活方式只有与大自然的运行规则保持一致才是合理的、正当的。《周易·系辞上》开头就讲到，“天尊地卑，乾坤定矣”[①]。天地之间的秩序是靠尊卑等级来安排的，这就是所谓的大自然的运行法则。在中国古人看来，人类社会最好的秩序也只能是效法天地按照尊卑的形式来安排。所以就有了接下来的一句话，“卑高以陈，贵贱位矣”[②]。“夫礼，天之经也，地之义也，民之行也”[③]深刻地阐述了

① 这里的“天尊地卑”，并不是指地卑贱，而是说地谦卑，只有这样解释，才能理解“天行健，君子以自强不息；地势坤，君子以厚德载物”的道理。

② 《周易·系辞上》。

③ 《左转·昭公二十五年》。

这一道理。荀子说:"君臣、父子、兄弟、夫妇,始则终,终则始,与天地同理,与万世同久,夫是谓本。"[①]由此可见,代表尊卑的礼法制度不是人造的,这是效法自然界运行规则最重要的成果之一,这是"天人合一"思想最直观的体现。[②]李约瑟也认为,"礼"本身包含的各种风俗习惯和中华礼仪,并不仅仅是指对正义本身所能直观感觉到的那类东西,根据天人合一的原理,"礼"同时还意味着上天的意志。如果不能充分理解这一层意思,那么人们就无法真正感悟到"礼"的全部意义与强大力量,这种力量是远在皇权之上的。[③]

"礼"不仅是一套理论体系,还是一套人们日常生活中必须遵守的准则。"夫礼者,所以定亲疏,决嫌疑,别同异,明是非也。[④]……道德仁义,非礼不成,教训正俗,非礼不备。分争辨讼,非礼不决。君臣上下父子兄弟,非礼不定。宦学事师,非礼不亲。班朝治军,莅官行法,非礼威严不行。祷祠祭祀,供给鬼神,非礼不诚不庄。是以君子恭敬撙节退让以明礼。"[⑤]所以不论是个人处理身心的关系,还是处理个人与他人的关系,以及个人与社会的关系,甚至包括人与鬼神的关系,这一切的关系处理都应该遵守的规范,统名曰"礼"。

《礼记·月令》中描述了一整套以春夏秋冬为节律的礼制,其内容以祭事、政事和农事为主。这套礼制的约束力开始于天子,经过诸侯、大夫、士,最后落实到每一个民众身上,而且这套准则在任何情况下都是不可变更的,都是有效的,事实上发挥着今天法律的作用。对于天子来说,绝对不能违背礼制,否则会遭天谴,从而动摇皇权的合法性。因此,没有礼,整个社会就没有了可遵守的规则,就不可能实现整个社会的和谐。"故君子礼以坊德,刑以坊淫",礼是防止道德堕落的,法是防止做坏事、扰乱社会的。礼是防患于未然,法是已经发生了罪恶,要受到的惩处。[⑥]

---

① 《荀子·王制》。
② 江山:《中国法思想讲义》,中国经济出版社2014年版,第89页。
③ [英]李约瑟:《科学思想史》,何兆武译,科学出版社1990年版,第560页。
④ 《礼记·曲礼》。
⑤ 《礼记·曲礼》。
⑥ 《礼记·坊记》。

古代社会所有礼仪的精神内核都是“敬畏”。孔子讲：“为礼不敬，举丧不哀，吾何以观之哉。”[①] 没有“敬畏”的礼仪就失去了神圣性，就没有实质的意义了。[②] 礼仪从敬老开始，推衍出敬祖，再进一步推到敬天，这正是中华文明的根基所在。

礼通过尊卑等差有序的形式确立了各种社会关系，在尊卑等差制度下容易造成两种情况：一是绝大多数人位置的固定化，这在不少古代国家都出现过，比如古印度的等级格局就是固化的，没有人能通过个人的努力来改变自己与生俱来的身份与地位；二是上位与下位之间差别太大，“朱门酒肉臭，路有冻死骨”[③] 所描绘的是一个即将崩溃的社会，而不是欣欣向荣的气象。为了不因每个人地位太过固化以及等差尊卑的距离过大而激化社会矛盾，[④] 从而破坏社会的和谐，周公旦又创造了“乐”，来协调平衡各种社会关系。这样，“礼”与“乐”就以相辅相成的形式为社会关系的和谐提供了有力保障。[⑤] 周公一生建功立业无数，但是，最为人们称颂的仍然是“经天纬地，制礼作乐”[⑥]。

《乐记》中说：“礼者，天地之序也，乐者，天地之和也。”[⑦]《礼记》说：“乐者为同，礼者为异；同则相亲，异则相敬。乐胜则流，礼胜则离；合情饰

---

① 《论语·八佾》。

② 刘梦溪：《礼仪文明的核心价值是“敬”——“礼失，求诸野”再识》，载《北京日报》2016 年 7 月 25 日。

③ （唐）杜甫：《自京赴奉先咏怀五百字》。

④ 天地万物都处于动态之中，人类社会也是变动的，“位”自然也是变动的。“位”置于家族，是以血缘来确定的，“位”置于社会，是以德才大小来确定的。在家庭中，儿子会变成父亲，多年的媳妇会熬成婆婆，所以每个人的权利义务就其一生来看是对等的。在社会上，教育是人们合法改变自己地位的方式。依据教育，德才兼备者在上位，正所谓学而优则仕。中国自秦始皇统一中国起，除了皇帝是世袭的外，连宰相都是选任制，自秦代起，每朝都有平民通过读书成为国家栋梁之材的例子。当然没有能力改变自己地位的人，也可以通过修身养性成为君子，从而获得人们的尊敬。

⑤ 张自慧：《和谐：礼乐文明的本质特征——对中国古代文明构建路径的理性思考》，载《理论月刊》2011 年第 7 期。

⑥ 曲阜周公庙棂星门内两侧石坊所书内容。

⑦ 《乐记·乐论》。

貌者，礼乐之事也。礼义立则贵贱等矣；乐文同则上下和矣。”[①]礼乐文化既能维护等级伦理制度，使人与人处于不同的地位，知道自己应该如何行为，又能使人们和谐地生活于一个社会共同体之中。“礼”与“乐”正是实现和谐社会的两个推手。

修身养性、孝亲睦邻、敬业乐群、尊师敬长，可以通过践行“礼仪”来实现，一个个具体的礼仪规范里面就蕴含着一个个道德的元素。[②]因此，礼乐文化对于实现人自身的身心和谐有重要的积极作用。

（三）道德观念

礼乐文化的意义不仅在于指导每个人的外在行为，还在于培养人内心的德性，而内心的德性又反过来保证礼乐制度的实施。因此，有德无德就成为能否践行礼仪制度的一个很关键的问题。

中国古代圣贤把是否具有伦理道德观念作为区别人与动物的根本标志，极度重视人内心的道德修养。孟子说：“人之有道也，饱食、暖衣、逸居而无教，则近于禽兽。”[③]“人之所以异于禽兽者几希，庶民去之，君子存之。”[④]人不同于禽兽的地方就在于只有人才具有道德感情。由此可见，如果说西方文化的观点是“人是理性的动物”的话，那么，中国传统文化给出了完全不同的答案，即“人是德性的动物”。

1. 道德为何必需

张中秋教授认为，人与自然、人与社会以及人与人之间的关系最终都可以追溯到人的身心关系。[⑤]中国人认为“身心”是一体的，即内心的道德提升可以直接转化为外在的行为模式的改变。修身是内在德性的培养，德性完美后，就能去实现齐家、治国、平天下的理想。相反，如果不修心养性就会

---

① 《礼记·乐记》。

② 彭林：《礼乐文化与和谐社会》，载《中国教育报》2007年5月1日。

③ 《孟子·滕文公章句上》。

④ 《孟子·离娄下》。

⑤ 张中秋：《人与文化和法——从人的文化原理看中西法律文化交流的可行与难题及其克服》，载《中国法学》2005年第4期。

滑落到兽类中去。从根本上讲，社会的和谐最关键的是每个人身心的和谐。

个人内心对道德的认可程度，直接决定了外在行为的方式。也就是说，除了外在的法律对每个人的行为是一种外在的评价标准外，每个人内心的道德感也是其外在行为的评价标准。

2. 中西方对道德来源的不同认识

孟子说："恻隐之心，仁之端也；羞恶之心，义之端也；辞让之心，礼之端也；是非之心，智之端也。"[①] 孟子认为，"仁、义、礼、智"来源于"恻隐""羞恶""辞让""是非"四种内心的情感。在此基础上，可以说"仁义礼智皆根于心"[②]。儒家认为人的本性中就有"四端"，只要把"四端"发扬光大，就能成为一个有德的人。[③]

在基督教的文化中，上帝的爱是道德的来源，这种爱是以上帝的存在为前提的，即道德的来源是建构在人性之外的。但是，中国传统文化认为道德的来源是在人性之中的，比如对幼儿的爱，孟子认为这种亲情之爱在拥有理性之前就已经出于本能拥有了，只是再加以提升而已，因为它有着生物本能的强力支持，所以也更容易被人们接受。孟旦在对比基督教与孟子的观点后，也认为从内心生发出来的道德比外在的"神"强加于人身的道德具有更强的生命力和说服力。[④]

3. 道德的终极源头

单纯教授认为"为政以德，譬如北辰，居其所而众星拱之"[⑤]，讲的是自然秩序也蕴含着价值取向的神圣性和崇高性，这与西方人的上帝为万物立法因而具有神圣性和崇高性是一个意思。[⑥] 中国传统文化的终极源头就是敬天，

---

① 《孟子·公孙丑上》。

② 《孟子·尽心上》。

③ 马毓晨、刘霞、杜晓明：《论道德的力量源泉与弘扬》，载《经济与社会发展》2012 年第 5 期。

④ 李泽厚：《李泽厚、刘悦笛："情本体"对谈拾遗》，载《李泽厚对话集：二十一世纪》（二），中华书局 2015 年版，第 38 页。

⑤ 《论语·为政》。

⑥ 张晋藩、郭道晖、陈光中等：《"中华文化与现代法治"对话录》，载《中国政法大学学报》2010 年第 5 期。

这也是道德的终极源头，正因为如此，人们对道德也有一种敬畏之情。当儒家学者强调“良知天理”时，当一般民众说“天地良心”时，“天”的地位都是不容置疑的。

康德认为，人借助自身所具有的“纯粹实践理性”能力就能达到认识本体对象的目的，由此他将道德信仰建立在了主体自身的基础之上。[①]但即便是这样，康德仍然认为，理性的实践利益需要信仰作为保证，从这个意义上说，我们应该将上帝的存在“认其为真”，虽然这得不到经验上的证明。

儒学所讲的道德伦理本身与“天”的联系并不密切，康德的道德哲学体系本身也与“上帝”无关。但从终极意义上说，“天”与“上帝”又都是不可或缺的。儒学如果离开了“天”，人们就解决不了“行善的终极根据在哪里”的问题；康德学说不讲“上帝”，人们就会对“圆善如何得以保证”的问题产生怀疑。也就是说，如果少了“天”与“上帝”，人们心理上对行善目的的终极追问就找不到答案或者说就根本没有答案了，就会缺少心理上的归属感和精神上的皈依感。因此，在任何一个道德学说中，必然保留着一个形而上的根据作为终极的依据。[②]

敬天是基于人是依天而生的，祭祀祖宗也是基于人的生命来源于祖宗，这是对生命本源的敬仰和感恩。[③]对天，对祖先，我们更多的是因为爱所以敬，这是中国文化的主流。孔子说：“君子有三畏：畏天命，畏大人，畏圣人之言。小人不知天命而不畏也，狎大人，侮圣人之言。”[④]可见孔子讲的敬畏是付诸道德自觉的，对小人就没有多少约束力了。与之形成鲜明对比的是西方人敬畏上帝的理由：一是功利主义，给我好处，把我带到“流着奶与蜜”的地方，我就敬畏你；二是暴力主义，我打不过你，怕你，更关键的是还逃脱不了，所以只能敬畏你。这种敬畏是不得不做的事情，没有自由选择的余

---

① 周玄毅：《自由意志——康德道德宗教的核心观念》，载《云南大学学报（社会科学版）》2010 年第 4 期。

② 杨泽波：《从以天论德看儒家道德的宗教作用》，载《中国社会科学》2006 年第 3 期。

③ 江山：《中国法思想讲义》，中国经济出版社 2014 年版，第 87 页。

④《论语·季氏》。

地。不难看出，从理论构建上来说中西方还是很不同的，当然，也必须承认，西方“敬畏”的威慑力对社会秩序构建来说相对更有效。

4. 道德如何培养

休谟认为，我们仅依据理性是无法区别道德上的善恶的。[①] 休谟用他的“休谟法则”将理性与道德分隔在了“是”与“应该”两个不同的世界，而且这两个世界还无法有效地建立联系。[②] 在休谟看来，理性是无法成为主导道德的因素的。[③]

既然这样，道德就只能付诸宗教。在西方，人心向善的教育主要靠教堂，而在传统中国，人心向善的教育主要靠家庭。西方人做事依靠祈祷上帝保佑，中国人做事则是凭着天地良心。[④]

子夏曰：贤贤易色；事父母能竭其力；事君，能致其身；与朋友交，言而有信。虽曰未学，吾必谓之学矣。[⑤] 儒家认为，所谓的学习，就是使人成为孝敬父母、感恩敬畏、言而有信、报效国家的人。这是一种德性教育，通过教育，化性起伪，成为利他的人，即有德的人。如朱熹所云：“凡人做好事，若只做得一件两件，亦只是勉强，非是有得。所谓‘得者’，谓其行之熟，而心安于此也。”[⑥]

孝道在古代社会并不是中国人独有的，但是中国人在文化发展到极高的程度后，依然很重视孝道，这是因为孝道是对父母养育之恩与道德教化的回报，是对家庭的责任。孝道还是仁爱精神的根本，由家而国，是一种自然而然的扩展，使仁爱精神逐渐成为中华文化的精髓，家国情怀就成了民族品

---

① ［英］休谟：《人性论》，关文运译，商务印书馆 1980 年版，第 496 页。

② 这就是西方哲学上著名的“休谟问题”，西方哲学家花费了几百年的时间，迄今还没有给出满意的答案。这一问题对西方哲学的发展影响是巨大的，几乎可以说，是“休谟问题”把西方哲学引入了现代哲学的领域。这一问题对西方法学理论的发展影响同样也是巨大的，后面的章节还会涉及对这一问题的分析。

③ 《读休谟人性论第三卷第一章——德与恶总论》，载 https://www.douban.com/note/240085800/，最后访问时间：2017 年 2 月 20 日。

④ 钱穆：《孔子与心教》，载 http://www.xinfajia.net/4625.html，最后访问时间：2016 年 12 月 7 日。

⑤ 《论语 · 学而》。

⑥ 《朱子语类》卷二十三。

格。[①] 孝道与仁爱是中华文化生命力和民族凝聚力的力量源泉。

综上所述，通过与西方文化的对比分析可知，中国传统文化的确有自己独特的理论体系和思维方式，而中国传统的司法理念就是根植于传统文化的一朵独特的花。传统文化在中华大地上生生不息，绵延几千年，传统的司法理念也就获得了充分的营养，绽放出了旺盛的生命力，以至融入了民众日用而不知的“潜意识”里。

三、法律在传统社会秩序建构中的作用

司法理念虽然是在传统文化滋润下成长起来的，但是司法在社会中所起的作用，对司法理念也起着很大的反作用力，或者说，社会需要法律所承担的角色，间接地决定了司法理念的内涵和外延。中国传统文化下的秩序（包括人与自身的关系、人与人的关系，人与社会的关系）究竟是如何建构，如何运转的呢？换句话说，社会是如何被治理的，在此过程中，法律究竟起着什么样的作用呢？

（一）德治与法治

商周时代，一批卓越的政治家天才般地提出了“德治与法治”的命题，这是两个治国的根本大法。治国者不但应该德法并用，而且要以德治为主，“王其德之用，祈天永命”[②]，这构成了中华民族几千年的治理传统。

《夏书》中的“德”是指治国者所具有的美德；《商书》中讲“施实德于民”[③]，即把给老百姓实惠称为“德”；《周书》里把“天”与“民”放在同等的位置，此时“天”不再是治国者的保护伞，而变成了民众的保护神，天的意志与民众的愿望完全一致了。由此一来，治国者要想保证长治久安，就必

---

① 萧伟光：《家，我们共同的信仰》，载《人民日报》2016 年 2 月 4 日。

② 《尚书·召诰》。

③ 《尚书·盘庚》。

须敬畏上天，而天的意志是保护民众，所以治国者就必须让老百姓满意。“天人合一”成了德治思想的理论根基，并且逐渐形成了“上天、民众、治国者道德”[①]三位一体的理论系统，这也是此后两千多年来儒家思想的基本内容。

孔子的“仁爱”思想，孟子的“仁政”思想，荀子的“重民”思想等，都是对德治思想的进一步阐释，它们共同构成了中国传统文化中儒家思想的精髓部分。[②]此后历代治国者基本上都遵循“以德治国”为主的治理模式，并且把“以礼为法”作为调整人与人之间的行为规范，而“刑”只是对违反礼制行为的惩罚手段而已。

德治和法治相结合成为中国历代政权治国理政的基本方式后，中国就不必再去寻求宗教即能解决人的终极精神需求和行为选择，这是中华文化的优势所在。为什么中华文明能屹立几千年而一脉相承？其中的原因必然很多，但很重要的一条是，法治和德治相结合的中国政治文化基因。自秦始皇统一中国后，历代治国者都无一例外地利用法律维护中央权威，利用法治和德治维护民族团结和国家统一。[③]

（二）综合治理

司马谈认为：“夫阴阳、儒、墨、名、法、道家，此务为治者也。”[④]这是说诸子百家虽然提出的方法、手段、路径各不相同，但目标是一致的，都是

---

① “德”本身是有等级性的，天子拥有最高层级的“德”的全部，即“天道”，诸侯之德守即“仁”，大夫之德守即为“义”，士的道德标准即是“信”，庶人以下就不在“有德者”之列了，即“礼不下庶人”。等级制不仅是物质意义上的，而且首先是精神意义上的。“天子”就代表这个精神价值的最高层级，其使命就是对“天道”的体察与服从。这样就将“敬天”的心理意向转化为了对“天道”的精神追求。参见谢扬举：《老子论士的修养与古礼》，载《孔子研究》1997年第3期。

② 张幼良：《〈尚书〉德治思想原论》，载《徐州师范大学学报（哲学社会科学版）》2000年第4期。

③ 徐显明：《坚持依法治国与以德治国相结合》，载《求是》2017年第6期。

④ 司马谈：《论六家要旨》，载 http://baike.so.com/doc/3682781-3870572.html，最后访问时间：2017年3月5日。

要实现整个社会的大“治”。这个“治”，包括让心灵秩序、生命秩序、社会秩序以及宇宙秩序都能得到稳定。[①] 因此，在中国文化传统中，“治”就是中国人需要实现的终极目标，即只有天下大治，百姓才能安居乐业，国家才能繁荣昌盛。

为了实现“治”的终极目标，儒家提出了礼治与德治综合运用的方法。子夏问曰：“巧笑倩兮，美目盼兮，素以为绚兮。何谓也？”子曰：“绘事后素。”曰：“礼后乎？”子曰：“起予者商也，始可与言诗已矣。”[②] 孔子认为，外表的礼节仪式同内心的情操应是统一的，如同绘画一样，质地不洁白，不能画出丰富多彩的图案。儒家强调两个方面，一个是“以德”，另一个是“以礼”。“以德”就是用道德规范人的内心想法，“以礼”就是用礼仪来规范人的外在行为。儒家的核心观点是“克己复礼”，即克制自己的行为，使之符合社会的礼仪规范，其内在逻辑是，安顿好了个人的心灵秩序与生命秩序，就会实现社会秩序和政治秩序的安顿。[③]

孔子曰：“道之以政，齐之以刑，民免而无耻；道之以德，齐之以礼，有耻且格。”[④] 他认为，法律只能规范民众的外在言行，最多使民众因为害怕惩罚而不敢走上犯罪道路，但单靠法律与惩罚并不能使人明白犯罪的行为是可耻的，这样的话，民众还是难免会犯法；德礼之教不但能达到统一民众外在言行的目的，而且可以使民众产生内心的羞耻感，故其主张用德礼之教来提高民众的道德觉悟，这样就能让民众意识到犯罪是一件非常可耻的事情，从而自觉地不去犯罪。法律只能消极地通过惩罚达到禁止人们做违法犯罪之事的目的，德礼之教虽然需要慢慢培养才能成功，但是教化成功之后就会使人心知道羞耻，明白善恶，并且根本不想去做违法犯罪的事情。[⑤]

孔子说：“名不正，则言不顺；言不顺，则事不成；事不成，则礼乐不兴；

---

① 蒋庆：《政治儒学：当代儒学的转向、特质与发展》，生活·读书·新知三联书店 2003 年版，第 342 页。

② 《论语·八佾》。

③ 喻中：《中国法治观念》，中国政法大学出版社 2011 年版，第 219 页。

④ 《论语·为政》。

⑤ 寇纪元、李森：《儒家思想造就的我国法制传统》，载《法制与社会》2009 年第 3 期。

礼乐不兴，则刑罚不中；刑罚不中，则民无所措足。”[①] 在孔子的思想体系中，法律只是一种促成名正言顺、事成功就的手段。这种手段与礼乐教化相比，略逊一筹，居次要地位。道德礼教能使人们由被动地守法变为自觉地守法，使人对守法的理解由知其然而进入知其所以然。“德礼”所要达到的社会治理境界较“政刑”显然要高出一个层次。后来被历朝历代推崇的“德主刑辅”无疑也是这种理念的体现。

孔子进一步认为，只是懂得遵循法律条文而不知道变通，不但会使司法者变得刻薄寡恩，而且会使民众变得越来越诡诈，这使得中国传统法观念特别强调削弱法律的局限性和副作用。法律只有被严格地限制在一定的范围内，并且与礼乐、教化、道德形成有机的整体，才能发挥积极的作用。[②] 对诉讼的负面作用，山东曲阜孔府的《忍讼歌》[③] 作了最好的阐述：

世宜忍耐莫经官，人也安然己也安然。
听人挑唆到衙前，告也要钱诉也要钱。
差人奉票又奉签，锁也要钱开也要钱。
行到州县细盘旋，走也要钱睡也要钱。
约邻中证日三餐，茶也要钱烟也要钱。
三班人役最难言，审也要钱扣也要钱。
自古官廉吏不廉，打也要钱枷也要钱。
唆讼本来是奸贪，赢也要钱输也要钱。
听人诉讼官司缠，田也卖完屋也卖完。
食不充足衣不全，妻也艰难子也艰难。
始知讼害非浅鲜，骂也枉然悔也枉然。

因此，在传统社会里，审理案件仅仅是实现社会大治的一个途径，或者

① 《论语·子路》。

② 马小红：《中国近代法观念的演变》，载《金陵法律评论》2003年春季卷。

③ 孔令贻：《忍讼歌》，见曲阜孔庙《忍讼歌碑》。

说，是借审理案件的机会对当事人进行教导，使之知道羞耻而不再犯罪，以达到社会和谐的目的。事实上，儒家并不排斥刑罚的作用，而是主张最重要的是以行政手段推行教化，刑罚要居其后作为补充手段而已。

（三）天理人情与法律

“制礼以崇敬，作刑以明威也。圣人既躬明哲之性，必通天地之心，制礼作教，立法设刑，动缘民情，而则天象地。故曰先王立礼，则天之明，因地之性也。”[①] 简言之，制定法律必须做到则天道、缘民情。也就是说，天道和人情是制定国法的合法依据。因此，中国自汉代以后，思想界及司法界均主张以情理来检验法律的正当性。[②] 合乎天理人情的就是良法，违背天理人情的就是恶法。因为有了情理的指导，传统法律就不再仅以维护社会秩序为目标，最终目标变成了追求人情的合理体现和社会整体的和谐。

朱熹说：“圣人之法有尽，而心则无穷。故其用刑行赏，或有所疑，则常屈法以申恩，而不使执法之意有以胜其好生之德。此其本心所以无所壅遏，而得常行于法之外。”[③] 案件处理得好坏，是看天理、国法与人情之间的关系是否处理得当。[④] 好的司法官在个别案件中往往会为了达到天理人情妥当处置的目的而游走于法律之外，在中国古代司法中，“人情大于法”的司法案例并不鲜见，在法网恢恢中得以保全性命的孝子烈女、侠客义士时常可见。在对天理人情孜孜不倦的追求中，个别法律条文在古代民众心目中就失去了神圣地位。“天理”和“人情”的介入，使“法者，因天理，顺人情”[⑤] 不再只是一种学说，而成了古代的司法实践。因为，有了天理人情的介入，使国法得以软化，更容易根植于民心，同时使国法得以韧化，顺应了民意后，法律的生命力更加长久了。中国自秦至清两千多年，政治法律的结构都处于超

---

① 《汉书·刑法志》。

② 霍存福：《“合情合理，即是好法”——谢觉哉“情理法”观研究》，载《社会科学战线》2008 年第 11 期。

③ 《朱子大全》。

④ 郑定等：《情理法与中国人》，北京大学出版社 2011 年版，第 83 页。

⑤ （明）薛碹：《要语》。

稳定状态，这不得不归功于“天理、国法、人情”三角结构模式的稳定，且三者之间达到了一种动态的、有机的平衡状态。[①]

中国人心中的公平正义就是用符合天理人情来衡量的，当今法学界许多人士通常认为这种公平正义特别容易导致司法处于因人而异的不稳定状态，甚至认为这种“正义观念”更容易出现法官徇私枉法的现象，但是，中国两千多年的司法实践充分证明，事实并非如此。与之不同的是，今天的不少法律条文在具体的适用过程中，经常需要被解释，这样一来，法律条文变通适用就是经常发生的事情了。如果有个别司法者心术不正的话，肯定会出现解释法律或适用法律不妥当的问题。[②]相比之下，天理人情作为公平正义的标准反而不容易被扭曲，因为这是社会大众内心普遍接受的准则。根据天理人情，民众依据内心的直觉判断就知道是否合理合情，是否有徇私枉法。因此，试图扭曲以天理人情作为判断标准的公平正义比扭曲国法要困难得多。[③]

天理人情和司法融为一体后，这种模式在中国司法史上更多的是起到积极作用：首先，它使司法不再是抽象的法律条文，而是变得更加大众化了，民众也可以理解法律的内容了；其次，由于天理人情的包容性极强，也很好地弥补了成文法固有的滞后性与僵化性的缺陷；最后，司法中，法律原则的适用问题也可以通过天理人情的介入得以化解，例如犯罪嫌疑人是故意还是过失的问题、正当防卫是否过当的问题，都被纳入了天理人情中进行考量。[④]

因此，在传统民众的法观念中，法律就是与天理人情“三位一体”的，能解决一切纠纷的治理术。这一套技巧不是客观、真实、冷静的科学，也不

---

① 俞荣根：《应天理顺人情》，山东教育出版社 2011 年版，第 146 页。

② 陈忠林：《恶法非法》，载 https://www.docin.com/p–387939087.html，最后访问时间：2020 年 12 月 16 日。

③ 张伟仁：《中国传统司法与法学》，载 http://bbs.chinacourt.org/index.php?showtopic=164230，最后访问时间：2016 年 12 月 18 日。

④ 霍存福：《中国传统法文化的文化性状与文化追寻——情理法的发生，发展及其命运》，载《法制与社会发展》2001 年第 3 期。

是抽象的依据理性进行推理判断的规则，而是因时因地制宜、无微不至的艺术。这种法观念穿越时空，仍然深深地影响着当代的中国人。[①]

总之，中国传统社会的治理方式就是人文之治，即“礼节民心，乐和民声，政以行之，刑以防之。礼乐刑政，四达而不悖，则王道备矣”[②]。具体而言，以敬天为根基，以道德为中心，以礼制为主体，以行政为主导，以刑罚为后盾。用中国古代社会的“刑”来等价于今天的“法律”是不准确的，因为刑（或者称作“法”）并不是中国古代社会用来积极构建社会秩序、调整人们日常行为规范的正面因素，而是对破坏秩序的人进行惩戒的凶器。中国古代社会用来积极构建社会秩序，调整人们日常行为规范的是礼仪制度，这也是中国古代社会被称为“礼仪之邦”的原因。

四、和谐司法的下位理念

中国传统文化下孕育出的和谐理念，在传统的司法过程中每时每刻地体现着，并逐渐演化出了一些更具体的理念作为和谐理念的载体，主要有慎刑的理念、教化的理念、调解的理念、司法裁判符合民意的理念、执法平等的理念、象思维的理念等，我们把这些具体的理念称为和谐司法的下位理念。

（一）慎刑的理念

儒家认为犯罪挑战的是道德、政治、法律的复合载体，所以犯罪行为是极其可耻的。[③]从天人合一的最高层面看，惩治罪犯不但能恢复人间和谐的秩序，也能恢复宇宙间和谐的秩序。[④]

---

① 郑定等：《情理法与中国人》，北京大学出版社 2011 年版，前言。

② 《乐记》。

③ ［英］李约瑟：《科学思想史》，何兆武译，科学出版社 1990 年版，第 560 页。

④ 江山：《中国法思想讲义》，中国经济出版社 2014 年版，第 167 页。

但是，“天地之大德曰生，人得天地之德以为生，莫不好生。圣人体天地之德以为生人之主，故其德亦惟在于好生也。苟非其人实有害于生人，决不忍致至于死地，死一人所以生千万人也”[①]。因此，一方面，司法官员应当效法天地的好生之德，不可滥用刑罚任意杀戮；另一方面，司法官员要让那些罪大恶极的犯罪者得到应有的惩罚，达到震慑犯罪和教育他人的目的。[②]另外，对这些触犯“王法”的罪犯的处罚还关系到民众对当政者的看法，因此历朝历代都特别强调限制刑罚的过度使用。“慎刑”的理念在中国传统司法中是主流思想之一，而且这一理念有一系列的相关的司法制度作为支撑，比如“三复奏、五复奏”制度、“会审、朝审”制度、已成定制的“录囚”制度。

（二）教化的理念

儒家把德礼看作教化，把刑罚也看作教化，孔子说：“不教而杀谓之虐。”“刑者，所以驱耻恶，纳人于善道也。”[③]刑罚是为了预防犯罪，具有威吓和教化的功能。“刑教”即“寓教于刑”或“明刑弼教”，这种司法思想在周代就被转化为一种司法制度，并对后代的司法产生了重要影响，成为一种在世界法律史上独具特色的司法传统。它给我们以深刻的启示：刑罚不是目的，而是一种手段，它通过教育使犯人悔过自新。刑罚不但具有惩罚性，还具有教育性，教育性就存在于惩罚性之中。用带有人道色彩的刑罚手段使犯人受到教育和感化，从而产生自责和悔罪的心理，主动消灭犯罪意识，弃恶从善，重做新人。[④]程颐说：“不知立法制刑，乃所以教也。盖后之论刑者，不复知

---

① 丘浚：《慎刑宪·总论制刑之义》。

② 张晋藩教授认为，中国传统法律具有如下特点：礼法互补，综合为治；天理、国法、人情三者协调一致；重公权、轻私权与无讼的价值取向；法自君出，权力支配法律；严格的身份等级与不同的法律调整；家庭本位的社会结构，家法是国法的补充；重刑轻民，律学是法学的集中代表。参见张晋藩：《中国法律的传统与近代化的开端》，载《政法论坛（中国政法大学学报）》1996 年第 5 期。

③ 《周礼注疏》。

④ 崔永东：《从简帛史料看中国古代司法思想》，载《江苏警官学院学报》2010 年第 5 期。

教化在其中矣。”[①] 可见重视教化的司法理念是长久存在的。

对于中国古代的司法官来说，如果他审理了犯罪案件并且判决罪犯去服刑，这对他也是一件很沉重的事情，因为教化民众是司法官应该做的事情。正是因为他没有很好地完成本职工作才造成民众愚昧无知，不懂人情与国法，进而因犯法被严惩，所以整个司法的过程就是继续教育当事人的过程。[②]

（三）调解的理念

在中国传统社会中，民事案件以及轻微刑事案件都会首先采取调解的方式解决纠纷，只有重大的刑事案件才可以不经过调解的程序直接审判。[③]

中国传统文化认为，人的存在是一个过程，每个人都是宗族命脉中的一环，而不像西方人理解的那样，人的存在本身就是目的。在人的一生中，“我是谁”是由每个人所处的“关系网”决定的，比如在父子关系中才能确定父亲或儿子的身份。人与人之间如果发生争讼，那么牵涉的关系肯定很多很复杂，所以不能不详细探究根源，仅仅就案论案地作出的判决，很难调整所有受到牵涉的关系。法律上规定的权利义务固然重要，但更重要的是通过调解使当事人积极主动地化有讼为无讼，实现人际关系的和谐，稳定整个社会秩序，这样做还能节约诉讼资源和司法成本。[④] 因此，调解是和谐理念在司法中的重要表现形式。

（四）司法裁判符合民意的理念

慎子曾说过：“法，非从天下，非从地生，发于人间，合于人心而已。”[⑤] 显然，中国传统社会中的法律制定依据就是天理人情，而天理人情通过民意

---

① 《二程集》，中华书局 1981 年版，第 721 页。

② 南怀瑾：《易经杂说》，中国世界语出版社 1996 年版，第 282 页。

③ 连宏：《儒家的和谐观与中国传统调解制度》，载《长春理工大学学报（社会科学版）》2005 年第 6 期。

④ 俞荣根：《应天理顺人情》，山东教育出版社 2011 年版，第 5 页。

⑤ 《慎子·逸文》。

反映出来，因此，司法裁判符合民意是中国法文化观的必然反映。如果说“天不言”导致“天理”所表达的内容还有商讨的余地的话，那么，民意的表达却是直接的、真实的。

按照中国传统司法理念，对司法官来说，最重要的是对天理人情的考量并作出让民众信服的裁判，至于如何适用法律则在其次，因为统治者更在意的是民众对案件结果的认可，即是否顺应了民心。

（五）执法平等的理念

生活在传统社会的人们认为，立法根据每个人的身份和所处地位的不同规定了不同的权利义务，但是带有明显的伦理道德色彩的立法模式，事实上并不妨碍执法上的平等。“王法”是需要普遍遵守的，中国古代的社会共识是“违法必究”。朝廷大员与封疆大吏虽然权力极大，地位极尊，但只要违法犯罪，不但自己会沦为阶下囚，往往还会落得株连九族的下场。[①] 民众对执法如山的“青天大人”更是赞誉不绝。普通的民众还可以利用王法，与王侯将相在公堂上一争高低。[②] 在执法平等的理念下，许多相关的司法制度也广为人知，比如“王子犯法与庶民同罪”。[③]

（六）象思维的理念

如果说西方的法律思维方式是概念推理的话，那么，象思维无疑就是中国传统法律的思维方式。在象思维中，消解了形式逻辑的大前提与小前提为真的可能性。这种见解，反映在中国人的司法理念上则表现为：第一，民众不相信人世间有一套绝对正确的法律准则能解决生活中的一切纠纷，因此，

---

① 从执法上来说，处于社会上层的达官贵人受到的惩罚可能更重，几千年来，凡是被株连九族的，往往是相当显赫的官员与其家族。

② 这可能也是《秦香莲》这出戏在中国的戏曲舞台上，上演千年不衰的原因，它告诉人们，即使面对“状元兼驸马爷”这样的被告，法律仍然能让他伏法，正义仍然能够得到伸张。

③ ［法］弗朗斯瓦·魁奈：《中华帝国的专制制度》，谈敏译，商务印书馆 1992 年版，第 24 页。

社会秩序还需要许多其他的规范来维系，比如道德、“圣人言”、祖训，等等。第二，民众也知道并不是每个司法者都会公正地适用法律规范，因为司法者不是圣人（当然圣人也会犯错），因此必须有许多其他机构协助司法才能实现正义。[①]第三，民众判断司法结果是否公平的依据除了法律条文外，还会受到当事人在法律关系中所处位置的影响。这也可以用来解释在中国古代社会中，为何复仇案件中的当事人往往能减轻或者免除处罚。

理想的司法者不仅要评判该案中的是与非，还要顾全社会整体的和谐，因为只有在和谐的状态下，案件中的“是与非”才有意义。因此，司法者首先要做的是为社会和谐提供妥善的处理方式，在此基础上再进行案件中的“是与非”判断。对于中国古人来说，用西方的形式逻辑来审理案件是不能达到他们所期望的最终目标的。

五、和谐司法追求的是实质正义

（一）正义受民族文化制约

在西方古代思想家的理论中，法学理论的真正核心是城邦国家的善或正义，即法治本身并不是最高的价值，符合正义的要求才是正当的。博登海默认为，法律存在的目的就在于创设一种正义的社会秩序。[②]如果法治离开正义必将缺失内在信仰，如果法治发展过程中缺失了正义，那么，单纯的规则之治就会蜕变为重刑主义，很难摆脱法律越多，社会秩序越乱的历史宿命。[③]因此，法律规定必须与正义的要求相吻合。

问题是，“正义”的形式概念并不能回答，为什么我们会偏爱某一价值

---

① 张伟仁：《天眼与天平——中西司法者的图像和标志解读》，载《法学家》2012年第1期。

② ［美］E. 博登海默：《法理学、法哲学及其方法》，邓正来、姬敬武译，华夏出版社1987年版，第302页。

③ 贾奇英：《中国共产党法治理念之历史变迁》，重庆理工大学2011年硕士学位论文，第8页。

系统甚于其他？比如，在决定报酬的多少时，偏爱成就甚于努力是不是正当。这些“决定”的是非对错并不能在“正义”概念中获得答案，必须到“正义”概念之外更广阔的原理中去寻求答案。所以仅仅宣称“法律的目标在于正义”并不能取代价值系统存在的意义，因为没有它们，实质上的不正义就会假借“正义”之名以骇人听闻的形式出现。①

何种价值能获得我们肯定，实际上并没有逻辑上的必然性，而仅仅是一种选择，当然这并不是在暗示，我们可以完全自由地作出选择，因为它已经牢牢地被我们的历史传统限制住。②同样地，任何一种价值本身是否正确，也不能用逻辑推理去证明，而是取决于我们最后的迎拒，因为我们发觉其实我们别无选择。也就是说，作为价值系统中的“正义”，对每个人来说是没有选择余地的，它仅仅是民族文化的一种载体而已。

儒家仁学正义论与西方正义论的主要差别在于对“平等、自由”的理解问题上。基督教的教义认为每个人在上帝面前都是平等的。这里的“人”是宗教意义上的“原子化”的人，这样的“人”没有父母、子女、兄弟姐妹的区别。人生而自由，也是讲“原子化”的人的自由。这一原则成为基督教文明国家和地区一切法律的刚性原则，因此，凡是违反这一条规定的，就是不正义的法律。另外，西方的“正义”强调平等主体之间进行交易时的对等和公平。西方的 goods（财产）少一个“s”就是“善”，也就是说，“善”意味着对财产的重视和要求财产分配恰当。③西方人认为“正义”是一种对等的原则，这种对等主要是就财产的分配而言的。这种对等原则不但表现在人与人之间，也表现在人与神之间，正是因为耶和华给了犹太人好处，根据对等原则，犹太人才答应信仰他。④这些理念直接影响了今天的西方人，他们依然认为正义就是对等、公平、有偿这类原则。

儒家正义论依据的是人类自然繁衍的血缘存在，因此儒家极度重视血缘

---

① ［英］丹尼斯·罗伊德：《法律的理念》，张茂柏译，新星出版社 2005 年版，第 106 页。

② C. Perelman, The Idea of Justice and the Problem of Arguement, University of Brussels 1963, p.15.

③ 江山：《中国法思想讲义》，中国经济出版社 2014 年版，第 361 页。

④ 江山：《中国法思想讲义》，中国经济出版社 2014 年版，第 217 页。

伦理。“子生三年，然后免于父母之怀。”[①] 这是一个无可辩驳的血缘繁衍事实，儒家思想家就以此为基础构建起了一套伦理规则：父慈子孝、兄友弟恭。由家庭推及社会，“老吾老以及人之老，幼吾幼以及人之幼”，从而形成社会道德规范。由于人世间每个人既是父或母，也是子或女，还是夫或妻。因此，从每个自然人的角度，在其一生中，权利、义务是对等的，或者说是均等的。[②] 这套理论在法律上的表现就是，法律明文规定有些“不平等”本身是代表正义的。这决定了中国的“正义”是一个伦理概念，中国人认为正义与财产是相互对抗的关系，“君子喻于义，小人喻于利”[③]，重财轻义就是小人所为，就是不善之人。有德的君子崇尚的是“义”，而不斤斤计较钱财。对儒家来说，“君子国”才是和谐的社会。[④]

（二）实质正义的理念

中国的正义观念是由伦理的差序格局决定的，因此，它也是中国传统文化的必然反映。[⑤] 这种对正义的理解方式决定了古人更看重正义的精神层面，即更愿意追求实质正义。

对生活在传统社会的中国人来说，和谐的理念并不意味着纠纷不解决、正义不能实现，而是根据礼制和当事人当时所处的社会地位和家庭位置，来决定他应该得到多少利益。出于礼节的考虑，可能一方会把本属于自己的利益让给对方，但是，从当事人的心理上来说，双方仍然会认为已经达到了实质的正义，这时纠纷才是真正地解决了。司法的任务就是让不按照礼制规则行为的人回归自己的位置，即“让出位者复位”，使社会秩序继续正常运行。而更高的司法境界一定是教育人们按照自己所在的位置去行为，不要越位，即达到无讼的境界。

---

① 《论语·阳货》。

② 俞荣根：《儒家法思想通论》（修订本），商务印书馆 2018 年版，第 203 页。

③ 《论语·里仁》。

④ 江山：《中国法思想讲义》，中国经济出版社 2014 年版，第 377 页。

⑤ 马毓晨：《重塑司法正义　指引司法改革》，载《法制博览》2016 年第 6 期。

（三）正义实现的途径

玛德琳认为，在美国，大多数人的行为是靠法律规则来约束的，这是最有效的社会治理方法；然而对中国人来说，惧怕六道轮回或担心子孙遭遇厄运的因果报应，对其行为的约束力反而更强些。[①] 报应观念能在中国传统社会有效地发挥作用，是与中国传统文化中的“天人感应”的理念分不开的。简单地说，就是生活于传统文化下的中国古人相信“人在做，天在看”，做好事上天就奖励，做坏事就会遭报应。这种畏惧于上天惩罚的心理约束力甚至更强于司法制度的外在约束力，同时，这也是中国传统社会中付出成本最小，收效最好的社会控制机制。[②]

因果报应[③]信仰的作用体现在：

第一，传统法律以刑为主，这是对已经发生的犯罪进行惩罚的工具，报应信仰则是对人的行为加以防范，使之免予犯罪的内心约束机制。报应观念反映了中国古代社会的道德观念，因此亦被人所敬畏，使它有足够强大的威力控制人们的恶念，并引导人们成为有德行的人。因为，法律发现不了的犯罪，也会被鬼神惩罚。只要天知道，就会遭天谴，这使得每一个人都不敢去作恶。“敬”属于道德的高标准要求，容易成为道德君子的行为准则；“畏”源于人的本能反应，所以报应观念比道德说教适用的对象更广泛，也更有威慑力。敬畏心态使人的思想不敢逾越道德界限，由畏惧报应而知道要收敛行为，不能胆大妄为。

第二，在司法程序中，当事人的输赢甚至生命安危都由司法官主宰，司

---

① 前基督教牧师 Madelon Wheeler-Gibb 谈因果，载 http://www.xuefo.net/nr/article25/250581.html，最后访问时间：2016 年 11 月 15 日。

② 赵旭东：《法律与文化》，北京大学出版社 2011 年版，第 237 页。

③ 《易经杂说》讲道：“积善之家，必有余庆；积不善之家，必有余殃。”这是中国文化四句话的原则，我们中国文化最喜欢讲因果报应。事实上，中国、印度等东方文化都建立在因果报应的基础上。由此我们了解，中国过去五千年文化思想的教育、政治、道德等，都建立在因果的基础上，所以大家都怕不好的报应。佛家的因果，是讲本身的三世，即前生、现在及后世。中国儒家的因果讲祖宗、本身、子孙三代。参见南怀瑾：《易经杂说》，中国世界语出版社 1996 年版，第 21 页。

法人员如果有徇私枉法行为的话，就可能使“善有善报，恶有恶报”名存实亡，冤案的重要成因即在于此。因此，中国历代的法律都规定了“出入人罪”，即对不依律断案而造成冤案的司法官，要按法律追究其刑事责任。[①]但是，法律对司法人员的惩戒更多的是事后的补救措施，而且对于熟知法律的人员来说，逃避法律制裁的能力也比普通人强得多，这是毋庸置疑的。于是，鬼神报应成了警示和约束司法官的另一种途径。报应观念对司法人员具有很大的约束力，这种由于惧怕因果报应而自觉的内心约束要比外在法律约束更加强大，因为任何造成冤狱的枉法行为，都会招致鬼神报应。[②]只要司法人员对因果报应有惧怕心理，就会促使他们在审判案件时更加谨慎以防止冤假错案的发生，他们甚至会主动纠正已经发生了的冤假错案，期望获得上天的嘉奖。所以，因果报应对维护司法正义来说，作用是不容小觑的。

第三，法律并不足以独立地完整地创设一种完全正义的社会秩序，现实生活中的恶行并不总是能得到法律的严惩。如果少数人认为没有达到自己所期望的实质正义，那么，他们就会诉诸因果报应，希望作恶者得到上天的惩罚。这是由中国人对实质正义的孜孜不倦的追求决定的，因为鬼神世界的因果报应就是对客观事实的真实反映，而非由证据构筑的法律事实。因果报应反过来又加强了对实质正义的信仰，因此它可以在一定程度上平衡民众没有通过司法程序得到正义的失衡心理。因果报应表面看起来荒诞不经，但事实上它蕴含着中国传统社会中最基本的法律理念，即对“善恶到头终有报”的坚信与执着。[③]由报应观念织成的这张法网是疏而不漏的，它使一切罪恶都能受到应有的惩罚，成就了善恶有报的必然性，使人们最终实现了对实质正义的渴求。报应观念逐渐成为广大民众心理上不可或缺的一道防线，千百年

---

① 雷芳：《法律文化视野下的报应观念》，西北师范大学2014年硕士学位论文，第5页。

② 古人认为灵魂是不死的，冤死的灵魂是会索命的，对于相信因果报应的司法官来说，肯定承担不起这种阴司报应的惩罚。这也可以从另一个角度解读中国古代的死刑签署权掌握在皇帝一人手里，皇帝位居九五之尊的天位，自然是代表着上天的意思。这事实上也起到了统一全国死刑量刑标准的作用。所以，仅仅站在当代的角度去批判这一制度是皇权对司法权的干预是不公正的。

③ 霍存福：《复仇·报复刑·报应说——中国人法律观念的文化解说》，吉林人民出版社2005年版，第21页。

来一直在弥补着法律的种种不足。

“明有礼乐，幽有鬼神。古圣人二者并言，原以治人心之敬畏也。夫民有敬畏之心，则做事循谨，而风俗可端；民无敬畏之心，则肆无忌惮，虽日以国法绳之，而风俗之放荡。其隐然者不可问矣。使其民但知畏法，不知畏神。苟法所不及之地，凡伤天害理，何事不可为哉？”[①]这段话充分说明，如果人的内心没有敬畏，那么法律的作用就很难发挥。事实上，中国的因果报应论，可以在任何情况下针对任何人发生作用，从某种意义上说，无论相信与不相信，它都客观地存在着，所以，与其说因果报应是民众对鬼神的敬畏，不如说是对普遍道德律的敬畏。[②]

法律是历史上民族道德、宗教的积淀，一种共同的普遍接受的思维惯性与行为模式。对中国这样的有着几千年文明史的国家来说，仅仅就法律谈法律的研究模式，是无法真正全面找出支撑中国传统社会和谐价值的内在理念的。[③]法律文化中的道德观念，以及由此衍生出来的报应观念和敬畏之心，无疑可以帮助我们更深入地探究中国古人的内心世界与外在行为之间的和谐关系，因此也可以更好地回答，人们内心的和谐司法理念是如何形成的。

---

① （清）盘峤野人辑：《居官寡过录》，收录于《官箴书集成》（第五册），黄山书社 1997 年版，第 195 页。

② 夏清瑕：《另一种秩序——法律文化中的因果报应信仰》，载《宁夏大学学报（人文社会科学版）》2006 年第 5 期。

③ 雷芳：《法律文化视野下的报应观念——以中国传统社会为背景》，西北师范大学 2014 年硕士学位论文，第 18 页。

第三章

象思维下的中华法系

一、概念思维的发展历程

无论传统西方哲学还是中国现代哲学，都把概念当作人类理性思维的起点，进而形成了概念化推衍系统。哲学家们相信，概念思维为人类的理性思维提供了坚实的基础，能够帮助人们完成认识世界和改造世界的任务。

概念思维是一种依据狭义的概念及其衍生族类（比如依据概念形成的判断和推理）思考问题的方式，普遍被认为是人类理性思维最重要的方式，在哲学活动中被广泛地用来思考各种问题。[①] 亚里士多德创立的概念思维在思维领域取得了统治地位，它赋予了学问体系严密的逻辑性与系统性，使人们的认识拥有了确定性、清晰性及可操作性。近代以来，逐渐形成了以研究物质为前提，遵循主客观二分法和价值中立，以还原论为方法论的近代科学规范，并发展出一套公理化数理体系与可控实验系统，促使西方迅速实现了机械化。随着数理逻辑的发现和发展，概念思维对人类走向现代化社会有了决定意义。而概念思维的问题在于，它认可人与自然的对立，用理性制造了人

① 张祥龙：《概念化思维与象思维》，载《杭州师范大学学报（社会科学版）》2008 年第 5 期。

的身心分离，并把认知与价值隔离开来，这些问题直接导致了现代化社会的许多弊病，使得现代化的发展变成了一种不可持续的发展。

江山教授认为，如果用概念思维的思维模式理解这个世界的话，这个世界就始终以点为考虑问题的主要前提。整个世界最终被分解成分子、原子、中微子，直到今天尚未发现的“上帝粒子”，一路下来，整个是点；往上走，会看到组织、个体、地球、太阳系、银河系等，所有的问题都以一个具体的实体单元来思考。因此，世界的全部，就是无数个点的堆积，点与点之间，始终充斥着对抗与竞争：要么是强盗逻辑，强者把弱者吃掉；要么是法治逻辑，两者最终达成妥协与抗衡，这就是典型的概念思维模式。贝塔朗菲曾指出：“我们主要关心可度量的质，可分的单元，可能是由印欧语系所决定的，我们的思维方式明显地不适合处理整体和形态问题。处于别的文化中的人类，可能有根本不同类型的科学。”①

自 20 世纪以来，西方第一流的哲学家、科学家认识到概念思维的局限性，开始对中国文化中的象思维情有独钟。随着系统科学、认知学的发展，西方科学思潮也开始由原子构成论走向了生成整体论。中国的象思维在经过百年的沉寂后，必将以新的面貌重登历史舞台，对人类文化的发展作出应有的贡献。

二、象思维的提出

王树人先生在《回归原创之思——“象思维”视野下的中国智慧》② 一书中提出象思维（Xiang Thinking）的理论，希望唤起中国人对于象思维的记忆，这是与概念思维并驾齐驱的原创思维。事实上，中国传统经典之作，如

---

① ［美］冯·贝塔朗菲：《一般系统论基础、发展和应用》，林康义等译，清华大学出版社 1987 年版，第 22 页。

② 王树人：《回归原创之思——“象思维”视野下的中国智慧》，江苏人民出版社 2005 年版，第 1~3 页。

《周易》、孔、孟、老、庄之书等，都主要是象思维的产物，因此，只有借助象思维的思维方式，才能真正走进中国传统文化，也才能真正认识中国人的文化基因。[①]《周易》在中国古代被列为群经之首，一直被认为是中华文化的总根，因为《周易》所运用的思维方式就是象思维，所以，可以说，在中国古代，象思维就是中国人最重要的思维方式。

在中国传统社会，无论是道家还是易学家，都意识到了“言不尽意”的问题。就是说，凭借概念思维无法把握事物的整体内涵，《老子》开篇讲到的“道可道，非常道”就是这个意思。老子因其“言不尽意”，故求助于“象”。在道家或易学家看来，“道”是具有动态平衡的整体之象，而概念思维是从概念的规定性出发，并把对象静态化来加以规定，所以，概念思维根本不适合把握这样的整体之象。

象思维以物象为基础，从意象出发，在象的流动与转化中，通过想象、类比、象征等手段把握认知世界的联系，类推事物的运动变化规律，以达到思维的目的。这种思维模式具有很大的普适性、包容性。象思维将整个宇宙自然和人类社会的规律都看作合一的、类似的、互动的，因此，它具有鲜明的整体性、全息性。象思维是原创性的源泉，是比形象思维和表象思维更高级的思维形式，高到与宇宙整体浑然一体，并且可以彼此贯通。

象思维的“象”字，表面含义是指动物中的大象，但是，“象”字通过假借和转注的方式，获得了与“像”字相同的含义，《周易·系辞下》讲到，“象也者，像也”。作为与“像”字相同含义的“象”，在中国传统思维模式中，它可以指直观具象，但是，它主要指超越直观具象的精神之象。[②]

“观物取象”“象以尽意”是象思维最核心的思想。其中，“观”是关键一步，因为无论是“取象”还是“尽意”都是由“观”来实现的。象思维虽然必须以物象为基础，但是经过“观物”后进行“取象”并不是最终的目的，目的是获取事物的运动变化规律，从而认识事物。事实上，在象思维的整个

---

① 魏祥：《〈周易参同契〉中的象思维特点——以“日月悬象”和“同类合体”为例》，载《景德镇高专学报》2014 年第 8 期。

② 王树人、喻柏林：《论“象”与“象思维”》，载《中国社会科学》1998 年第 4 期。

过程中，“象”起到的就是桥梁或媒介的作用，但也必须承认，“象”的价值是极其重要的。正如《周易·系辞下》所说，“易者，象也”。这可以看作对《周易》中象思维特征最精确的阐释。同时，“观物取象”也是象思维的原初状态。如同老子所言：“常无，欲以观其妙；常有，欲以观其徼。”这里的“观”，都属于超越了仅仅用眼睛看的直观，而进入了体悟的象思维状态。这种状态能够彻底打破概念思维设立的一切条条框框，进入与动态整体宇宙一体相通的境界。

通过想象、类比、象征等手段，“象”就能超出外在形象的象意，即超越自身。这些手段之所以能够运用，和“象”本身具有“流动与转化”的性质有关。这种“象的流动与转化”，必须遵守“异相拟、类相合、似相通”的规则。由此可见，象思维的“象”，也指一个事物与另一个事物之间具有的相似性，有相似性才可以进行象征、类比。因此，单个的“象”并没有多少意义，“象”只有被纳入一个具象系列中才有意义，整个具象系列也必须纳入一个更大的具象结构之中，才能通过想象、类比、象征的方式显现出事物本身的意义来，或者说显现出事物的运动变化规律来。这决定了对于象思维来说，它关注的不仅是个体，而且包括个体与个体之间的关系，甚至可以说，象思维本身就是一种有关“关系”的学问，是通过个体事物在整体中所处的位置和状态来把握个体事物的性质和规律的学问。例如，《周易》中讲到的“天行健，君子以自强不息”。其中的“天行健”与“君子自强”之间，就同时具有相异之象与相类之象的特征，所以它们之间可以进行比拟，可以相合、相通。中国传统文化中，在经、史、子、集的典籍里，象思维的应用比比皆是。

象思维的优越性之一在于它最擅于启动想象和联想，从而最能促成发明与创造。对于人类社会的发展来说，提出问题的能力和解决问题的能力都很重要，如果说，概念思维提供的主要是具体解决问题的能力的话，那么，象思维则主要提供了提出问题的能力。事实一再证明，提出问题比解决问题更重要，因为提出问题的能力对人的整体要求更高。

象思维是中华文明的主导思维模式，也可以说，象思维就是中华文明的精髓和灵魂。在人类几千年的历史长河中，中华文明在世界上一直独领风骚，不但灿烂辉煌，而且绵延不绝，象思维乃是其中最重要的原动力。可惜的是，这种象思维视野之窗在近代以来的教育之中被关闭了，由于中国传统经典著作，如《易经》、孔、孟、老、庄之书等，都主要是象思维的产物，因此完全用概念思维加以诠释和研究的话就会出大问题。当然，作为中国传统文化一部分的中华法系也概莫能外。象思维作为中华文明的主导思维方式，也必然是中华法系的主导思维方式。由于长期以来对象思维的忽略，导致我们对中华法系的研究成了无源之水、无本之木，这无疑严重影响了我们对中华法系价值的正确判断，也影响了我们当代法学对中华法系的有益借鉴。

三、象思维与概念思维的比较

通过上述分析可知，象思维与概念思维是两种完全不同的思维模式，但是，它们彼此之间是没有先进与落后之分的。它们之间的不同之处可以概括为以下几个方面。

第一，共相殊相之分。概念思维是概括一类事物共通点的观念。在这个意义上，概念是抽象的、非个体的，它抓住的是共相。这也决定了概念思维对社会生活的“特殊状态”是视而不见的，它要寻找的是普遍化的哲理、真理。象思维是以物象为基础的，这决定了象思维是可以用来把握具体事物的，它正是根据不同事物之间的特征，通过“异相拟、类相合、似相通”的规则去寻找事物规律的。

第二，静态的不变与动态的变。通过概念思维抓住的共相，必然是某一类事物的本质，很显然，本质应该具有不变的含义，而且应该是一个完全静态的存在。具体的不同的事物都可以发生变化，但是本质不会变，否则就不能称其为本质了。概念思维这种思维模式源于一种“实体论”。[①] 实体论认为宇宙及其所包含的具体事物的最终始基就是实体，这种认识从古希腊时期开始，一直持续到西方的近代哲学中。如就万物的本原来说，泰勒斯认为是水，

① 王树人:《“象思维”视野下的“易道”》，载《周易研究》2004 年第 6 期。

赫拉克利特认为是火，莱布尼兹认为是单子，等等，这些“实体”都是确定的、不变的。而在象思维中，皆非实指，它给出的仅仅是“一个大方向下的能指”，而这个“能指”是无限的。同样地，“象”本身具有“流动与转化”的性质决定了象思维具有不确定性和动态性。因此，无论是内涵还是外延，象思维都大于概念思维。象思维具有更多的不确定性和普遍性，因而比概念思维具有更大的包容性。[①]

第三，高阶对象化与大道无外。概念思维总是对象化的，也就是说，总是会将思想的真实含义归结为某种对象。以柏拉图讲的“床的理念”“正方形的理念”为例，它们仅仅是一切现实生活中的“床”和“正方形”的理想原型而已，而且它们是由灵魂之眼看到的不变的对象，因此可以称为“高阶对象”。同样地，“勇敢”“美”这些概念的意义虽然是抽象的，但是它们也有概念思维所赋予的理想原型，“勇敢的理念”“美的理念”可以成为我们心中或者意识中的一些观念，它们虽然在客观世界找不到实体，但它们有人们内心存在的普遍化效应，而且它们保持了概念思维的几乎所有特征。概念思维的高阶对象化，保证了概念思维从既定前提出发，就能合乎逻辑地推出规定系统。

如前所述，在概念思维里，概念总是可以被高阶对象化为普遍观念，但是，事实上，有些观念，比如老庄讲的“道”“有毛的蛋”“方的圆”等，却是不可被对象化的。面对这些观念，中国文化始终坚持象思维发展方向。以“道”为例，所谓“道”是具有本原性的、动态平衡的整体之象，所以，每个人都在“道”之中。由此可见，当人们试图将这个“道”对象化时，人们所说的“道”就已经静态化了，而且与人们自身进行了切割，变成完全另外一种东西了。或者说，人们只要试图通过概念思维去理解“道”，那么，结果只能是使人们自身离开或背弃“道”本身。这是由概念思维的对象化的局限性造成的必然结果，因为概念思维所谈的“道”，只是“道”外谈“道”，从它开始谈的时刻起，这个“道”已经丧失了“道”的实质意味。而真正的

① 张祥龙：《概念化思维与象思维》，载《杭州师范大学学报（社会科学版）》2008 年第 5 期。

"道"，与人们的日常生活是须臾不可分离的，"可离，非道也"[①]。同时，"道"与人的精神境界也是密切相关的。人类社会生活的生存与发展也根源于这个"道"。因此，就超越的层次与境界而言，西方概念思维的超越是有限的，是不彻底的；而中国文化中的象思维的超越则是根本性的、彻底的超越。

第四，主客二分与天人合一。象思维产生的前提是人与自然的和谐，即天人合一，或者称其为敬天文化。"天人合一"思维方式所显示的是一种"整体观"。就"整体观"而言，中西方的文化传统有所不同。西方的"整体观"以主客二分为前提。也就是说，西方早期思想家在谈到统一的"整体"时，指的是一种"客体"的"整体"，这个"整体"并不包括"主体"在内。与之截然相反的是，在中国早期思想家看来，"天人合一"的"整体"是把"主体"和"客体"都包括在其中，就是说，这种"整体"是不分主客的，而且主体与客体之间是一体相通的。西方思想家所说的"观"，在主客二元的前提下，表现为"主体"的观者与"客体"的被观者的二元关系。而中国传统文化中的"观"，其内涵比西方的"观"要丰富和复杂得多，在中国传统文化中，"观"不仅包括用眼睛"看"这种"观"，而且包括与天地合一的体悟状态，而这种体悟状态是包括"主体"在内的，换句话说，是没有主客二分的。[②]

第五，事后反思与全程反映。概念思维所把握的意义不是在事物发展之中的状态，因为这些都是可变的、不确定的。可以说，概念思维是一种事后的反思，这种反思是静态的、不变的。象思维是关系化的、动态的、整体的思维模式，这使得它可以面对不同的时空层次，所以，可以鲜活地描绘出事物发展的全部过程。

第六，意义生成与否。概念思维只限于对已有意义的规定、组织和系统化，可以称为安排意义的理性活动，我们一般把它叫作"理智"。而中国文化中的象思维是直接指向道德本心和人类良知的，通过象思维可以体悟到天地合一的境界，而中国古人直接把它作为生产生活实践的先天依据。"人同

① 《中庸》。

② 王树人：《"象思维"视野下的"易道"》，载《周易研究》2004年第6期。

此心，心同此理”，通过象思维就能达到“天下大同”的普遍性。象思维不是西方的理性思维模式，而是生命体悟思维模式，它本身就在生命实践的过程中，因此，生命体验的价值和意义也包含在象思维之内。

第七，在概念思维模式下，各学科都有自己相对独立的、明确的发展方向，比如，一般认为，西方法学是有自己的研究领域和逻辑体系的，当然，这也带来了只见树木不见森林的片面性。而在象思维模式下，情况正好与之相反，学科界限很模糊，致使中国传统文化中的文史哲都不分家，很少有独立发展的、界限明确的学科。[①] 因此，中国传统法学也没有获得太多的独立地位和独立的研究领域。研究法史的专家普遍认为，中国传统社会就是一个礼法社会，法律和礼仪道德是始终站在一起的。

通过以上分析比较可知，概念思维和象思维在诸多方面都有明显的区别。如果从人类的思维发展历程来看，不得不说，象思维与概念思维是相辅相成的：概念思维以感性、知性与理性的普遍存在作为逻辑推理的先天条件，将事物规定在有限的范围内进行分析研究，它的研究是确定性的、清晰性的，其所要达到的是形式的普遍性，但它缺失动态性、整体性，缺少价值意义的生成。象思维以物象为基础，通过想象和联想，在不断的变化流动中把握动态的、整体的宇宙规律和社会规律，它所缺少的是确定性、清晰性。甚至可以说，中国在近代以来的发展中，某些方面大大落后于西方国家，与中国人对象思维的认识和运用也大有关系。

不可否认，对于任何一个民族来说，思维方式都是贯穿整个文化发展过程中的活的灵魂，因此，中国的象思维决定了中国文化不同于西方文化的基本特质，从而也决定了两种不同文化在一切相应的领域，比如哲学、艺术、法学等的根本差异与不同的历史发展道路。[②] 法国的雅各布教授指出，不少人根据过去已有的研究得出的结论是，中国古代的法律思维模式是落后的。许多知名的汉学家也支持这样的观点，并通过著书立说不断地对此作出回

---

① 张祥龙：《概念化思维与象思维》，载《杭州师范大学学报（社会科学版）》2008 年第 5 期。

② 张祥龙：《概念化思维与象思维》，载《杭州师范大学学报（社会科学版）》2008 年第 5 期。

应。当下，在人们再次审视这些结论的时候，会发现它们是很肤浅的。正是因为这些不同国度的学者们所处的社会环境不同，文化差异很大，才导致了在有关纠纷冲突、法律、法官等方面存在差异，而这些差异是不容忽视的，而且应该成为学者们研究的重点领域。①

会通并超越，应该是具有普遍意义的文化观，象思维与概念思维也应该走这条道路。通过前面的分析，我们可以得出这样的结论：概念思维和象思维各有利弊，也都不是万能的。因此，我们应该发挥它们各自的长处，比如，象思维能够提供最大的想象空间和最大的思想自由空间，擅长发现和提出新问题，但是象思维并不善于解决问题。下一步，还要借助西方理性的逻辑的概念思维的长处，去解决问题。这样就能促使两种思维方式有机地联合起来。可以想象的是，两种思维方式的结合一定会为整个人类社会的发展带来更多、更好的契机。②

四、象思维中的势

《周易》的和谐思想包括两个部分，一是阴爻阳爻本身是相和的，③阴阳和合才能相生，而“生生不息谓之易”；二是事物能否达到和谐状态是由阴爻阳爻在六十四卦中的地位决定的。④事实上，通过象思维表示的事物所处的“势”就能判断是否达到和谐状态。《周易》中象思维表示事物所处的“势”，可以概括为两个基本的方面。一是事物所处的外部大环境。这个不难理解，外部大环境能从总体上决定事物的发展方向，这由卦象显示出来。二

---

① ［法］罗伯特·雅各布：《上天·审判——中国与欧洲司法观念历史的初步比较》，李滨译，上海交通大学出版社 2013 年版，第 15 页。

② 王树人：《文化观转型与“象思维”之失》，载《杭州师范大学学报（社会科学版）》2008 年第 3 期。

③《周易·系辞上》讲到，圣人有以见天下之动，而观其会通，以行其典礼，系辞焉以断其吉凶，是故谓之爻。在《易经》六十四卦中，每一卦都是由六爻组成，因为天地人三才，各分阴阳，故六爻。

④ 何丽野：《中国古代易象思维的和谐观》，载《浙江工商大学学报》2006 年第 1 期。

是该事物在这个运动环境中所处的位置。也就是说，该事物是处于有利的位置还是不利的位置，这由爻位显示出来。

卦象代表的是事物发展过程中所处的大环境、大趋势。以《周易》中的乾卦、坤卦为例。乾卦的六爻皆是阳爻，象征着事物处于向上发展的趋势中，坤卦的六爻皆是阴爻，象征着事物正处于退让忍耐中。“君子”看到乾卦、坤卦完全不同的“势”时，他所作出的表示应该是截然不同的。君子“观”乾卦卦象，应取的态度是效法天“自强不息”的阳刚之势；君子“观”坤卦卦象，应取的态度是效法地“厚德载物”的阴柔之美。当然，无论是效法天的“自强不息”还是效法地的“厚德载物”，都已经成了中华民族传统美德不可或缺的一部分。

爻位代表的是事物在这个大环境、大趋势中自己所处的位置，从某种意义上说，事物自身所处的位置更重要。这个位置由爻位表示出来。卦象中的爻位有两个含义：一方面是表示事物在所处位置的状态及其对事物性质所起的作用。再以乾卦为例，虽然乾卦的整体卦象趋势是“健”，即积极向上，但是，如果事物所处的爻位不利，那么事物的性质也不可能表现为大吉。比如，乾卦的上九爻，原文是亢龙有悔，《周易·系辞上》讲道：“悔吝者，忧虞之象也。”因为上九爻的位置处于全卦的尽头，所以显示出来的就是孤立无援之象。如果用升腾到极高处的龙来比喻统治者身居崇高地位的话，那么，太高的位置反而使他比较容易脱离臣民，在孤高无辅的情况下，就可能遭遇灾祸。《周易》爻位的基本特点也被古人总结了出来，即“初难知，上易知，二多誉，四多惧，三多凶，五多功”。易学家黄寿祺先生把这句话解读为：“初位象征事物发端萌芽，主于潜藏勿用；二位象征事物崭露头角，主于适当进取；三位象征事物功业小成，主于慎防行凶；四位象征事物新进高层，主于警惧审时；五位象征事物圆满成功，主于处盛戒盈；上位象征事物发展终尽，主于穷极必反。”[①] 由此可见，事物在同样的卦中，由于所处的六爻位置不相同，所表现出来的吉凶也就各不相同。

---

① 黄寿祺、张善文：《周易译注》，上海古籍出版社 2004 年版，第 42 页。

爻位另一个方面的含义是，六爻作为一个整体共同参与了事物发展的大趋势。由于六十四卦都由阴阳二爻组成，且每卦六爻，因此，会出现不少阴爻与阳爻的数量完全相同的卦。但是由于阴爻与阳爻分处的位置不同，因此，会导致卦象所象征的意义完全不同。比如“剥”卦与“复”卦，这两卦都是由一阳爻和五阴爻构成的，只因阳爻所处的位置不同（前者阳爻居上六，后者阳爻居初九），吉凶判断便截然不同。“剥”卦只有一阳爻居于上六的位置，象征着一阳受五阴的削弱，大不吉，故卦辞曰“不利有攸往”。复卦是一阳爻居于初九的位置，五阴爻处于上面，此卦正是由剥卦发展而来的，体现了剥极必复的自然规律。正如《序卦传》所说：“物不可以终尽，剥穷上反下，故受之以复。”剥卦居于上六位置的一阳爻不可能被彻底剥尽，于是它便会从上位返回到下位，这就是“一阳来复”的道理，变为复卦。复卦虽然只有一阳爻处在初九的位置上，而且力量显得非常稚嫩微弱，但是，它却是新生力量的代表，象征着“刚长”的强劲势头，有着蓬勃的生机，发展前景无可限量，因此“利有攸往”。由此可见，“剥”卦的“势”不利与“复”卦的“势”非常有利，并不是由构成要素决定的，而是由要素的位置不同决定的。[①] 同时，“复”卦还体现着鲜明的伦理道德意义，《复卦·彖辞》云：“复，其见天地之心乎？”“天地之心”即生生不息，也即“道心”。一阳在下，它的力量是如此稚嫩微弱，因此只有用仁爱之心去呵护它，才能使它茁壮成长。君子观此象，必然升起仁爱之心。

通过象思维，就可以把“象”应用到中国古人感兴趣的一切领域，比如政治领域、经济领域、人事交往领域，等等。由于在中国传统典籍中，《周易》被列为群经之首，号称“经中之经”，因此对中国文化的影响极其深远，在长期的使用过程中，《周易》六十四卦的卦象逐渐具有了固定的意义。比如，前面讲到，在乾卦与坤卦中，事物是有不同的位置性的，位置的不同显示出意义的不同。由于乾卦象征着高高在上的“天”，所以，乾卦就与“天上的飞龙”联系在了一起，于是就有“真龙天子”的固定说法，此时“乾”

---

① 何丽野：《〈周易〉象思维在现代哲学范式中的解读及意义》，载《社会科学》2006 年第 12 期。

就有了特定的文化意义。在自然系统中，天处于最高的位置，在社会系统中，皇帝处于最高地位，它们在各自系统中的“位置”是相同的，那么就可以发生“天”向“皇帝”的意义转换，即“天”在表示至高无上的意义时，可以代指皇帝。同样地，皇帝、丈夫表示“天”也是如此，与天相对应的是地，通过意义的转换，过渡到人伦系统就是人臣、妻子，表示对至高无上者的顺从。这样，天与地不再是自然现象，而是有了君臣、夫妇的伦理意义。①

由以上分析可知，中国传统文化中，关注事物发展的大趋势、大环境，注重关系学，看重不同的事物所处的位置，并关注不同的位置所产生的不同的意义，的确是由中国古人的象思维模式决定的。如果我们认可象思维是和概念思维并驾齐驱的思维模式，并没有先进与落后之分的话，那么，我们就必须正视中国古人给我们留下的这些观点的积极意义。不可否认的是，这些观点都充分地体现在中国的传统法律文化中，因此，研究象思维，是深入研究中国传统法律思想和制度的必经之路。

五、中和位育的观念

《周易》早先更多的是对天地万物的阐释，而很少关注人文社会。孔子通过编纂《易经》，使它具有了更多人文主义的色彩，在以后儒家思想的发展过程中，逐渐发展成了“中和位育”的思想。“中和位育”事实上架构出了儒学最精深的义理，因此后世将其刻在孔圣庙上加以供奉。② 这一思想充分反映出从天地境界到人文境界的过渡，即很好地阐释了天人合一的思想。“中和位育”的说法出自《中庸》：“喜怒哀乐之未发，谓之中；发而皆中节，谓之和。中也者，天下之大本也；和也者，天下之达道也。致中和，天地位

① 朱锋：《〈周易〉与具象思维》，载《周易研究》1992 年第 4 期。

② 张舜清：《论儒家“中和位育”伦理观及其现代价值》，载《武汉科技大学学报（社会科学版）》2009 年第 2 期。

焉，万物育焉。”[①] 正如张舜清教授所说，在《周易》中，“位”最初是指爻在六十四卦中的位置，然而《易》的本真要义也包含着人文关怀，因此，“位”这一范畴的意义就突破了爻位体例的界定，进一步指向了社会领域，“位”也就有了人在社会中应处的位置和保持适中的含义。[②]

“和”的境界是儒家孜孜以求的至高境界。这种“和”的境界就是追求天地万物的和谐运行与发展，人类社会的国泰民安。儒家把这种至高无上的“和”的理念称为“太和”。儒家对整个世界的阐释和《周易》的思想是一致的，即把整个宇宙看作一个阴阳和合而生的大体系，世间万物也都由阴阳和合而生，“太和”指的就是这个大体系的最佳整体和谐状态。只有在这样的整体动态和谐之下，天下万物才能够各安其位，共同发展，因此，“和”的思想就是儒家对大宇宙和人类社会最深刻的认识。

儒家认为“和”是指一个事务内部存在各种不同的因素，这些因素之间既相互对抗又彼此依赖，这样在不断的变化中，就能生成新的事物。天地之间万物各不同，“和”的状态即是在承认万事万物都不同的前提下，实现万物的和谐共处。孔子说的“君子和而不同，小人同而不和”也正是这个意思。自然、社会、人之间是一个相互联系的生生不息的生命循环系统，它们之间的和谐是万事万物得以存在和发展的最基本条件与状态，所以处理人与自然、人与社会以及人我关系绝对不能违背“和”之道；违背了“和”就阻塞了通往“道”的道路，也就违背了世间万物存在与发展的客观规律。

各种不同的事物之所以能够“和谐相处”，是因为它们之间并不是混乱无序地拼凑在一起的，而是以某种正确性为其内在的标准，这个标准被儒家称为“中”。换言之，就是“中”，为不同事物之间和谐相处提供了客观的标准和恰当的方法。儒家所说的“中”的思想，要求人们做任何事情都要有一定的界限或者说一定的分寸，超过界限或未达到这个界限，都不会得到和谐的结果，因此，要求人们处理事情时要有很强的分寸感。同时，这也是人们

---

① 《中庸》。

② 张舜清：《论儒家“中和位育”伦理观及其现代价值》，载《武汉科技大学学报（社会科学版）》2009 年第 2 期。

用来判断是非的标准：恰如其分为是，过犹不及为非。这实际上也是判断和谐状态的标准。[①] 郑玄解释“中庸”二字的意思时讲道：“名曰中庸者，以其记中和之为用也。”由此可见，儒家把“中和”作为一个词使用时，指的就是把自然、社会与人看成一个相互联系的大系统而存在发展的基本状态。[②]

朱熹对“致中和，天地位焉，万物育焉”这句话作注释时讲道：“致，推而及之也。位者，安其所。育者，遂其生。”[③] 在朱熹看来，“位”就是“安其所”的意思，即每个人都要各安其位，待在自己应该待的位置上，这样社会就会形成秩序；“育”就是“遂其生”的意思，即如果每个人都在自己的位置上和所处的环境中生长发育的话，那么，整个社会就会有进步。简言之，“位”强调的是秩序，“育”强调的是进步。同时，朱熹所讲的“安所遂生”也具有价值判断的意义，因为“安其所”强调的是对合理的秩序的价值追求，“遂其生”强调的是对生命价值的终极关怀。一切生命的目的都在于求“位育”。正如《周易·系辞上》所言：“天尊地卑，乾坤定矣。卑高以陈，贵贱位矣。”自然界中的天地万物，都必须做到在其应当在的位置上或使万物处在一个合理的本来的位置上，各安其位，这就是大宇宙的本然状态，只有在这样的状态下，万物才会井然有序，才会生长发育，并最终达到万物和谐共生，共同发展的目的。人类社会只有效法大宇宙的本然状态，才能找到人类自身生存和发展的道路，这样才能实现人与自然之间的和谐发展。因此，儒家非常强调个人与社会都要在一定的合理秩序中才能发展，因为只有真正的中和之道才能表现大宇宙的根本理念，天道和人道才能共同达到一种和谐的状态。落实到人的行为上，儒家非常强调人们要安于本位，恪尽职守。所谓“不在其位，不谋其政”[④]，“践其位，行其礼”[⑤]，君子思不出其位[⑥]等，都

---

① 肖乐群：《儒家“中和”之德及其现代价值》，载《南华大学学报（社会科学版）》2009年第5期。

② 俞荣根：《中道：传统良法善治之道》，载《人民网》2017年7月17日。

③ 朱熹：《中庸章句集注》。

④ 《论语·泰伯》。

⑤ 《中庸》第十九章。

⑥ 《易·艮卦》。

是这种思想的反映。

“致中和”与“位育”之间的关系是这样的。“致中和”是实现“位育”的前提；实现“位育”，则是“致中和”的结果。二者之关系，诚如潘光旦先生所言：“惟有经由中和的过程，才能达到位育的归宿。”[①]在儒家看来，天地所生之物，都是一样的，都秉承宇宙之本性，都有各自存在的权利和价值。在个人方面，使人人尽得发育、发展之宜；在社会方面，则努力使人与人之间“并育而不相害，道并行而不相悖”[②]；在自然方面，则讲求天、地、人以及自然万物的和谐共处，平衡有序。只有“中”“和”并举，才能实现最终的天地归位，万物遂生。“致中和”的关键在人，它所强调的是人应该通过效法天地来拥有良好的素养。

通过对儒学最精深的义理“中和位育”的详细分析，我们可以得出以下结论：

第一，中国古人追求的终极目标是和谐，这种和谐既包括人与自然之间的关系和谐，也包括人与人之间的关系和谐，因为只有在和谐状态下，万事万物才能生长发育；和谐是一种自然有序的状态，所以中国古人特别重视在整个社会形成良好的秩序。

第二，为了达到和谐的秩序，要求每个人都各安其位，这种位置安排不是人为设定的，而是效法天地、遵循自然规律的结果。鉴于《周易》中对“位”的极端重视，中国古代社会能形成“伦理”秩序也就不难理解了。

第三，处理人与人的关系讲究“中庸”，反对把矛盾极端化、冲突化，尤其是通过诉讼解决纠纷的方式，在中国古人看来，必然是“讼，终凶”的结局。

由于中国古代的法律是儒家化了的，中国古代的社会是礼法社会，所以儒家的这些基本思想深深地嵌入了法律思想中，使中国传统的司法也以追求和谐为目标，以维护伦理为己任，以中庸思想来化解矛盾纠纷。

---

① 潘乃穆：《中和位育——潘光旦百年诞辰纪念》，中国人民大学出版社 1999 年版，第 420 页。

② 《中庸》第三十章。

六、象思维主导下的司法理念

象思维对中国传统法律的影响是全面而深刻的，可以说，离开了象思维，对中国传统法律所作出的研究与评价都会出现偏差，甚至谬误。下面所提到的一些内容仅仅起到窥一斑而知全豹的作用。或者说，对当代法学界来说，起到一些抛砖引玉的作用。

（一）司法中的“关系”

1. 和为贵的社会关系

象思维以物象为基础，从意象出发，在象的流动与转化中，通过想象、类比、象征等手段把握认知世界的联系，类推事物的运动变化规律，以达到思维的目的。象思维直接决定了中国传统社会是一个关系社会，因为这种动态全息的思维方式决定了社会中每个人的自身存在并不是关注的重点，最应该关注的是人与人之间的关系。

这种思维方式对中国传统社会的社会结构模式起到了决定性作用。中国传统社会就是一个“关系”社会，每个人都在“关系”之中。人在家庭之中有父母兄弟，到社会上又会有自己的老师、同学、朋友等。“是关系，皆是伦理”，在传统中国的社会里，每个人都以家庭为原点，由近及远，以“情”为纽带进行组织，这样，全社会中的每一个人最终都会被纳入“伦理”网中。梁漱溟十分赞赏中国这种古老的社会组织手段，他认为正是这样的社会组织模式，才使中华民族在空间上如此辽阔，在时间上如此久远。[①]

人与人之间、人与社会之间、人与自然之间，直到天人之间，都追求“和为贵”的状态，这种思维方式应用到社会生活中，直接影响了中国古人对待人与人之间、人与社会之间、人与自然之间关系的态度，从而也决定了传统社会中的法律对这些关系调整的方式。中国传统哲学上的“中庸之

① 孙季萍：《梁漱溟的传统法文化观》，载《人民法院报》2011年9月23日。

道”“和为贵”的价值观，决定了司法在纠纷解决过程中，更加注重社会整体利益最大化和社会关系的整体和谐，这种观念深深地影响了中国传统法律理念。如果说法律是社会关系的调节器的话，那么，它所维护的就是社会关系的平衡与和谐。

2. 权利义务的确定

在中国传统社会里，人们的权利义务是依据“名分”确定的，“名位不同，礼亦异数”[①]。名分是根据每个人所处的位置设定的，孔子讲“君君、臣臣、父父、子子”，目的就在于要确定不同社会成员的不同位置，进而明确其所应该具有的权利义务。“名分”是与权利义务相对应的，无此名分就无相应的权利义务，有此名分就自然会得到相应的权利义务。[②]

象思维的模式还决定了传统司法必然追求实体正义、个案正义，因为只有让每个人都回归自己的位置，才能确定每个人的权利义务，进而实现司法正义。这与西方宗教理念下产生的程序公正、普遍正义是截然不同的。同时，它也决定了，人与人之间所处的位置不同，其享有的权利和履行的义务也不同，只有在相同“位置”上的人，得到的权利义务才是平等的。这正如著名法学家西塞罗给“正义”下的定义，即“使每个人获得其应得的东西”，至于人与人之间应得的是否一样多，并不在“正义”的含义之内。[③]

3. 司法的社会效果

象思维也直接体现在人们的法治思维中。司法中如果运用概念思维的方法的话，那么，就必然要求有个推理前提，即只有在保证大前提和小前提都正确时，才能保证结论的正确。但是从象思维来看，是找不到确定无疑的大前提和小前提的，因为一切都在变化的过程中，这也预示着概念思维的思维方法在中国传统法学领域里的失效。生活在传统中国社会的人们，会自觉地遵循中华文化中的象思维模式来考虑问题、解决问题。

象思维模式的前提是一些具体的物象，开启的是想象联想，运用的是位

---

① 《左传》。

② 郑定等：《情理法与中国人》，北京大学出版社 2011 年版，第 16 页。

③ ［古罗马］西塞罗：《论共和国、论法律》，中国政法大学出版社 1997 年版，第 216 页。

置比对的思维方式，这些方式决定了前提与结论之间没有必然的联系。既然结论不是必然的而是或然的，那么，提高结论的真实性或可靠性，只能通过提高人们的想象力和悟性。这些内容直接决定了用概念思维来理解和解释中国传统的司法案件是不准确的，甚至会得出南辕北辙的结论。

在象思维的模式下，案件的审理就不再是孤立的审判，它与社会中的其他事件之间有着千丝万缕的联系，仅仅就当事人的权利义务来判断案件结果就会失之偏颇，必须把整个案件放到大的社会环境中，考虑到与该案件有关系的方方面面，这样作出的裁判才能有利于整个社会关系的和谐，也只有在达到社会关系恢复和谐的前提下，再谈具体的原、被告双方的权利义务才有意义。只有这样作出的裁判才能得到国家的认可和民众的拥护。

象思维影响下的中国人的法律思维更关心法律的“社会效果”。换句话说，这种法律思维不是像概念思维逻辑所呈现的那样，将案件的解决看作一个独立的事件而加以最终对错判定，而是将案件看作社会关系链的一个中介环节，案件的解决正是为了弥补发生断裂的社会关系链。因此，这种法律思维不在于关注纠纷的处理是否符合法律的逻辑推理，而在于关心问题的解决是否妥当地处理了人际关系，是否有利于社会秩序的和谐。它不是用一纸判决书判给当事人应得的权利，而是通过说服教育的方式使当事人认识到在他所处的“位置”上应该得到哪些利益，应该让出哪些利益，从而使纠纷得到解决，使社会关系得以恢复和谐。

4. 无讼的追求

人类为了各自的利益相互竞争就会产生诉讼，如果不加以遏制，就会出现弱者受损进而引起社会混乱的情况，因此，人类必须通过公正审判以实现正义，这就是《易经》中讼卦的道理。由此可见，对于诉讼之事决不可放纵，必须通过制定法律来公正解决，如果任其发展的话，就会影响整个社会的和谐与稳定。另一个不可忽视的问题在于，在诉讼过程中，败诉方一般不会通过裁判文书去理解为什么自己会败诉，而是自然地联想到对方是通过找关系而胜诉的，这无疑是象思维在司法中的负面应用，这样联想的后果就是只要败诉就上告，这种思维模式决定了在诉讼中，就不会有真正的赢家。

《易经》讼卦初六爻的爻辞：“不永所事，小有言，终吉。”这句话告诉我们应尽量避免打官司才是上策，万一发生了也要尽快求和解，[①]也就是说，讼卦的真正内涵在于追求无讼。孔子也明确主张“无讼”，他说：“听讼，吾犹人也。必也使无讼乎！”[②]孔子认为“听讼”并不是最终目的，也不是最佳状态，对整个社会来说，最重要的是杜绝诉讼，用礼乐道德来教育人民，这才是治国之大道。反之，会消耗大量的社会资源和国家资源，那样是无意义的。

5. 裁判文书更具文学性

在当今的中医界和文学界，大家仍然认可象思维的主导作用，因为在这些领域，用概念思维去分析理解基本上是不可能做到的。因此，中国传统社会中的司法语言充满了文学性的描述，这本身就可以反证出中国传统司法思维是象思维模式。

在传统文献中，对裁判文书的记载很多，目前能看到的最早的是殷周时期的裁判文书，以后各个时期的裁判文书呈现出越来越多的趋势，明清时期保留下来的最多。这些裁判文书往往是高度概括的，因此，对案件细节的描述往往不能满足对案例进行逻辑分析的要求。以采用的文体为标准，可以将古代判词分为骈判与散判两种。骈判采用骈体，以句句用典、辞藻华丽为特点，文学性极强，说理性较差，判词中甚至不会出现所适用的法律条文；散判则采用散体，以重事实分析和理由阐述为特点。骈判主要盛行于唐代，散判则主要盛行于明、清。中国古代判词发展到明清时期已经确立了自己独特的风格：从表述上看，判词用句极为严格，讲究说理性，要求有引用的法条，同时，它继承了唐代判词重文学色彩的表达方式，依然具有很高的艺术价值，承载着很多的文学意蕴。[③]

当然，不可否认的是，这些判词并非由法律专业人员撰写，不符合逻辑说理性也是情有可原的。但是，我们也不得不承认，在大陆法系，司法裁判文书一般也不是法官撰写，很多裁判文书也不具有详细的逻辑说理性，但是

① 马良骥：《〈易经〉与和谐诉讼》，载《人民法院报》2011 年 5 月 13 日。

② 《论语·颜渊》。

③ 汪世荣：《中国古代判词研究》，载《法律科学》1995 年第 3 期。

他们的文书怎么也不会带有文学性的诗情画意，更不要说带有很强的艺术价值了。由此可见，中国古代判词无疑也是象思维的产物，这和大家公认的中国传统文学是象思维的产物有本质上的一致性。

（二）家庭伦理关系下的司法

象思维指导下的中国人，很容易得出“家国一体”的理念来，从法学角度讲，“有国才有家”是成立的，而“有家才有国”也是成立的。因此，中国传统社会特别重视家庭的和谐与发展。中国古代人把家庭问题看成是家人之间的关系是否和谐的问题。家庭成员之间最基本的区别是性别和年龄，求家人之间的和谐，当然是“老者安之”“少者怀之”[①]。家庭之中，若每个人都各安其位，各得其所，自然是一片祥和的氛围。家庭中最重要的关系当数夫妻关系，因为这是每个家庭中最基本的构成要素。另一类重要的关系是长辈与晚辈之间的关系，主要体现为父母与子女之间的关系。

1. 婚姻中男女有别

古代中国人将婚姻作为人世的起点加以肯定和规范，他们认为处理好夫妻关系，是能够做成一切大事业的基础，家庭中的一切其他关系均是由夫妻关系衍生而来的。陈鹏先生一语中的：“中国婚姻基于天地阴阳自然之性，为人伦之本，家始于是，国始于是，社会之一切制度，莫不始于是，是为中国古代婚姻观念之又一特点。”[②]儒家对整个世界的阐释和《周易》的思想是一致的，即把整个宇宙看作一个阴阳和合而生的大体系，世间万物也都由阴阳和合而生。从人类社会角度讲，就是男女有别，才能和合而生。

男女有着各自的生理特点，突出体现在阴阳气血主次有所不同。《医灯续焰》讲到，男女脉同，同于定位。惟尺则异，异于盛衰。男子钟于阳，故阴弱；女子钟于阴，故阴盛。独验于尺者，天一资生之始，阴阳即判于此耳。《丹溪心法》讲到，天不足西北，阳南而阴北，故男子寸盛而尺弱，肖乎天也；地不满东南，阳北而阴南，故女子尺盛而寸弱，肖乎地也。《身经通考》讲

---

① 《论语・公冶长》。

② 陈鹏：《中国婚姻史稿》，中华书局 1990 年版，第 16 页。

到，男子得阳气多，故左脉盛；女子得阴气多，故右脉盛，若反者，病脉也。男子以左尺为精府，女子以右尺为血海，此天地之神化也。《脉诀理玄秘要》讲到，男子尺脉常弱，寸脉常盛；女子尺脉常盛，寸脉常弱，是其常也。反者，男得女脉为不足，女得男脉为太过。

上述医书阐释的主要观点包括：一是男女的脉基本上是一样的，而且脉的位置相同。但是尺脉不同，而且是截然相反的，中医认为这是天生的，通过这个脉象的不同就可以判断男女。二是男女这种生理不同是因为人体是对天地的效法而产生的，男子寸盛而尺弱是对天的效法，女子尺盛而寸弱是对地的效法。三是男子得阳气多，故左脉盛，女子得阴气多，故右脉盛，这个是不能颠倒的，如果颠倒了，就是生病了，这是天地神奇化育的结果。四是男子尺脉常弱，寸脉常盛，女子尺脉常盛，寸脉常弱，这才是正常的脉象。如果是男得女脉，表现为男人的阳刚之气不足，有女性化的倾向。如果是女得男脉就表现为女性太过刚强，一位中医博士就此问题讲到，女性太过刚强就会导致阳气消耗太过，从而出现生理上的病态，比如月经紊乱甚至绝经，接踵而至的就是各种疾病甚至威胁生命。

由此可见，男女性别的不同是一种自然的生理现象，就和阴阳不同是一样的。男女有别最直接地体现在婚姻家庭中。中国古代妇女的地位主要不是作为女儿的身份进行规定的，而是作为妻子的身份进行规定的，伦理道德如此，法律亦如此。在古人的眼中，婚姻的主要目的在于“合二姓之好，上以事宗庙，而下以继后世”，这一观念深入每一个古代中国人的潜意识中。这意味着重要的是个人对家庭的责任，这决定了子女教养与父母赡养在家庭内部可以得到很好的保障，尊老爱幼也因此成为中华民族的传统美德。

汉代《说文》解释“妻”的意思是“夫与妇齐者也”，即妻子与丈夫是平等的、一体的。《春秋繁露》则认为，妻者，夫之合也。由此可见，“男女有别”包括两层含义，一是以法律的形式承认丈夫在家庭中处于核心地位；二是男女平等，夫妻一体，法律对女性提供一定程度的保护。《易经》也明确讲到，“一阴一阳之谓道，继之者善也，成之者性也”。可见夫妻关系是一体的，不可分割的。在儒家传统的家庭伦理思想中，阴阳也蕴含着不可分离，无阴何为阳？夫妇同体就是丈夫和妻子是一个整体，他们不但因有婚姻关系的约束而作为一个家庭的整体，而且在中国古代，丈夫和妻子是有着共同名誉的，他们要共同维护家庭的声誉，荣誉一起分享，罪责一起承担。古代的法律也是这样规定的。事实上，就是男女各占半边天，只是彼此分工合作而已。中国古代男子的一个重要的人生奋斗目标就是“封妻荫子”，也就是说，妻子可以获得封号，且封号带有法律特权，比如可以减轻刑事处罚。① 与之相反的是，要求妇女在生育子女外还要和男子干同样的工作，这反而会增加妇女的负担和痛苦。因此，只有夫妻间做好合理的分工，团结协作，才能使家庭和睦，从而实现双赢的结果。“夫妇同体”“相敬如宾”就是这些积极思想的体现。

“夫妇同体”“相敬如宾”等理念，无论从其字面含义还是从儒家的论述看，都包含着合理性和永恒性的内核，反映了夫妻相互之间责任和义务的对等。这些理念构成了中国传统法治理念的一部分。②

2. 血亲复仇

在家庭伦理中，父母子女之间最重要的是讲究“孝”，这是由中国的敬天思想决定的。敬天思想落实到家庭伦理中，就是对父母和祖宗的孝敬，这无疑构成了中国人的文化基因，也是中国传统文化的根本所在。同时，孝道还以一种特殊的形式，寄托了中国人的历史意识。它通过强调“继述先人之志”，表现出中国人特有的那种为家庭、为民族乃至为国家负责、为子孙万代造福的精神，这实际上也是每个中国人的历史责任感。一个中国人的生命之所以有价值就在于他把个人有限的生命，融入了家族历史和国家历史的长河中，把自己看作历代祖先文化理想的传承者。所以，尽管中国人也追求永恒，但中国人并不祈求在超验的上帝那里获得永恒，而宁愿在这充满人情和理想的家庭传承中获得永恒。

许多人认为中国古代对女性要求的“三从四德”中的“从”是“服从”的意思，这种解释是有问题的，至少“夫死从子”的“从”是“跟从”的意

---

① 马毓晨：《男女有别：发掘传统法文化的正能量》，载民主与法制网，http://www.mzyfz.com/index.php/cms/item-view-id-1338552，最后访问时间：2019 年 4 月 22 日。

② 舒国滢、冯洁：《作为文明过程的法治》，载《中共中央党校学报》2015 年第 1 期。

思。“跟从儿子”是因为在古代中国，女性是不能也不必到社会上去谋生的，作为寡妇，她只能跟从儿子生活，儿子是要孝顺母亲的，这和孝顺父亲没有任何差别，而孝顺的字面含义是“顺从就是孝”，所以说成子女顺从母亲才讲得通，这一点上对帝王，下对百姓，都是适用的。孝道是不论地位、不论阶级，任何性别、任何年龄的人都要遵从的最高道德。就儿女对父母尽孝的意义看，父母被视为同一，并无差异。

在中国古代特定的历史和文化背景下，如果出现父母被迫害尤其是致死的情况，血亲复仇就变成一种不可回避的现象。事实上，中国古代的公权力很强大，覆盖面与渗透性也很大，因此，从法律层面看，对血亲复仇这种私权利的救济方式是严格禁止的。但是，在传统伦理社会中，“身体发肤，受之父母”“杀父（母）之仇，不共戴天”“父（母）仇不报，枉为人子（女）”，这些是根植于每一个中国人内心深处不可撼动的“天理”。虽然中国古代的法律也是以纲常名教为基本指导原则的，但是，在面对血亲复仇时，依然会产生人情与国法的冲突，在此情况下，地方司法一般是将案情上奏中央，由“三法司”议定，最后报皇帝裁决。[①] 从历史来看，解决的办法一般是司法官依据情理而不严格依照法律判案。在二十四史中，总共记载了 84 起复仇案件，除了唐代李林甫处死了为父报仇的张氏兄弟，其他案件都是免死罪而处以徒、流、杖等刑，还有不少免予刑罚的案例。

开元十九年（731 年），巂州都督张审素清廉正直，却被部下诬告谋反。案件处理结果是张审素被处斩，两个儿子张瑝、张琇因为年幼，被流徙岭南。几年后，张瑝、张琇二人逃回洛阳，准备为父报仇。开元二十三年（735 年），张瑝时年十三岁，张琇时年十一岁，在一天夜里，二人截杀了仇人万顷。然后，二人直奔江南而去，他们还想杀了与万顷共同构陷其父的有罪者，但行到汜水（今山东曹县北）时，就被官府捉拿了。此案当时轰动全国，民众普遍同情张氏兄弟，认为二人年纪虽小，却能立志为父报仇，堪称孝烈楷模。此案上报中央后，在“九卿”集议过程中，中书令张九龄主张根据以前的判

---

① 俞荣根：《从张扣扣案再说开去》，载民主与法制网，http://www.mzyfz.com/index.php/cms/item-view-id-1380459，最后访问时间：2021 年 9 月 30 日。

例，宽恕兄弟二人，免予死刑，但是，李林甫坚持认为“国法不可纵报仇”，最后，张氏兄弟被依法处决了。张氏兄弟处死之日，洛阳满城挂白，市人集资敛钱，葬张氏兄弟于北邙山。[①]

这个案例在今天读来，仍能让人感受到当时人们对张氏兄弟的同情。那么，逃过死刑的复仇者会不会遭遇反向复仇呢？从史书上的记载来看，找不到第二轮的反向复仇案例。原因可能在于，一方面，法律中明确规定了避仇，不再给予反向复仇的机会；另一方面，风宪官吏也会总结出当地的司法不公和教化不力等问题，总会有一批官员因此而丢乌纱帽，甚至受到刑惩。

在传统的中国社会，“民意大于天”是司法必须坚守的底线原则。在中国几千年的传统社会中，它不因帝制王朝的覆灭而灭绝，也不因革命烈火的燃烧而成灰烬。当然，必须承认，传统孝道伦理文化中的“复仇”等，既是对中国传统文化下道德体系和法律体系的考验，也是对中国传统文化下有无信仰的考问。

（三）从既济卦看古人对待矛盾的态度

上文讲到在象思维的过程中，“位”的观念极其重要。在《易经》六十四卦中，每卦有六个爻位，从下往上数起，每卦的一、三、五位是阳位，二、四、六位是阴位，或者说奇数位是阳位，偶数位是阴位。当阳位是阳爻，阴位是阴爻时，就叫作“当位”。

其中第六十三卦“水火既济卦”中的阳爻都在奇数位，阴爻都在偶数位，是六十四卦中唯一六爻皆“当位”的卦象，该卦象征成功，故名为“既济”，也可以说，既济卦是最为和谐的一卦。同时，我们常说极端的矛盾、不可化解的矛盾为水火不容，水火既济这个卦正好是下离上坎（坎为水、离为火），水火相交，水在火上。既济卦的主卦（下面三爻）是离卦，客卦（上面三爻）是坎卦。因此，分析此卦很能反映出古人看待矛盾问题的态度以及常用的解决方式。

既济卦《象辞》讲道：卦象是离（火）下坎（水）上，水在火上煮熟食物，

① 王宏治：《唐代张瑝张琇复仇杀人案》，载《中国审判》2014年第6期。

象征事情成功，这是水火和谐相处的结果；但是水火还有敌对的一面，如果水过于旺盛就会使火熄灭，如果火焰过于炙热就会使水干涸。此卦意味着成功中隐伏着新的矛盾与危机，因此需要采取必要措施，以防患于未然，确保成功不会带来新的烦恼。

从每一爻的爻辞来看，“初九”阳爻是这一卦的开始。爻辞用了一只小狐狸拉车过一条将要干涸的河的寓言来比喻主客双方关系，这是一个主方能够成功的卦象。但是，拉车过河的过程并不容易，因此应当时刻保持谨慎态度，防止不良后果出现。

“六二”阴爻居阴位，象征成功之后，应当安守本位，保持相对稳定，告诫主方再继续前进就会破坏稳定。

“九三”阳爻居阳位，告诫主方绝不可让对方小人得势，否则要付出很大的代价才能成功。

“六四”阴爻居阴位，告诉主方如果做事情能够谨慎小心，那么灾难发生的机会就很少了。

“九五”阳爻居君位，告诉主方成功后要祭祀，祭祀不要太过铺张浪费，关键在于主方内心要恭敬，所以只有虔敬地祷告，才能得到实质上的福祉。

“上六”在最上位，这一爻告诫主方不要被成功冲昏了头，如果继续盲目前进就会招致危险了。①

整个卦象显示，主方能得到很多好处并能达到成功，但是万事万物都在不断的变化之中，因此成功只是短暂的，所以卦辞一再告诫主方，要警惕未来的发展趋势，以免遇到灾祸。客方的态度随和本来是有利于主方采取强硬措施获得更多好处的，然而，爻辞警告主方，必须有度，不可过于粗暴地对待客方。

通过对水火既济卦的分析，我们不难看出，传统文化中蕴含的处理矛盾的方法。第一，矛盾是无时、无处不在的，即使在成功之际仍然暗含着矛盾，既然这样，矛盾的主、客方就不宜采取激化的方式处理矛盾；第二，所有的

---

① 《第六十三既济卦离下坎上——居安当思危》，载 http://www.guoyi360.com/64gua63/zh/5709.html，最后访问时间：2021 年 9 月 30 日。

矛盾中都蕴含机会，关键是处理方法要得当，比如水和火的关系，用火烧水做饭就能享受福祉，而不用受水火不容之害；第三，矛盾会转化，即使处于主方的位置很有利，仍然不能对客方太过分，否则会被成功冲昏了头，招致不幸；第四，对取得的成功要怀感恩之心，要祭祀，而且祭祀者内心要恭敬，只有虔敬才能得到真正的福祉。

这些对待矛盾的态度和方法对中国人处理矛盾纠纷起了决定性的作用，直到今天，对簿公堂的诉讼过程也绝对不是中国民众解决纠纷的首选，调解反而深受人们的喜爱，这是因为调解的方式符合人们对待矛盾冲突的心理预期，这不能不说是几千年文化熏陶的结果。

从象思维的角度走进中华传统司法文化与司法案例，会让我们看到一个全新的法律体系，这个法律体系承载着中华民族几千年来的生存智慧与生活规则，因此，我们首先要做的应该是继承它的优越性，当然我们也要正视它所存在的不足，而种种不足也正是我们当代法律人要弥补的地方，这应是我们当代法律人要完成的使命。

第四章

晚清时期的司法理念

在长达两千多年的历史进程中，在中国这片辽阔的土地上孕育了亿万民众，传统文化发展出一套有效的治理模式，稳定的生活方式滋生出一套独特的法律模式，和谐司法的理念也稳定地延续着。中国这个统一的多民族国家，一直以一种超稳定的社会结构模式屹立在世界的东方。直到 1840 年鸦片战争后，在列强逐步瓜分中国领土的深重危机之中，这一切才开始出现变化。

随着西方主要国家先后步入近代化进程，全球殖民化的过程随即展开，中国这个古老的国家也没有幸免。伴随着清政府在反抗侵略的战争中一再战败，一系列不平等的丧权辱国的条约接二连三地被迫签订了。清政府的失败使一批有远见卓识的中国人一次次反省失败的原因，开始他们主张效法西方的先进技术，19 世纪 80 年代以后，他们又主张学习西方的先进制度。[①]

柳诒徵先生指出："清季迄今，变迁之大，无过于法制。综其大本，则由德治而趋法治，由官治而趋民治，漩澓激荡，日在蜕变之中。而世界潮流，亦以此十数年变动为最剧。吾民竭蹶以趋，既弃吾之旧法以从欧美之旧法，

① 李烁:《从鸦片战争到清末修律——中国法律近代化之路》，载 http://www.law-lib.com/lw/lw_view.asp?no=22022，最后访问时间：2016 年 12 月 8 日。

又欲弃欧美之旧法而从彼之新法。思想之剧变，正日进而未有艾。”[①] 面对强势的西方法律文明浪潮，相沿数千年的传统中国的法律理念与制度遭受了沉重的打击，革新传统的法律理念与制度逐渐成为晚清统治集团的重大课题。[②] 于是，一场大规模的司法改革运动在晚清王朝的最后十年间展开，而司法理念的变革也在悄悄地主导着这场制度变革。

移植来的法律制度仅仅是为了挽救大清朝的危局，可以说纸面上的法律仅仅具有宣誓的作用，但这些制度背后的宪制理念与传统的和谐理念却出现了严重分歧，故而在变法过程中引发了“礼法之争”“部院之争”。

一、变法的原因

大清朝为了维护自身的统治不得不进行变法运动，但就变法的原因来说，是相当复杂的。因为从纵向看，中国几乎历朝历代都经历过变法运动，变法的原因与清末的内部原因基本相同，包括礼制僵化、修例停滞、冤狱横生等，但是那些所谓的“变法”并没有引起司法理念层面的变革，而仅仅是制度层面的变革。换句话说，是在传统的和谐理念下，对不适应发展的司法制度进行微调。从横向看，清末司法具有的弊病，之所以没有进行传统的“中医”疗法，而是选择了向西方的司法理念与制度学习，不得不说是西方列强侵略的结果。在向西方学习的过程中，通过比较发现，西方宪制理念蕴含的司法平等等概念，对中国来说，不但是法律制度层面的缺失，与原有的法律理念都有很大不同，而司法程序的不发达也有碍程序正义的实现。因此，清末的变法运动与以前的历次变法运动都不同，它不仅是司法制度层面的变革，更是对几千年来中国传统和谐司法理念的重大变革。

---

① 柳诒徵：《中国文化史》（下），上海古籍出版社 2001 年版，第 924 页。

② 晚清变法十年间，从修律到预备立宪，立法变革取得了丰硕的成果。作为大陆法系成文法主要部分的“六法”，晚清都有相应的法律或法律草案。

（一）晚清司法的内部弊端

1.“礼”的思想逐步僵化

先秦时期，儒家思想比较强调君臣之间相辅相生的关系，忠君的前提是君要有君的样子，如果君对臣不义，臣子就不必忠诚于君，“君使臣以礼，臣事君以忠”①，而且儒家思想对这种做法提供了强有力的理论支撑。洪武五年（1372年），朱元璋读到《孟子》“君之视臣如土芥，则臣视君如寇仇”的论述时，勃然大怒，遂下令将孟子逐出文庙不得配享。虽然第二年朱元璋不得已又把孟子请回了孔庙，但是在洪武二十七年（1394年），朱元璋又下令对《孟子》进行了删节，共删掉《孟子》85条，几乎占全书的三分之一，并将剩下的内容编为《孟子节文》一书，下诏作为科举取士正本。②于是后代的君臣关系就逐渐演变成“临危一死报君王”了，哪怕是昏君、暴君在所不问，这为皇帝集权打下了坚实的理论基础。

对于寡妇再嫁的问题，秦朝时期连太后再嫁也是不违礼制的，唐朝时期公主再嫁也很正常，根本谈不上对礼制的破坏。但宋以后，寡妇再嫁成了礼制不允许的重要内容之一。宋明理学提出的“存天理，灭人欲”本是针对统治者荒淫无度的生活提出的劝诫，所以朱子之学起初遭到了统治者的封杀，并被宣布为“伪学”。可是后来“存天理，灭人欲”竟然被解释成了对民众各种正当欲望的约束，朱熹的地位也变成“正统”了，而且经过改造的朱子之学成了明清科举考试的标准答案。

如果说“礼法合一”是中国传统法律的根本特征的话，那么随着“礼”的内容不断变得僵化，并最终沦为集权统治的“帮凶”，法律肯定也会发生相应的变化，总体趋势是礼制的变化导致法律的规定越来越专制，越来越残酷，由此也导致司法变得越来越专制和残酷。

2.清朝司法是维护专制统治的工具

中国自古就是统一的多民族国家，中国的疆域辽阔，人口众多，地域

---

①《论语·八佾》。

②《明史》卷一百三十九《钱唐传》。

之间风俗习惯差别很大，这些都决定了政治决定权不可能掌握在一个人手里，哪怕是皇帝也很难真正实现专权，因此掌握政权者一定是一个集体。自汉代以来，政府大权都掌握在读书人——“士”的手里，而在科举考试制度逐渐完备的情况下，在中华大地上，除了皇帝一家，能够世袭的特权几乎绝迹。[①]

清朝是少数民族入主中原建立的，他们建立的是“部族政权”，即高层政权全部掌握在满洲部族手里，这是因为在他们的观念里，只有满族的全体人员是真心拥护清政权的统治的。这种政权显然是代表少数人的私心的。他们用本民族的人代替读书人来掌握高层核心政权，直到晚清，面临国家危亡之际，清政府不得不大量起用汉人后，高层政权仍然牢牢地掌握在满族人手里。由此可知，对于清政府来说，皇帝一个人是不可能实现专制的，但有满洲部族全体人员的支持就形成了真正意义上的专制统治。

清朝部族政权下的科举制也不再是选拔人才充实到政府各部门的方式，而更多的是一种愚民政策。伴随着愈演愈烈的文字狱，代表儒家文化的学子们也越来越远离政治，这无疑使政治变得更加黑暗。

在这样的政治文化背景下，清朝的司法只能是部族政权控制其他民族尤其是汉族人的工具，体现为满族与其他各族人民司法地位上的严重不平等，这与传统的执法平等理念是相背离的。

3. 晚清修例制度的停滞

清朝前中期，有已经制度化的修例制度，以便官方根据社会的变化状况随时对法律作出调整，以减少法律条文与司法实践之间的冲突。但自鸦片战争以后，清政府原来定期举行的修例活动开始出现问题，变得既不规范也不定期了：从道光二十五年（1845 年）到咸丰二年（1852 年），期间不再是规定的五年，而是七年。从咸丰二年到同治九年（1870 年），十八年间仅仅修例一次。而同治九年以后，就再也没有正式修例活动的记载了。据刑部尚书薛允升回忆：“凡条例应增应减者，五年小修一次、十年大修一次，历经遵办在案。同治九年修例，余亦滥厕其间，然不过遵照前次小修成法于钦奉谕旨

---

① 钱穆：《中国历代政治得失》，九州出版社 2012 年版，第 163 页。

及内外臣工所奏准者，依类编入，其旧例仍存而弗论。自时厥后，不特未大修，即小修亦迄未举行。”①

对定期修例制度的破坏以致停止，其直接危害就是国家颁布生效的法律逐渐不能适应变化了的社会，而逐步蜕化为僵死的法条，这实际上宣告了司法调整社会秩序的功能正在消失，因此这也是必须进行司法改革的原因。

4. 冤案重生

晚清时的司法是相当残酷的，而且贿赂成风，对任何社会阶层都无公正可言。地方上的行政官和法官只是为了实现自己的发财致富梦和讨好他们的上司，因此，民事诉讼是公开的受贿竞赛，刑事诉讼是受刑的代名词，不但对被告人进行难以忍受的严刑拷打，而且地位较高者或告发者也要受刑。②

作为晚清封疆大吏的曾国藩曾经这样描述当时的司法状况，他说道，当时的社会法制已经极度败坏，冤狱重生，民众对此早已怨声载道。京控案件由刑部和督抚亲审的制度已被无形取消，地方各级审断案件相互扯皮，如实在推托不了，只能被迫进行审理，又会出现一拖再拖的现象。如果到了非得开庭审理的地步，则会让当事人受尽折磨，以至于到最后倾家荡产。但就是这样，很多人直到死于囹圄也没有机会得到公正的审判。③

以上所述的司法问题，有些能在固有的体制内解决，比如司法的残酷和修律的停滞状况所带来的司法的不合时宜以及冤案重生，人浮于事的司法问题，这些问题的出现某种意义上可以说是偏离了传统的和谐司法理念所造成的，因此解决之道是在传统和谐司法理念的指导下对制度作出调整。但是有些问题是必须突破体制才能获得解决的，比如清朝的专制统治导致的司法不平等的问题。对于这一点，孙中山先生看得尤其准确，所以他提出了“驱除鞑虏，恢复中华，创立民国，平均地权”十六字，并作为政治纲领，他已经

---

① 薛允升：《读例存疑总论》，转引自苏亦工：《明清律典与条例》，中国政法大学出版社2000年版，第202页。

② 孙中山、埃德温·柯林斯：《中国之司法改革》，贺跃夫、周黎明译，载《中山大学学报》1984年第1期。

③ （清）曾国藩：《杂著》（卷二），载《曾文正公全集》，吉林人民出版社2005年版，第98页。

清楚地认识到只有推翻清朝的统治，才能实现各民族之间的司法平等，而不再有所谓的特权阶层。礼制的僵化与倒退的问题，不仅是专制的问题，更是一种文化发展缺少创新力的表现。从这个角度讲，晚清的许多开明人士提出用西方文化来挽救中国传统文化的弊病是很有道理的，也就是说，只有经过与西方文化的融合与会通，才能使已经趋于僵化的传统文化重新焕发活力。但是据此认为中国传统文化已经不适合中国的发展形势，要用西方文化来彻底取代中国传统文化的观点和做法是错误的。

（二）晚清司法的外部弊端

在整个晚清时代，由于领事裁判权的出现极大地损害了中国人的自尊，所以对晚清司法理念的反思，也自然以西方的司法理念为参照系。于是，在中西司法理念的对比过程中，中国人发现，晚清的司法理念的确存在太多问题。

可以说，分权制衡的宪制下实现了司法上的独立，在这一理念背后，渗透着西方国家特有的人文传统和价值观念。[①] 从晚清司法改革开始，无数的法律人孜孜不倦地追求中国的司法独立理念与制度，许多人相信，只有建立了宪制理念基础上的“三权分立”制度，中国才能真正走入现代社会。然而事实情况是，在中国传统司法文化理念里，根本找不到司法独立[②]的影子，所以在某些人看来，中国传统文化就成了阻碍司法独立理念形成和制度建立

---

① 笔者和西南大学的陈庆老师探讨过这个问题，他以研究拉丁文原著见长，对亚里士多德和托马斯·阿奎那研究得尤其精深。笔者提出了这样一个观点，即西方“三权分立”的理念与上帝的“三位一体”的理念是有密不可分的关系的，他说在他的研究领域里，是可以得出这样的结论的。如果能进一步对这个题目进行深入论证的话，那么几乎可以得出这样一个结论：在非基督教文化传统的国度里，三权分立的制度是没有文化根基的，水土的严重不服最终会导致这一制度形同虚设。另外，程竹汝认为，作为一种政治与法治原则，西方的司法独立理念之所以能在西方的政治和司法实践中发挥重要作用，有赖于西为国家文化传统中两方面的资源，一是司法角色的贵族精神，即来自法律神圣的角色荣誉感；二是社会法律文化和行为习惯，即司法独立是人们诉诸公正不可缺少的一道防线，无论谁动了这条防线，他都与这种文化和习惯支持的社会不相容。参见程竹汝：《司法独立：为什么》，载《政治与法律》2003 年第 1 期。

② 这里的论述和第一章中的“司法独立”的案例并不矛盾，西方现代的“司法独立”是宪制理念下“权力分立”的产物，中国古代的“司法独立”肯定不包括这个层面上的意思。

的罪魁祸首。批判传统文化，彻底摒弃传统文化，建立西方宪制意义上的司法独立，从晚清就拉开了序幕。

在传统的司法理念下，处于不同地位的人的权利义务是不一样的，比如，父亲打伤儿子和儿子打伤父亲所承担的责任相差很大。随着列强在中国索取到治外法权，进一步造成中国人和外国人（包括一些为外国人做事的中国人）之间的司法地位不平等。1843 年中英签订了《五口通商章程》，第 13 条规定："凡英人控诉华人时，应先赴领事处陈诉。领事于调查所诉事实后，当尽力调解使不成讼。如华人控诉英人时，领事均应一体设法劝解，若不幸其争端为领事不能劝解者，领事应请华官共同审讯明白，秉公定断，免滋诉端。至英人如何科罪，由英国议定章程法律发给领事照办，华人如何科罪应以中国法论之。"① 这条规定实际上就是领事裁判制度的开端，此后随着清政府不断战败，不断与列强签订不平等条约，列强也争相在条约中模仿英国的做法，由此逐步确立起了领事裁判制度。列强在中国先后取得了以下权利：观审权、会审权以及会审公廨中的司法审判权。列强把自己国内的司法程序直接搬到了中国的法庭上，在中国的司法领域内建立起了自己的"独立王国"。②

领事裁判权即治外法权，是一种属人主义的司法管辖制度，即一国侨民不受居住国司法管辖而由其本国领事进行审理作出判决的权力。③ 领事裁判权的存在严重损害了中国司法机关公平地审理案件，直接导致诉讼当事人法律上的地位不平等。这种不平等不仅存在于中国人和外国人之间，而且延伸到了中国人内部，连那些受洋人雇用的华人也会受到外国领事的庇护。④ 如《上海洋泾浜设官会审章程》中就有这样的规定："凡为外国服役及洋人延请之华民，如经涉讼，先由该委员将该人所犯案情移知领事官，……至讯案时，

---

① 转引自王铁崖：《中外旧约章汇编》(一)，生活·读书·新知三联书店 1962 年版，第 42 页。

② 《领事裁判权》，载 http://baike.so.com/doc/5654908-5867556.html，最后访问时间：2017 年 3 月 12 日。

③ 蒋廷黻：《中国近代史大纲》，东方出版社 1996 年版，第 52 页。

④ 沈国琴：《中国传统司法的现代转型》，中国政法大学出版社 2007 年版，第 26 页。

或由该领事官，或由其所派之员，准其来堂听讼，……凡不作商人之领事官及其服役并雇佣之人，如未得到该领事官允准，不得拿获。”

中国传统的司法制度是程序法与实体法不分的，而且程序法相对不发达。但是，中国古代不但有程序法的内容，而且要求司法人员必须严格遵守，否则构成犯罪。通过上一章的论述，我们可以很容易得出这样的结论：这样的制度设计是和司法最终追求“实质正义”的理念相一致的，只要达到了实质正义，诉讼参与人就认为司法程序是公正的，相反，一旦出现司法结果不公，马上会怀疑程序有问题。传统的司法理念认为程序是为实质正义服务的，因此没有必要通过极其复杂的程序去获得正义，因为正义本身不在程序之中，而在老百姓的心里，是天理人情的外化形式，这种状态一直持续到清末。也就是说，如果没有西方有关程序正义的司法理念冲击的话，至少在当时的中国人眼里，中国传统的司法程序理念是没有“缺陷”的，这种“缺陷”纯粹是与西方的理念进行比较后得出的结论。

沈家本参考西方各国法制的相关规定，提出了制定程序法典的主张，他说，世界各国法制“大致以刑法为体，以诉讼法为用；体不全，无以标立法之宗旨；用不备，无以收行法之实功。[①] 泰西各国诉讼之法，均系另辑专书，复析为民事、刑事二项。……以故断弊之制，秩序井然，平理之功，如执附契”[②]。清末修律过程就是不断学习和吸收西方法律理念与制度的过程，因此独立的程序法也逐步在中国的司法体系中确立起来。[③]

（三）内外因对比分析

总体上说，传统司法理念有不适应社会需求的地方，同时外来冲击也是导致变革的因素，两者不断碰撞促成了晚清时期司法理念的快速变革。[④] 司法变革最直接的动因就是收回深深刺痛了国人心扉，同时列强已经许诺放弃的治外法权。由此可见，是晚清时期列强的侵略战争加速了变革，正如蒋梦

---

① （清）朱寿朋：《光绪朝东华录》，中华书局 1958 年版，第 5703 页。

② （清）朱寿朋：《光绪朝东华录》，中华书局 1958 年版，第 5504 页。

③ 钟家全：《当代中国程序法实现的法理思考》，湖南师范大学 2001 年硕士学位论文。

④ 李俊：《晚清传统司法制度变革动因新探》，载《江西社会科学》2008 年第 6 期。

麟先生所描述的，如来佛是骑着白象到中国的，耶稣基督却是骑在炮弹上飞过来的。[①]

内因决定了晚清法制也要变革，如果清王朝想延续自己的统治，就必须作出改变，比如酷刑、专制、修律停滞，这与传统的司法文明精神也是相违背的。但如果仅仅是内部原因，不会导致传统的司法理念朝着西方宪制理念的方向走去，比如，对程序法的重新修订、完善，以及法律面前人人平等理念和司法独立理念的引进。正是西方列强不断对中华民族的入侵，尤其是领事裁判权的出现，极大地刺激了天朝上国人们的自尊心，最终导致传统的司法理念朝着西方宪制理念的方向走去了。

在世界秩序重新洗牌的过程中，雄视全球几千年的中华民族绝对不甘心沦落到被瓜分被宰割的地位。于是自近代以来，中国人掀起了一浪高过一浪的救亡图存运动，一代又一代的中国人追逐着国家独立自主、繁荣昌盛的梦想。作为社会秩序调控器的法律，同时，也是收回领事裁判权的保障，就成了改革的重点。改革的内容与方式是由学者首先发起讨论的。

二、晚清知识分子对东西方法治理念的认识

（一）变革理念是为了救亡

晚清的变法修律思想是19世纪中叶以后中外法律文化不断发生碰撞的产物。晚清修律的成就不是最后的十年之功，而是几十年不断输入西方法律文化的结果，也不是主持修律的沈家本一个人的功劳，而是自龚自珍、康有为以来每代人共同努力的结果。[②]近代中国知识分子所做的一切努力，包括理念的创新、政治制度的创设、对民众的唤醒，其动力就是实现国家的独立富强，这一理念是支配这个时代所有思想家的核心。[③]

---

① 蒋梦麟：《西潮》，台湾地区“中华日报社”1961年版，第3页。

② 张晋藩：《中国法律的传统与近代转型》，法律出版社1997年版，第473页。

③ 王尔敏：《中国近代思想史论》，社会科学文献出版社2003年版，第170页。

近代中国法律思想界的梦想就是通过构筑一个近代化的法律体系，收回治外法权，从而实现国家富强，民族独立。[①]“只有法治才能救中国”是他们在法治与国家存亡之间建立起来的因果关系，即实行了法治（具体说应该是西方的宪制），就可以救亡，否则救亡的任务就不能实现。这一深刻认识决定了晚清法律界的所有知识分子都必然要求变革，但是通过什么样的路径来进行变革，变革后的中国法制究竟是什么样子，不同的知识分子作出了不同的回答。这些不同的观点是十分重要的，正如张晋藩先生所说，如果 19 世纪中叶以后中国人在法观念上没有进行转变，那么，在 20 世纪初也就不可能进行清政府主导下的司法改革。尽管它只是中国传统法制转变的开端，但是它极其重要，也就是说，如果没有法观念的转变，就不会有 20 世纪中国法制变革的现实可能性。[②]

（二）不同学者的观点解析

龚自珍提到要变法，但是，他的变法思想只是对旧制度的批判，主张中国进行内部改革。[③]甚至当时一些学者认为西方法治最终也会纳入儒学道统之中。德国法科进士赫善心氏（H.Gutherz）几乎把大清律说得完美无缺，大有取代西法之势。声称 1810 年就有法学大家预言：大清律中有极其精妙的地方，将来泰西法律还要修改，以从大清律。[④]随着西法的进一步传播，利用西方法制的优点改造中国旧法制度成了一个热门话题。郭嵩焘写道：中国“圣人之治民以德。德有盛衰，天下随之以治乱。德者，专于已者也，故其责天下常宽。西洋治民以法，法者，人已兼治者也，故推其法以绳之诸国，其责望常迫。其法日修，即中国之受患亦日棘，殆将有穷于自立之势矣”[⑤]。

---

① 曹全来：《国际化与本土化——中国近代法律体系的形成》，北京大学出版社 2005 年版，第 1 页。

② 张晋藩：《中国法制走向现代化的思考》，载张生主编：《中国法律近代化论集》，中国政法大学出版社 2002 年版，第 86 页。

③ 《龚自珍全集》，上海人民出版社 1975 年版，第 6 页。

④ 《德国法科进士赫善心氏与蒋员外楷问答》，载《新刑律修正案汇录》。

⑤ 郭嵩焘：《与友人论仿行西法》，载《养知书屋文集》（卷十三），上海古籍出版社 2002 年续修四库全书版，第 299 页。

当然也有学者已经尝试对引进的西方法律进行改造，使之更加符合中国的国情。著名的维新思想家严复对西方的宪制理念大胆地进行了修正，提出了具有集体主义倾向的宪制理念。他认为在具有集体主义倾向的宪制理念中，不能过于提倡个体权利，否则会损害国家的团结。这种经过改造的所谓的“宪制理念”已经与西方的司法理念大相径庭了。①

康有为指出，法制的种种弊端导致了国家危难局面的出现，因此必须进行变法运动。但是，他还强调变法要考虑中国国情，不能直接照搬西方现成的法律。②

1903年梁启超游历了不少欧美国家，他看到欧美国家也有许多不足之处，这使他对西学逐渐失去了信心，从此不再主张全盘效仿西法来拯救中国。他伤心地总结道：“自由之说入，不以之增幸福，而以之破秩序；平等之说入，不以之荷义务，而以之蔑制裁；竞争之说入，不以之敌外界，而以之散内团；权力之说入，不以之图公益，而以之文私见；破坏之说入，不以之箴膏亡，而以之灭国粹。”③ 面对西方宪制的这些缺陷，他号召说：“吾不患外国学术思想之不输入，吾惟患本国学术思想之不发明。”④ 于是，他开出了一份如何将中华文化发扬光大的程序单：首先每个人都要诚心诚意地尊重和爱护中国文化；其次要用西方研究学问的方法来研究中国文化；再次要拿西方文化来补充中国文化，使它们之间相互融合，并成为一个新的文化形态；最后把这个新的文化推广出去，让全人类都能得到它的好处。⑤ 康梁出于对民族传统文化的自信，出于对国家危亡的忧患，自觉地对中国传统法律理念与西方宪制理念进行了整合。在康梁一代的心目中，对中国的传统文化是非常珍视的，他们在批判清朝专制制度的时候，并没有否定中国的传统文化，在他们所构

---

① 严复：《论世变之亟》，载《严复集》（第1册），中华书局1986年版，第99页。

② 康有为：《请定立宪开国会折》，载中国史学会主编：《戊戌变法》（第2册），神州国光社1953年版，第236页。

③ 梁启超：《饮冰室合集·专集之四》，中华书局1989年版，第12页。

④ 转引自宋仁：《梁启超政治法律思想研究》，学苑出版社1990年版，第201页。

⑤ 梁启超：《欧游心影录节录》，载《专集》（第五册）之二十三，中华书局1989年版，第37页。

建的理念制度中可以清楚地窥见传统法律理念的精髓。[①]

张之洞提倡作为本土文化主体的自觉。张之洞认为，不能只知西学，不通中学：今欲强中国，存中学，则不得不讲西学。然不先以中学固其根柢，端其识趣，则强者为乱首，弱者为人奴，其祸更烈于不通西学者矣。……如中士而不通中学，此犹不知其姓之人，无辔之骑，无舵之舟。其西学愈深，其疾视中国亦愈甚，虽有博学多能之士，国家亦安得而用之哉。[②] 虽然张之洞也坚持变法，但他认为，具体的法律制度应当按照时代的发展要求进行变革，而以三纲五常为核心的“道统”是绝对不能改动的，否则就将天下大乱。他认为，道统是根本，“道”不能变，可变的只是方法而已。从他所阐明的思想逻辑来看，他对中国传统法律理念不但是信心满满的，而且是其忠实的维护者。[③]

沈家本认为，传统的特别是基于千百年华夏子孙的生活智慧产生的民情风俗，仍旧可以为新的法治大厦的建设发挥积极的效用，反对完全抛弃中国传统的法律。“中国今者方议改裁判之制，而礼教风俗不与欧美同。即日本为同洲之国，而亦不能尽同。若遽令法之悉同于彼，其有阻力也固宜然。”[④] 也就是说，中国的礼教风俗与欧美各国大不相同，与日本也有所区别，因此我们必须根据我国的国情制定新的裁判法律制度，不然会无故增加修律的障碍。沈家本“折衷各国大同之良规，兼采近世最新之学说，而仍不戾乎我国历世相沿之礼教民情”的主张，并没有废弃礼教条款。[⑤]

沈家本提出法律是为政治目的服务的工具，所以“律学明而刑罚中，于政治关系甚大”[⑥]。他在引进西方的法律制度时，首先考虑的就是这样的法律制度能给政治带来什么样的好处，如果达不到这个目的，就不会盲目地引

---

① 沈国琴：《中国传统司法的现代转型》，中国政法大学出版社 2007 年版，第 255 页。

② 张之洞：《劝学篇》（内篇），上海书店出版社 2002 年版，第 8 页。

③ 张之洞：《劝学篇》（内篇），上海书店出版社 2002 年版，第 25 页。

④ 沈家本：《历代刑法考附寄簃文存·法学名著序》，中华书局 1985 年版，第 33 页。

⑤ 沈家本：《修订法律大臣沈家本等奏进呈刑律分则草案折并清单》，载宪政编查馆辑录：《大清法规大全》，考正出版社 1962 年版，第 2065 页。

⑥ 沈家本：《熙宁律学》，载沈家本：《沈寄簃先生遗书》（乙编），中国书店出版社 1984 年版，第 98 页。

进。[①] 他欣赏晚清“有志之士，探究治道之原，旁考各国制度以有补于当世”[②]。众所周知，所谓的“治道之原”就是儒家的仁义道德思想体系，这无疑也构成了中华法系的根基。[③] 他又说：“近日泰西政事，纯以法治，三权分立，互相维持。”[④] 由此可见，从根本上说，沈家本支持的是中国传统的王道思想，而西方的宪制思想在他看来仅仅具有工具价值，即为晚清政治服务。

他反对处处膜拜西方法律的做法，更反对用西方法律来否定中国法律的浅薄态度。他说：“夫吾国旧学，自成法系，精微之处，仁至义尽，新学要旨，已在包含之内，乌可弁髦等视，不复研求。新学往往从旧学推演而出，事变愈多，法理愈密，然大要不外情理二字。无论旧学新学，不能舍情理而别为法也，所贵融会而贯通之。保守经常，革除弊俗，旧不俱废，新亦当参。”[⑤] 这反映了沈家本对待中西文化的基本态度，他既长期保持着了解、学习甚至仿效西律的基本态度，又尽力做到取西方法律的长处来弥补我国法律的短处。他在主持大量翻译外国法律著作的同时，还主持修订和保存了大量的传统法学著作，为我国的传统法律文化的传播作出了不可磨灭的贡献。[⑥] 沈家本新政修律的基本模式是在传统法律文化资源的基础上移植西方法律，并由此确定了百年来中国法制变革的基本走向。[⑦]

伍廷芳早年就系统地接受了西方法学教育，又在英国系统地研究过西方的法律制度，后来回到香港从事英美法制环境下的律师、法官等法律实践。就是这样一位未曾受到中国传统法律思想熏陶的学者，在清政府参与司法改

---

① 沈家本：《政法类典序》，载沈家本：《历代刑法考》，中华书局1985年版，第2241页。

② 沈家本：《政法类典序》，载沈家本：《历代刑法考》，中华书局1985年版，第2242页。

③ 崔永东：《沈家本论法制与道德之关系评析》，载《清华大学学报（哲学社会科学版）》2001年第3期。

④ 沈家本：《法学名著序》，载沈家本：《历代刑法考》，中华书局1985年版，第2239页。

⑤ 沈家本：《历代刑法考》，中华书局1985年版，第2240页。

⑥ 卞杰：《浅议沈家本法律思想的特点》，载 http://article.chinalawinfo.com/ArticleFullText.aspx?ArticleId=79974，最后访问时间：2016年10月12日。

⑦ 马建红：《回到沈家本超越沈家本——中国法制现代化道路反思》，载沈家本与中国法律文化国际学术研讨会组委会编：《沈家本与中国法律文化国际学术研讨会论文集》（上册），中国法制出版社2005年版。

革多年后，其法学思想却走向了以中国法律为基础的改良主义道路，而不再坚持在彻底推翻传统法律的基础上建立西方化的宪制。[①]

综上所述，晚清不少思想家几乎都走过这样一条心路历程：从认识西学到崇拜西学再到怀疑西学，进而主张在确立中国法律文化的大道之源的基础上走中西融会贯通之路。在当时特定的历史条件下，中国处于列强瓜分之际，旧有制度实在无法继续推行下去了，当时的学者们认为引进西方列强的一些司法理念与制度能对中国的发展有所帮助，也是情有可原的。更为关键的是，这些学者的一些论述被清朝统治者付诸实践，于是，就有了晚清最后十年的司法改革运动。

三、司法理念的变革过程

（一）变革的主体及目的

与清朝积贫积弱形成鲜明对比的是，日本在学习西方法律制度后，走上了强国之路。东邻的崛起，使清政府逐渐认识到要认真对待西方的政治法律制度，要取其之长来补己之短。为了扶大厦之将倾，清政府尝试进行了法律理念与制度上的变革。

端方作为出洋考察宪制的“五大臣”之一，回来上奏朝廷说，宪制理念的推行，需要上有制度配合，下有习惯支持，这样才能取得成效。如果上下皆无，则需要等慢慢培养起来以后再实现宪制。如果盲目地推行宪制，举国上下就会混乱无章。立宪不但达不到治国的目的，反而会进一步加重危局。但是当下的中国，各种情势逼迫，已经到了不立宪就会导致政统与道统皆危亡的地步，实在没有回旋的余地了，也就只得服从多数希望立宪之人，贸然模仿各国宪法进行我国宪法的制定并颁布。[②]清政府在批阅了张之洞与刘坤

---

① 汪合生：《伍廷芳的法律思想述评》，安徽大学 2007 年硕士学位论文。

② 托忒克·端方，百度百科，http://baike.so.com/doc/2526524-2669273.html，最后访问时间：2017 年 3 月 15 日。

一联名上奏的“江楚会奏”以后，开始主张学习西方的宪制理念与制度，并于1902年2月为法制改革下诏：

> 中国律例，自汉唐以来，代有增改。我朝《大清律例》一书，折衷至当，备极精详。惟是为治之道，尤贵因时制宜，今昔情势不同，非参酌适中，不能推行尽善。况近来地利日兴，商务日广，如矿律、路律、商律等类，皆应妥议专条。著各出使大臣，查取各国通行律例，咨送外务部。并著责成袁世凯、刘坤一、张之洞，慎选熟悉中西律例者，保送数员来京，听候简派，开馆纂修，请旨审定颁行。总期切实平允，中外通行，用示通变宜民之至意。①

沈家本与伍廷芳就是被保送的修律者，于是变法逐次展开。清末的修律变法绝不是由于当时的人们对西方法律有多么精深的理解，而主要是看到了它在治国兴邦上的作用。所以修律的目的是相当明确的：一是希望通过变法使国家变得富强；二是希望通过修律来废除西方列强已经许诺的领事裁判权。② 但如果站在清政府的角度来审视这场变革的话，可以说清政府对于这场改革在态度上是认真的。这场变革是清政府面临生死存亡之际的真诚变革，是一场充满了活力的实现强国梦想的道路探索。

在这场司法变革中，轻刑的理念既符合中国传统的和谐司法理念，又是西方司法理念的重要内容，因此其变革进行得很顺利；司法平等的理念试图与西方的“法律面前人人平等”的理念接轨，结果引发了持久的“礼法之争”；西方的“三权分立”被戏剧化地变成了晚清的“两权分立”，结果还是大大出乎意料，又引发了法部与大理院之间的权力划分问题。

（二）轻刑的理念

光绪二十八年（1902年）四月六日，沈家本和伍廷芳正式受命主持修律，

① 《清德宗实录》（卷四百九十五），光绪二十八年二月上（第58册），中华书局1987年影印本，第536~537页。

② 张从容：《部院之争：晚清司法改革的交叉路口》，北京大学出版社2007年版，第182页。

修律是从刑事司法领域开始的。这主要因为西方诸列强主张领事裁判权的一个重要借口就是晚清法制中的酷刑重刑太多。

光绪三十一年（1905年）三月二十日，沈家本和伍廷芳一起向清政府上了奏折，即《奏删除律例内重法折》：臣等以中国法律与各国参互考证，各国法律之精意，固不能出中律之范围。综而论之，中重而西轻者为多。然则刑法之当改重为轻，固今日仁政之要务，而即修订之宗旨也。① 这份奏折是清末法律轻刑改革的指导性文件。②

由此，沈家本、伍廷芳提出，拟将现行律例内最重之法三端，先行删除。"且刑律以唐为得中，而唐律并无凌迟、枭首、戮尸诸法。拟请将凌迟、枭首、戮尸三项一概删除，死罪至斩决而止。"③ 沈家本学贯中西，但中重于西。他往往引圣王"古义"来附会西法，借西法变革《大清律》中违反"仁恕"之道的部分。他的思考方法，不是用西法来否定中法，而是相反，用西法来基本肯定、印证中法，只不过他所肯定的中法不是现行清律，而是"三代先王之意"。如他认为，《尚书》中的"与其杀不辜，宁失不经"的意思与"近来泰西之法，颇暗合"。

在这里，沈、伍二人考察了上述中法之重者的历史流变，描述了重法三端的残苛虐暴，不仅比较了近代西方法律的宽平轻简，分析了近代以来司法文明的发展走向，还与唐律作了一番比较，请求将重法诸端，先行删除，以明示天下。沈家本、伍廷芳的变法主张，很快得到了清政府的赞同。光绪三十一年三月二十二日，清政府下谕：

> 我朝入关之初，立刑以斩为极重。顺治年间修订律例，沿用前明旧制，始有凌迟等极刑。虽系惩儆凶顽，究非国家法外施仁之本意。现在改订法律，嗣后凡死罪至斩决而止。凌迟及枭首、戮尸三

---

① 沈家本、伍廷芳：《奏删除律例内重法折》，载丁贤俊、喻作凤：《伍廷芳集》（上册），中华书局1993年版，第256页。

② 苏亦工：《明清律典与条例》，中国政法大学出版社2000年版，第351页、第356页。

③ 伍廷芳、沈家本：《删除律例内重法折》，载《沈家本未刻书集纂·最新法部通行章程》，第499页。

项，著即永远删除。所有现行律例内凌迟、斩、枭各条，俱改为斩决。其斩决各条，俱改为绞决。绞决各条，俱改为绞监候，入于秋审情实。斩监候各条，俱改为绞监候，与绞候人犯仍入于秋审，分免、实、缓办理。至缘坐各条，除知情者仍治罪外，余者悉予宽免。其刺字等项，亦著概行革除。此外当因当革应行变通之处，均著该侍郎等悉心甄采，从速纂订，请旨颁行。务期酌法准情，折衷至当，用副朝廷明刑弼教之至意。将此通谕知之。[①]

《大清现行刑律》乃是晚清法制与司法改革的产物，在诸多方面体现了改重为轻、矜恤庶狱的修律变法精神。比如，将罚金刑正式列入五刑之一，并且明确规定凡处罚金刑无力完缴者，收入习艺所工作；死刑仅有绞、斩两种，旧律中规定的酷刑一概废止。[②]改革很快成功并进入司法实践中，可以说有西方司法理念推动的结果，不可否认的是，这也是传统的司法理念的重要内容。由此可见，凡是既符合中国传统和谐理念，又符合西方司法理念的制度，就是极易推行的。

（三）礼法之争

在传统中国社会中，事实上存在两类规范。第一类规范，规定人们应当做什么（比如，应当“忠孝”）、不得做什么（比如，要做到“非礼勿动”）、可以做什么（比如，对妻子可以“七出”），这些可以统称为“调整性规范”，即人们日常交往的行为准则。第二类规范，即“惩罚性规范”，规定的是人们违反了第一类规范之后的消极后果。第一类规范大致是传统中国“礼”的作用范围，第二类规范基本上是传统中国的“刑”，即“法”的范围。清末修律后，上述第一类规范和第二类规范都被纳入了法律范畴，原来的“礼”转化为现代新式法律体系中的一个组成部分，严格意义上的中国现代法学就

---

① 苏亦工：《明清律典与条例》，中国政法大学出版社 2000 年版，第 379 页。

② 沈家本：《钦定大清现行刑律》，转引自怀效锋：《清末法制变革史料》（下卷），中国政法大学出版社 2010 年版，第 277 页。

从这时候诞生了。[1] 但是“礼”的精神实质却被西方的宪制理念取代了，比如被礼法视为万世不易的“三纲五常”的理念，在清末的修律过程中，有人试图转化成“法律面前人人平等”的理念。

1906年，沈家本和伍廷芳提交了他们的最新修律成果：一是《刑事民事诉讼法》，二是《新刑律草案》，这两部法律也代表了他们最高的修律成就。然而，也正是这两部新修订的法律，遭到了以张之洞、劳乃宣为首的一派的坚决反对。这场礼教派与法理派之间的争论由此展开，后世一般称之为“礼法之争”。[2] 沈家本、伍廷芳等被称为法理派，张之洞、劳乃宣等被称为礼教派。

双方争论的核心内容包括以下两个方面，一是通过向西方学习宪制理念能否收回治外法权，二是究竟是全面移植西方法律还是必须考虑法律与风俗之间相适应。

1. 通过模仿列强能否收回治外法权

光绪二十七年（1901年）签订的《中英续议通商行船条约》第12款规定：“中国深愿整顿中国律例，以期与各西国律例改同一律，英国允愿尽力协助，以成此举。一俟悉中国律例情形及其审断办法及一切相关事宜皆臻妥善，英国即允弃其治外法权。”在此之后，中国与美、日、葡三国签订的条约也都包括同样的条款，这项条款中列强承诺的放弃领事裁判权便成为以后法理派修订新律最重要的一项依据。

就收回领事裁判权的必要性来说，大家都一致赞成，所不同的是利用修律的方式能否达到这一目的。法理派认为，旧的法律已经无法适应社会的变革需要，变成新的法律本身就意味着国家的强盛，而且通过修订新法可以促进整个社会的发展。[3] 但在张之洞等礼教派看来，认为制定了新法律就能收回领事裁判权的想法是不切实际的幻想，如果进一步强求新制定的法律与西方的法律完全一致，甚至为了达到二者一致的目的而不惜放弃中国的传统法

---

① 喻中：《自由的孔子与不自由的苏格拉底》，中国人民大学出版社2009年版，第166页。
② 喻中：《中国法治观念》，中国政法大学出版社2011年版，第27页。
③ 蔡枢衡：《中国法律之批判》，中正书局1947年版，第16页。

律精神，这简直就是忍无可忍的事情了。

后来的事实证明，真正促使列强在1943年大规模放弃领事裁判权的原因是他们在国际纷争中，由于各自的利益不同，都想寻求中国的支持，这时才答应中国政府，可以放弃领事裁判权作为交换条件，这与中国晚清的司法改革并没有直接的关联。直到1949年新中国成立，列强在华势力被彻底驱除出去以后，领事裁判权才彻底宣告终结。[①]可见，要实现中国人与外国人在司法上的平等，不是靠学习西方的司法理念和制度就能实现的，而是要靠国家的独立自强来实现。

2. 是全面移植还是考虑民情

修律问题上具有实质意义的分歧乃是学习的原则，修律的标准，以及因此涉及的法律内容上的废立。沈家本在进呈《钦定大清现行刑律》的奏折中指出："方今瀛海交通，俨同比伍，权力稍有参差，强弱因之立判。职是之故，举凡政令、学术、兵制、商务，几有日趋于同一之势。是以臣家本上年进呈刑律，专以折冲樽俎、模范列强为宗旨。"[②]具体到修律的标准上，则体现为所谓的"齐一法制"。在沈家本的眼里，中西各国法律的趋同化，或者说中国法律的西方化，乃为形势所迫，几乎是不容抗拒的。

法理派核心成员伍廷芳对西方法律可谓研究精深。他说："臣廷芳遍历欧美，深知彼中风俗，凡有血气，心理皆同。中外民情，无甚悬绝。虽政教稍异，而今日各国法制之完备，皆由逐渐改革而成，并非一蹴所能几及。"[③]意思是说，他认为中国与西方各国的风俗民情从根本上说都是一样的，所以中国也可以像西方国家那样通过改革建立起完备的现代法律制度。

以张之洞为首的礼教派反对这种全盘西化的学说，他们认为法律制度必须尊重中国本土的风俗习惯，必须以传统中国的纲常伦理作为修律的指导思

① 张仁善：《论中国近代司法文化发展的多层面冲突》，载《法学家》2005年第2期。

② 沈家本：《修订法律大臣沈家本等奏请编定现行刑律以立推行新律基础折》（光绪三十四年正月二十九日），载故宫博物院明清档案部编：《清末筹备立宪档案史料》（下册），中华书局1979年版，第852页。

③ 伍廷芳：《奏停止刑讯请加详慎折》，载丁贤俊、喻作凤编：《伍廷芳集》（上册），中华书局1993年版，第270页。

想，这样的法律才是适合中国民众需要的。1907 年夏，他上奏清政府《遵旨核议新编刑事民事诉讼法折》，在这一奏折里，他严厉谴责新律草案违反了“三纲五常”的伦理标准。[①] 他说：“法律之设，所以纳民于轨物之中，而法律本原实与经术相表里，其最著者为亲亲之义，男女之别，天经地义，万古不刊。乃阅本法所纂，父子必异财，兄弟必析产，夫妇必分资，甚至妇人女子责令到堂作证，袭西俗财产之制，坏中国名教之防，启男女平等之风，悖圣贤修齐之教，纲沦法战，隐患实深。至于家室婚姻，为人伦之始，子孙嗣续，为宗法所关，古经今律皆甚重之。中国旧日律例中，如果审讯之案为条例所未及，往往援三礼以证之，本法皆缺焉不及无论，勉强骤行，人情惶惑，且非圣朝明刑弼教之至意。此臣所谓于中法本原似有乖违者也。”[②]

“立法固贵因时，而经国必先正本。值此环球交通之世，从前旧法自不能不量加变易，东西各国政法可采者亦多，取其长补我所短，揆时度势，诚不可缓。然必须将中国民情、风俗、法令源流通筹热计，然后量为变通。庶免官民惶惑，无所适从。外国法学家讲法律关系，亦必就政治、宗教、风俗、习惯、历史、地理一一考证，正为此也。”[③] 张之洞认为修律要以中国的伦理纲常为指导思想，这种观点在当时就获得了朝廷上下很多人的同情与支持。

署邮传部右丞的李稷勋也认为：“政与教相维，而后上下无歧志，刑与礼相应，而后出入有大防，君父之伦与天无极，此中国数千年礼治之精神，所谓悬诸日月百世不刊者也。……查现订刑律分则草案，……独至杀害祖父母、父母及期功亲属，乃仅附见于二十五章。关于杀伤条内之节至三章十一节，不唯弑逆大恶与杀伤平人，各无区别，已堪骇异，而前后寥寥数条，复与寻常各罪犯交互错出，尤足令乱臣贼子睥睨生心，以为祖孙父子一切平等，法律所公认也。夫刑制之设，原籍以维持礼教，保卫治安，若转以长恶生奸，

① 喻中：《张之洞的当代意义》，载《博览群书》2009 年第 12 期。

② 张之洞：《尊旨核议新编刑事民事诉讼法折》（光绪三十三年七月二十六日），载苑书义、孙华峰、李秉新主编：《张之洞全集》（第 3 册），河北人民出版社 1998 年版，第 1772 页。

③ 张之洞：《尊旨核议新编刑事民事诉讼法折》（光绪二十三年七月二十六日），载苑书义、孙华峰、李秉新主编：《张之洞全集》（第 3 册），河北人民出版社 1998 年版，第 1773 页。

亏礼害俗，是召天下之乱也，揆之立法初意，或亦虑不及此。”[①] 显然，这也是在强调新的法律绝不能违背旧的纲常礼教。

清代学部在掌管道德教化方面地位崇高，它也支持礼教派的观点，认为礼法精神是中国法律不可动摇的根基。于是，清朝最高统治者给出的新律修订意见是，无论如何变更，维护伦理纲常的法律条文不能改变。[②]

经修律大臣修订后的《修正刑律草案》与新刑律草案最大的区别在于，将所有涉及伦理的法条都加重了一等，并在全文中稍加凸显，正文后加附则5条。《修正刑律草案》上奏后，宣统二年（1910年），劳乃宣上奏《修正刑律草案说帖》，义正词严地要求把旧律中有关伦理纲常的条文直接纳入新修订的法律正文。劳乃宣提出了11个有关伦理的问题，沈家本进行了逐条分析，逐条驳斥，面对沈家本的反驳，劳乃宣放弃了大多数修改意见，但他仍然坚持对“无夫奸”与“子孙犯教令”两项条文的修改，于是又引发了新一轮关于“无夫奸定罪”的争论。[③]

法理派认为，法律是为维护社会秩序而制定的。“无夫奸”属于道德问题，无须用法律去解决；解决的方法主要是加强社会道德教育。劳乃宣却认为，法律、礼教、秩序三者是相互关联的，如果“无夫奸”不成立犯罪，那么就会破坏社会秩序。只有事事合于礼教，人与人之间才会相安无事，也就不会出现破坏社会秩序的现象；如果事事皆不合于礼教，整个社会就会陷入混乱状态，道德教育也解决不了问题。礼教派强调刑罚和教化兼用，二者不可偏废，尤其是当社会结构剧烈变革时，彻底抛弃礼制崇尚法制会冲垮当政者的统治基础。但法理派坚持按西方近代法律的法律原则，强调把道德从法律中剔除出去，教化的功能由道德去承担，使法律成为真正的“自成体系”，而不再依赖道德的扶持。

礼教派提出体例上用新律，指导思想上依旧律，即家族主义，理由是外

① 《署邮传部右丞李稷勋奏新纂刑律草案流弊滋大应详加厘订折》（光绪三十四年三月初四），载故宫博物院明清档案部编：《清末筹备立宪档案史料》（下册），中华书局1979年版，第854、855页。

② 张仁善：《礼法社会》，商务印书馆2013年版，第243页。

③ 江庸：《五十年来中国之法制》，载《清华法学》2006年第2期。

国重视平等，中国风俗尚伦理，这是千年传统，不能变。违背人情风俗，会失去人心，天下就会崩溃。他们感到有责任和义务挽救中国传统的法律精神。[①]新刑律要服务于中国，就必须与中国民情风俗相一致。礼教派认为现实社会生活充满着道德的成分，而法律则把权利当作出发点；社会常识以家为单位，法律偏要把个人作为单位；等等。这些言论背后所代表的是关于法律与国俗民情深层关系的考虑，他们提出的问题是从历史文化角度对法学性质的反省。[②]

这场“礼法之争”涉及的是中国传统伦理道德的地位问题，涉及中国沿袭了几千年的宗族家法制度。在中国古代社会中，礼制才是人们日常生活中的行为准则。但是在清末修律的过程中，在不断借鉴西方法律的过程中，“礼”的调控作用被新修订的法律的调控功能代替了，“礼”的精神最后也被西方的宪制理念代替了。[③]法律调控虽然具有强制性的优势，但强制性并不能总是保证法律的有效实施，而道德与法律不一样，道德不需要国家的强制力也可以发挥积极的作用。由此可见，法理派片面强调法律的巨大作用显然是忽视中国国情的。

通过以上对礼法之争过程的相关叙述，可以很容易得出的观点就是：礼教派是坚守传统法律理念立场的，是考虑国情的，而法理派则是忽略国情，主张全面西化的。但问题是，前面我们通过翔实的材料能够充分地证明，沈家本的法律思想是主张在坚持中国“治道之源”的基础上进行中西融会贯通的，如何解释沈家本在思想和行动上的不一致呢？其实，沈家本所主张的融会中西并不是法律体系意义上的融合，他沟通古今中西的连接点是“情理”，所修改的对象是旧法律条文不合于天理人情的内容，他通过情理沟通并超越了中西方的法律制度。[④]

---

① 张仁善：《礼法社会》，商务印书馆2013年版，第213页。

② 张伟仁：《天眼与天平——中西司法者的图像和标志解读》，载《法学家》2012年第2期。

③ 郭成伟、郭瑞卿：《中国法律现代化的路径——中国法律的变革与外来法律资源的本土化》，载《金陵法律评论》2001年第10期。

④ 聂鑫：《法意与人情——沈家本对中国古代法学的最后发展》，载刘东编：《中国学术》（2005年第2辑），商务印书馆2006年版，第205页。

由此可见，沈家本一生都在参与清政府的司法变革，因此对晚清的司法弊病应该有更清醒更深刻的认识，这也促使他能从更高的层次进行改革。他甚至放弃了传统的风俗习惯，但作为一个有深厚传统律学背景的学者兼官员，他应该深知中西法律理念是存在本质差异的，所以他才选择从最高的层次坚守“治道之源”的理念，并希望在此理念指导下通过修律使中国传统法律达到凤凰涅槃的境界。①

（四）法部与大理院的权限划分

1. 事情经过

清朝派出的五位大臣通过前往各国实地考察，最终确信立宪与君权并非势不两立，只要二者关系处理得当，立宪也能确保皇位永固。清政府经过策划，于1906年9月1日正式下诏，宣布仿行宪制，实行预备立宪。当时甚至引进了西方宪制理念下的“三权分立”制度，既然要实行立宪制度了，那么就必须在机构设置上与立宪各国一致。于是，在宣布“预备立宪”的第二天，清政府就命令编纂官制。

在这场官制改革中，司法体制的改变很大。改革的初衷是改变传统的行政兼理审判的制度，其理念导向就是试图实现“三权分立”体制下的司法独立。但是这样的改革意图显然对皇权构成了实质性威胁，与维护和巩固皇权的改革目标背道而驰了。所以，尽管朝廷上下都认为应该向西方学习宪制基本原则，尤其是学习核心原则“三权分立”，但清政府最终还是决定暂不设立议会。② 于是，宪制的实施被简化为司法权与行政权“两权”之间的分立。清末审判独立的实践分两步走：一是先成立法部与大理院，目的是将一般行政权与司法权分开；二是划分法部与大理院的权限，进一步将司法行政权与审判权分开。由此可见，部院权限的划分过程实质上就是审判独立在宪制层

---

① 中国政法大学的沈厚铎教授是沈家本的曾孙，目前沈家本日记的原稿都是他在保管，他看过本书有关沈家本的观点并表示支持，而且他还根据沈家本的日记，进一步指出，沈家本所代表的法理派与张之洞所代表的礼教派仅仅是学术观点之争，两派之间的许多人私下都是好友。

② 肖军:《晚清司法改革的困境及启示》，载《社科纵横》2008年第3期。

面逐步确立的过程。

根据上述改革方案，刑部更名为法部，作为最高司法机关负责司法，戴鸿慈被任命为法部尚书；大理寺更名为大理院，作为最高审判机构专司审判，沈家本被任命为大理院正卿。[①]根据改革后的官制规定，大理院仿照西方的司法独立原则，其职权包括监督各级审判，还拥有审核权；法部负责司法行政工作和监督大理院。由此可见，大理院专任审判，而法部有权监督大理院的审判。因此，从机构设置来看，似乎并没有让司法独立的意图，反而明确地规定了“行政监督司法”。这种以宪制理念为标榜，在方案设计上又回归传统的体制，一开始就为法部与大理院之间发生冲突埋下了隐患。

紧接着在1906年10月，沈家本在其主持制定的《大理院审判编制法》第6条中对审判独立作了规定：“自大理院以下本院直辖各审判厅司，关于司法裁判，全不受行政衙门干涉，以重国家司法独立大权，而保人民身体财产。”同日上奏的《审判权限厘定办法折》，提出建立全国审判的四级三审制，将全国审判机构划分为大理院、高等审判厅、地方审判厅、乡谳局四级，明确了各自的权限。其中，大理院审理宗室官犯、抗拒官府、特交案件、不服高等审判厅判决的上诉案件。该折被清廷谕示：“如所议行。”1907年3月，天津设立了中国历史上第一个高等审判厅和地方审判厅，后又在城乡设立了四处乡谳局。司法裁判与传统行政分立，揭开了中国近代司法体制改革的序幕。[②]

由于法部继续拥有对重案和死罪案件进行复核的权力，作为最高审判机关的大理院就不可能坐视无法享有终审权的局面，因此就死罪案件和重罪案件的终审权问题引发了“院部之争”。[③]法部尚书戴鸿慈、右侍郎张仁黼与大理院正卿沈家本之间，就诸如死刑复核等审判权以及官员选任等行政权的划分等内容产生了争执，双方相持不下，各自上奏了清政府，请求清政府进一

① 郑定、杨昂：《还原沈家本：略论沈家本与晚清司法场域之变迁（1901—1911年）》，载《政法论坛》2004年第2期。

② 李启成：《晚清司法改革之真实记录——〈各省审判厅判牍〉简介》，载《清华法治论衡》2011年第5辑。

③ 岳力：《晚清部院司法权限之争》，载《人民法院报》2016年10月14日。

步划分清楚部院之间的权限。[①]

清廷对这场部院争权十分恼火，干脆将沈家本与张仁黼对调了。经历这一人事变动和连日的商议后，1907 年 5 月 23 日，部院共同提交了《遵旨和衷妥议部院权限折》这一最终妥协成果，提出大理院单独判决的刑案件，提交法部复核后“会同具奏”；[②]大理院之推丞等人事官员任命由部院会商解决。部院之争暂时告一段落。

1910 年的《法院编制法》最终明确划分了大理院和法部的权限，明文规定了行政不得干预司法，并在上谕中再次明确强调：“嗣后各审判衙门，朝廷任以独立之权，行政各官即不得干涉。”[③]

2. 司法不会独立的原因

西方宪制理念下司法独立的运行，需要的基本前提条件包括：权力制衡机制的形成、民众强烈的权利意识、天赋人权的理念、契约社会的良好运行等。[④]司法独立作为西方宪制理念的基础与核心，本身还蕴含着法律神圣不可侵犯，法律的非工具性等理念。但是，晚清司法改革中的司法独立，是作为拯救国家危亡的办法出现的，而不是作为法律运行的客观需要存在的。所以，司法独立从传入中国的那一天起，就和政治与救亡紧密地联系在了一起，它已经丧失了自身的独立性，因此也不可能发挥它在西方国家司法制度中的作用。[⑤]可以说，晚清的司法独立即使打出的旗号是宪制理念下的运行模式，甚至把它写在了法条里，也不可能在真正的具体实施中采用西方的运行模式。

在中国传统的法文化观念中，皇权的合法性来自君权神授，其他所有国家权力的来源与合法依据则是皇权，这决定了无论法部与大理院之间怎样分

---

① 李启成：《晚清司法改革之真实记录——〈各省审判厅判牍〉简介》，载《清华法治论衡》2011 年第 5 辑。

② 《大清新法令 1901—1911》(第 1 卷)，李秀清等点校，商务印书馆 2010 年版，第 375 页。

③ 《大清新法令 1901—1911》(第 7 卷)，曾尔恕等点校，商务印书馆 2010 年版，第 321 页。

④ 沈国琴：《晚清司法发展分析——以严复的司法理论为分析对象》，载《国家检察官学院学报》2005 年第 3 期。

⑤ 韩秀桃：《司法独立与近代中国》，清华大学出版社 2003 年版，第 6 页。

权，也改变不了这两大机构都在皇权之下的设计。在晚清进行制度转轨的过程中，这两大机构都想获得更大的权限，以提升本部门在新体制中的地位，在这场激烈的权力角逐中，天平必然会最大化地向行政部门倾斜，司法权不得不在行政权的阴影中徘徊前行。

同样，在中国传统的法文化观念中，地方上的行政长官兼理司法审判有悠久的传统。在这种司法理念的长期影响下，民众的法律理念也很难改变，而这无疑使司法独立又失去了民众基础。因此，在一个缺乏独立司法传统和皇权意识强大的国度里，通过改革建立起来的独立司法体系要进行正常的运作会尤其艰难。①

四、对清末司法改革的反思

礼教派与法理派之间的矛盾是改革者内部的不同观点之争。但是，为什么中国改革的目标必须是采用西方的宪制模式？怎样证明西方的宪制理念优于中国传统的司法理念？在当时，最流行的论证方式就是进化论的观点。

自近代以来，世界进入了群雄逐鹿的时代，在理性的名义下，国家富强被当作了文明的标志，这自然就成了其他落后国家追赶的方向。一方面，帝国主义把侵略战争描绘成“文明”的竞争；另一方面，列强把理性与科学当成唯一的合理尺度向落后国家推行，使人们渐渐接受了不用科学与理性来重塑国家就会落后，落后就要挨打的思想。于是，竞争的强弱成了文明“优劣”的判断标准，强者就代表了人类文明的发展方向，本来并不一致的关于文明的评价标准似乎就此有了一个放之四海而皆准的统一标准。②中国以伦理道德为中心的文明优劣观就此转变到了以国势强弱为中心的文明优劣观。

以进化论来论证晚清司法改革的方向是宪制理念与制度，其正当性就成

---

① 李启成：《晚清司法改革之真实记录——〈各省审判厅判牍〉简介》，载《清华法治论衡》2011年第5辑。

② 葛兆光：《中国思想史》（第2卷），复旦大学出版社2001年版，第462~463页。

了不言自明的。根据进化论的观点，西方国家之所以强大，就在于它们采用了立宪体制。这一点在当时就达成了共识，所以没有人反对新刑律的制定，更没有人反对实行立宪。

通过仿行西方的司法体制对中国传统的司法制度进行改革，尽管作为制度的司法独立与司法平等引入了中国法律条文中，但作为司法理念的司法独立与司法平等仅仅停留在政治家以及法学家的争论中。结果可想而知，由于外来的法学理论输入中国的程度还很有限，加之缺乏对外来法学理论的深层次探讨，导致了修订后的法律条文大多与司法实践发生脱节现象，使得晚清修订后的法律最终沦为了一纸空文。① 就其司法理念而言，表现为以下几个特征：

第一，从学者的见解来看，生活在晚清的学者，几乎都是从小读四书五经长大的传统文人，他们不但熟悉自己文化的理论体系，而且传统文化还指导着他们的日常生活，融入了他们耳濡目染的习惯。从马克思主义的辩证法来看，任何事物都有其两面性，即必然有自身的优缺点，而且有的时候优点本身也就是缺点，所以让那个时代的学者把传统文化看成是彻底的糟粕并加以抛弃是不现实的。笔者认为，比较公允地说，他们都是支持传统法律文化理念的，只是程度不同而已，在这一点上，是没有礼教派与法理派的严格界限的。②

第二，清政府作为最高统治者，启动修律变法的根本目的就是巩固自身的统治，这一目的使得修律本身违背了也扭曲了法律改革所应当遵循的法治内在的自身发展规律。另外，由于晚清司法改革运动始终处于西方列强压迫的状态下，因此快速推进的方式也决定了根本没有太多的时间对诸多问题做

---

① 高鸿钧：《法治：理念与制度》，中国政法大学出版社 2002 年版，第 62 页。

② 沈家本先生何时启蒙读四书五经已无可考，但他在咸丰十一年（1861 年）正月十一日的日记中写道："晨起理六经、四书各一号。"可见此时还在读。从他在《日南读书记》中对十三经的考证，可知沈家本先生对经书研究的深入。正统思想深刻影响着沈家本先生，对他来说，"齐家治国平天下"的意识是从家庭、从书本中浸润出来的。参见沈厚铎：《沈家本的家国情怀与法律救国志向的形成》，载民主与法制网，http://www.mzyfz.com/index.php/cms/item-view-id-1348597，最后访问时间：2018 年 9 月 25 日。

深入分析和消化吸收。[①] 这些因素共同导致了修律活动更多的是对西方法律制度方面进行模仿和引进，很少有人会真正意识到西方法律制度背后的法治理念对制度的形成所起的决定性作用。

第三，西方宪制理念与中国传统法律理念背离过甚，因此，在西方宪制理念的引入过程中，注定会受到传统法律理念的抵制。中国传统法律理念极度重视道德的作用，讲究的是通过个人的修身养性来达到外在的行为合乎礼仪规范，所以采取的是一种由里及表的社会治理方式；西方法律更重视法律制度对人们外在行为的约束作用，只要达到外在行为的合法就达到了目的，不要求人心的统一，所以采取的是一种由表及里的治理方式，这两种方式之间可以互补，而绝不可能互相代替。中国古代的法律，如果失去了礼的精神指导和制度配合，就会成为毫无意义的空文。同样，在西方社会，如果没有了宗教信仰的支撑，法律也会失去生命力。而且当时的人们受时空的限制，还没有意识到西方近代以来对“理性”的过度崇拜，已经对“德性”造成了侵占的危害。因此，可以说，清末移植来的西方法律制度是没有文化基础作为支撑的，而缺失了文化支撑，再好的法律制度也是无源之水、无本之木。[②]

晚清的宪制理念与传统法律理念之争，最终归结为了西方文明与中华文明不同观念之间的较量。而且，围绕这个主题的争论并未随着大清王朝的灭亡而结束。在接下来的民国时期，中国传统的司法理念与西方的宪制理念之间的较量总是以不同的形态反复地出现。[③]

---

① 张仁善：《论中国近代司法文化发展的多层面冲突》，载《法学家》2005 年第 2 期。

② 刘杨：《法治的哲学之维——正当性观念的转变》，吉林大学 2007 年博士学位论文。

③ 张伟仁：《天眼与天平——中西司法者的图像和标志解读》，载《法学家》2012 年第 1 期。

第五章
中华民国时期司法理念的变迁

一、两个时期的划分依据

1912 年，中华民国正式成立。但是，袁世凯很快就篡夺了革命果实，导致孙中山先生创立的“三民主义”没有在法律中贯彻执行。参与清末修律的法理派，其主要成员依然活跃在司法界，他们推动了中华民国初期的司法改革。因此，可以说，中华民国初期的司法改革仍然是晚清“宪制理念”下修律运动的延续，而非辛亥革命成功后的理念与制度的新创。

因此，民国时期的司法改革运动明显分为两个不同的阶段：第一阶段是北洋政府时期[①]的司法改革，第二阶段是南京国民政府时期[②]的法律民族化

① 北洋政府（1912—1928），是指中华民国建立初期以袁世凯为首的晚清北洋派在政治格局中占主导地位的中国中央政府。1912 年 2 月，袁世凯继孙中山后成为中华民国临时大总统，北洋势力初秉政。1913 年 10 月 6 日，袁世凯当选首任大总统后北洋政府正式形成。北洋政府是继清朝灭亡后被国际承认的中国政府。袁世凯死后，北洋军分裂成以直系、皖系、奉系三大派系为首的军阀势力，开始了军阀混战时代。1928 年 6 月 8 日，国民党军队进入北京，北洋军阀政府在中国的统治结束。同年 12 月 29 日，张学良宣布“东北易帜”，全国实现了形式上的统一。

② 南京国民政府（1927—1949），1927 年 4 月 18 日，南京国民政府在南京举行成立典礼。它是中华民国的最高行政机关，由以蒋介石为核心的中国国民党建立。南京国民政府的成立从形式上统一了四分五裂的中国，全国行政、司法、教育、军事、外交都趋于统一。本书认为，司法理念的变革与南京国民政府的成立有直接的重大关系，所以以“南京国民政府时期的司法理念”命名，开始的时间应该是武汉广州国民政府时期，但这一时期只有短暂的八个月，就不再单列。国民政府于 1948 年 5 月迁往武汉，也不再单列。

运动。大致而言，北洋政府时期司法改革表现为延续了清末以来“宪制理念”所主导的变法历程。[①]南京国民政府时期，孙中山先生的“三民主义”思想开始进入司法过程中，并实质性地影响了这一时期的司法进程。在20世纪三四十年代出现了法律民族化运动，内容为在司法党化的理念指导下重建中华法系。[②]北洋政府时期与南京国民政府时期的司法改革之所以分成了两个部分，关键在于司法的理念发生了重大变化，而这种变化的原因也是值得我们深究的。

二、北洋政府时期的司法理念

北洋政府时期，各类思潮和各种主义在中国大地上纷纷亮相，文化理念呈现出前所未有的多元化状态。正是在这样的氛围下，清末司法改革的理念和取得的成果才没有被历史抛弃，绝大部分在这一时期得到了延续，即继续在宪制理念指导下进行司法改革。

（一）法律对权力的制约

北洋政府时期，正值军阀混战，但“宪制”的口号却异常响亮。各派军阀都用“宪制”来证明自己政权的合法性，而且当一派军阀讨伐另一派军阀时，打出的旗帜往往也是维护“宪制”，似乎这就证明了其讨伐的合法性。这些利用“宪制”的行为，一方面，说明宪制在当时的民众的心中并无神圣感可言；另一方面，军阀们试图以宪制标榜自己政权的合法性，以使民众信服。[③]这也足以说明，宪制本身具有让人信服的权威性——虽然民众不见得认可宪

---

① 江照信：《辛亥革命与民国司法——居正司法时期（1932—1948）》，载《明清论丛》2011年第11期。

② 江照信：《辛亥革命与民国司法——居正司法时期（1932—1948）》，载《明清论丛》2011年第11期。

③ 沈国琴：《中国传统司法的现代转型》，中国政法大学出版社2007年版，第245页。

制的权威性，但许多军阀的确有这样的想法。①

这种宪制的状况在司法中有更为充分的反映：一是军阀专政的实质，使他们对制约其权力的司法难以采取积极的态度，他们甚至故意破坏司法的发展进程，以至于北洋政府时期司法出现了向传统模式的回归，尤其在县级层面上，基本上复归了传统司法制度模式，即县知事兼理司法审判的模式；二是尽管军阀们把宪制当作一种装饰品，但正是这样一种装饰，使得军阀们的行动受到了一定的约束。当时发生了一件特别轰动的案件，即宋教仁被刺杀案，上海审判厅负责审理了该案。虽然北洋军阀千方百计地阻挠上海审判厅调查取证，但是上海审判厅不畏艰辛，仍然获得了铁证，证实凶手是受国务总理兼内务总长赵秉钧指使的，上海审判厅依照法律规定向赵秉钧发出传票，并最终迫使赵秉钧在舆论的压力下辞职了。②

史学家李剑农对《中华民国临时约法》曾有一段发人深思的评论，他说，宋教仁修改《临时政府组织大纲》时，曾经试图把它变为责任内阁制，但不少代表因为对宋教仁本人有意见，从而坚决反对责任内阁制，致使责任内阁制最终没有实现。现在所制定的《中华民国临时约法》本来是预备在袁世凯担任临时总统期间施行的，后来考虑到要用《中华民国临时约法》来遏制袁世凯的政治野心，竟然临时又把总统制改为责任内阁制了。这种根据政治环境的变换而随时可以变换的法律制度，让真正的大枭雄根本不把法律放在眼里。但是当时的参议员总认为，只要是经过议会多数通过的法律，便可以镇压一切妖魔鬼怪，谁料想妖魔鬼怪一伸手就把这些妨碍他们行动的法律摧毁了。③

---

① 中国古代的政权合法性来自“君权神授”“以有道伐无道”“得民心者得天下”这些理念，仅仅靠武力征服也不行。但自晚清起，随着西学盛行，传统文化不断遭遇挑战，至少在学术界，似乎是宪制比君权神授更有说服力（这也是清末推行立宪制度的根本原因），笔者认为这才是军阀借助宪制来标榜自身合法性的原因所在。至于广大民众，至少在笔者看来，还没有多少人觉悟到必须让军阀用宪制理念来证明自己存在的合法性这样的高度。

② 徐矛：《中华民国政治制度史》，上海人民出版社 1992 年版，第 132~133 页。

③ 李剑农：《戊戌以后三十年中国政治史》，中华书局 1965 年版，第 141~142 页。

（二）民众不认可现行司法制度

民初首任司法总长伍廷芳希望把司法独立作为治国的第一要务，他认为，“审判官之独扼法权，神圣不可侵犯，其权之重，殆莫与京（大）也……审判官为法律之代表，其司法之权，君主总统莫能干预”。伍廷芳甚至认为，判断一个国家是不是文明国家，有一个重要的标志，就是须视其司法能独立与否。[①] 王宠惠也以司法总长的名义指出，实行司法独立，是为宪法之精义。[②] 1913 年 10 月，司法总长梁启超在《政府大政方针宣言书》中写道：“抑立国大本，首在整饬纪纲，齐肃民俗，司法与教育，实俱最要之枢机也。然法治国曷由能成，非守法之观念，普及于社会焉不可也。守法观念如何而始能普及，必人人知法律之可恃，油然生信仰之心，则自懔然而莫之犯也。故立宪国必以司法独立为第一要件，职此之由。”[③] 按照梁启超的说法，司法是立国的“枢机”；法治国的形成依赖于民众普遍的守法观念；守法观念源于民众对法律的信仰；民众对法律的信仰又依赖于司法独立；从因果关系来看，司法独立是建立法治国的逻辑起点。由此可见，北洋政府时期的三任司法总长对司法独立都寄予了无限的希望。

出现这种情况的原因应当从以下两个方面来分析：一方面，从现实情况分析，北洋政府时期追求的司法独立完全西化的目的在于试图得到西方列强的认同，借以收回列强早已许诺的领事裁判权，这样才能恢复中国的司法主权；另一方面，这个时期对宪制理念下的司法独立的追求也是真诚的政治理想的表达，希望通过建成法治国家达到国富民强的目的。但这一时期同时存在很多危及司法独立的因素。在司法之外，有各路军阀、地方势力对司法独立的破坏；在司法之内，当时的法官群体也是普遍性的羸弱，致使法官与法院成了公认的“三害”之一。民众普遍地反感新式司法、舆论极力地批判新式司法，官方为了顺应民意，甚至试图废弃新式司法。[④] 在这种情况下，司

---

① 丁贤俊、喻作凤编：《伍廷芳集》（下册），中华书局 1993 年版，第 593 页。

② 王宠惠：《王宠惠法律文集》，法律出版社 2008 年版，第 25 页。

③ 梁启超：《政府大政方针宣言书》，载《梁启超全集》，北京出版社 1999 年版，第 2575 页。

④ 展恒举：《中国近代法制史》，台湾地区“商务印书馆”1973 年版，第 207 页。

法独立的改革很快便偃旗息鼓了，司法又重新回到了行政兼理司法的老路上去。因此，司法改革不能不考虑现实的社会条件，不能不尊重民众的需要，不能忽略掉传统的司法理念而从头开始。

由于这一时期试图在彻底颠覆中国历史文化的基础上，盲目引进西方的宪制理念，这必然导致中国司法制度建设的基础不牢，这样的司法也不可能真正发挥调整社会秩序的功能。基于北洋政府时期引入的西方宪制理念是为加强自身统治服务的，尤其是造成了司法理论与司法实践的严重脱节，所以，南京国民政府成立后，自然会提出全新的司法改革路线，重新诠释司法理念的内涵。

三、孙中山先生的三民主义思想

孙中山先生在《三民主义》一书中明确提出“五权分立”的政体模式，他要求大家以此为基础来制定中华民国的宪法。他认为在这样的宪法治理下，中国就能成为民族的国家、国民的国家、社会的国家。①

1928年12月5日，胡汉民发表了题为《三民主义之立法精义与立法方针》的讲话，他强调，三民主义是国家一切工作的最高原则，“离开三民主义便不能立法，这是根本的要点”，这标志着“三民主义”被正式确立为国民政府立法的根本指导思想。②事实上，1947年制定的《中华民国宪法》的确就是以“三民主义”为指导思想制定的。也就是说，南京国民政府时期的法律活动都以“三民主义”为指导理念。

孙中山先生的“三民主义”思想是一个相对系统、有机的理论体系，下面分述之。

---

① 孙中山：《三民主义》，岳麓书社2000年版，第257页。

② 胡汉民：《三民主义之立法精神与立法方针》，载《胡汉民先生文集》，国民党党史委1978年版，第777页。

（一）道统论

孙中山先生的“三民主义”思想是有自身的理论内核的，即中华民族传承几千年的“道统论”，通过对“道统论”的分析可知，“三民主义”是一个有机的理论整体。

孙中山先生批评中国当时的知识分子，因为他们普遍相信欧美的文化理念与制度比中国的更先进，引入它们的理念与制度就能使中国变得强大起来。而且，中国知识分子还满怀道德激情地批判中华文化与制度，甚至想彻底摧毁它，以迎接全新的文化到来。[①] 在这样的“真理”面前，中国传统的文化理念与制度都变得毫无意义了。

第一次世界大战的爆发及其所造成的严重破坏，彻底地暴露出西方文明的缺陷，孙中山先生对此进行深刻反思后，发现中华文明有它自身的伟大之处，[②] 这样的观点充分地阐释在《三民主义》中。比如，西方为霸道，中国为王道，这里面就蕴含着中国道统的思想。事实上，孙中山先生在人生最后几年已经有了明确的道统观念，其最为重要的表述如下：我们中国有一个很悠久的立国精神，它是数千年来自尧、舜、禹、汤、文、武、周公、孔子历代圣人之间不间断相传的正统思想，即中华民族的道统，我所创立的革命思想与革命主义，都是从这个道统发展而来的。我现在要进一步继承中华民族的道统，继续发扬中华民族几千年来的正统精神。[③]

我们向西方学习的应该是科学，这是中国近代以来所欠缺的东西，但在政治哲学领域，欧洲人还要向中国学习。[④] 孙中山先生坚信虽然中国的社会制度存在不完美之处，但是西方的社会制度也存在重大缺陷。据此他指出，几千年传承下来的中华民族的道统观念与西方的宪制观念相比是难分伯仲的，更重要的是，中华民族的道统观念才是最适合中国自身发展

① 喻中：《自由的孔子与不自由的苏格拉底》，中国人民大学出版社 2009 年版，第 98 页。
② 姚中秋：《论孙中山之道统自觉》，载《现代哲学》2015 年第 5 期。
③ 转引自秋风：《反思辛亥：论孙中山之道统自觉》，载《儒家邮报》2015 年第 259 期。
④ 孙中山：《三民主义》，岳麓书社 2000 年版，第 46 页。

的根本理念。由此可见，中国的道统观念就是孙中山先生“三民主义”整个理论体系的立足点。孙中山先生依此大胆而自信地设计了中华民国的宪法，因此可以说，在当时，中华民国的宪法继承了中国几千年传承的道统观念。

孙中山先生认为，古代中国能达到很强盛的地位，原因是多方面的：起初是得力于强大的武力征服，接着是发扬中华民族的优秀文化，但是要想维持民族与国家的长治久安，最终还要建立起很好的道德机制。现在如果我们想要恢复中华民族在整个世界上的强盛地位，那么首先就需要中华民族联合起来成为一个强大的整体，其次还要把传统的伦理道德观念逐步恢复起来继续作为我们的行为规范。中国固有的良好道德主要包括忠孝、仁爱、信义、和平。我们民族自从遭到外族的压迫以来，逐步丧失了文化自信心，许多人相信接受了西方的新文化后，就可以抛弃我们传统的旧道德了，这是错误的做法，如果我们固有的东西是好的就要保留，不好的才能放弃。①

（二）民族主义

民族主义就是反对西方列强侵略中华民族，并打倒与帝国主义相勾结的军阀，进而实现国内各民族之间的平等，承认民族自决权。② 民族主义考虑的是中国在世界上的地位问题与发挥的作用问题。自晚清以来，中国面临着国内外的各种危机，求生存与求独立成了民族的本能，因此必须反对列强对中国的侵略。由此可见，民族主义体现的是自强的精神。民族主义立足于中华文明的自我肯定，自强的方法就是中华民族自我更新和不断提升，即在保存中华民族传统道德的基础上，学习我们民族所缺乏的科学精神。③“待恢复我国的一切国粹之后，我们还要去学欧美国家的长处，然后才能与欧美国家

① 孙中山：《三民主义》，岳麓书社 2000 年版，第 58 页。

② 孙中山：《三民主义》，岳麓书社 2000 年版，第 87 页。

③ 姚中秋：《论孙中山之道统自觉》，载《现代哲学》2015 年第 5 期。

并驾齐驱。”[①] 所以，孙中山先生坚持认为只有先发扬中华民族自身固有的道德体系，才能最终实现中华民族的自强。

（三）民权主义

孙中山先生指出民权主义有两个前提：第一，中国古代的圣贤们早就有民权思想了，并且作出了详细的论证；第二，中国人向来不缺少自由，也不必去追求自由。[②] 所以中国革命的目的不在于争取自由，而是要争取民权，即让全体国民都参与国家的治理，从而使整个中华民族成为一个坚固的团体，而不再是一盘散沙的状态。[③]

“民权”主义介于中国传统的“民本”思想与西方的“民主”思想之间，同时强调以儒家文化资源为根基。在法文化的群体本位这一点上，“民权”与“民本”思想是相沟通、相衔接的；而在重视权利这一点上，“民权”又与“民主”是相沟通、相衔接的。民权主义试图起到促进古代“民本”思想向现代转化，及西方“民主”思想向中国转化的作用。

1904 年，孙中山先生在《中国问题的真解决——向美国人民的呼吁》一文中就明确宣布：我们要向你们美国政府学习，来缔造我们自己的新政府，并且强调，要把美国的政治实践同中国政治的具体情况结合起来，形成具有中国特色的政治模式。在中国古代，任何一个皇帝都不能垄断操纵考试权和监察权，所以这两项权力有效地遏制了皇权专制，也可以说，中国古代实行的是君权、考试权和监察权的“三权分立”制度。外国实行立法权、司法权、行政权的分立也有一百多年的历史了，事实证明也是很好的政治体制，因此我们要集合中外政治实践的精华，形成一个“五权分立”的政府。[④] 在孙中山先生看来，不但中国古代的考试制度是世界上最良好的制度，而且中国还有世界上最好的监察制度，这两个制度正好可以用来补救西方政治制度的弊

---

① 孙中山：《三民主义》，岳麓书社 2000 年版，第 62 页。

② 在本书的第二章中论证过这一观点，中国人自古就有选择的自由。

③ 孙中山：《三民主义》，岳麓书社 2000 年版，第 67 页。

④ 孙中山：《三民主义》，岳麓书社 2000 年版，第 164 页。

端。将来制定的中华民国宪法，必须设立独立的考试机构，考试合格方能被任命为官员，这个办法可以有效地消除盲目选举的流弊。监察机构专门负责监督弹劾，任何国家的政治体制都必须设立监察制度，但是在中华民国宪法中，监察机关一定要完全独立。

民权主义主张把权力分作政权和治权，即权能分治，政权由全体民众控制，治权可由民众委托政府行使，政府是由国民大会产生的，并向国民大会负责。民众对自己选举出来的国民代表，享有罢免权、复决权、创制权等几项民权，用以保证政府的治权不脱离民众的意志。这样的宪制理念是很具有中国特色的，因为根据西方的宪制理念，宪法设计总是基于对政府权力的不信任，并对其进行严加防范，以免出现滥用权力的现象。然而，在孙中山先生的宪法设计中，民众与政府之间不是相互对立、相互防范的关系，而是构造了一个强大的政府来治理全国的事务。

孙中山先生在阐释民权主义时，认为必须在中国传统文明固有的体系中进行宪法设计，因为几千年来，中国社会的风土人情和欧美的差异很大。[①] 有形的机器是根据物理原理设计而成的，而无形的政治机器则要根据本民族广大民众的心理进行设计。所以科学应该学习欧美，并且可以拿来即用，政治哲学不能学习欧美，只能自己根据本国的国情设计。[②] 欧美自身的政治制度也不完美，所以中国的宪制要倡导民权主义，即根据中国自身的实践来改革政治制度，不能盲目地引进欧美的制度，否则对国计民生都没好处。[③]

孙中山先生认为实行宪制之前要先有一个国民心理建设过程，因为制度背后必然要求有一种强大的精神作为支撑。制度本身的力量总是有限的，只有借助全体国民共同尊重、共同信仰的心理力量才能使已经制定好的制度得以运行，否则制度只能形同虚设。[④] 从根本上说，这种作为支撑的精神就是

---

① 孙中山：《三民主义》，岳麓书社 2000 年版，第 131 页。

② 孙中山：《三民主义》，岳麓书社 2000 年版，第 132 页。

③ 孙中山：《三民主义》，岳麓书社 2000 年版，第 135 页。

④ 钱穆：《中国历代政治得失》，九州出版社 2012 年版，第 166 页。

道统，道统只有落实到宪法制度中，才可以真正实现“道行天下”的目标。[①]

（四）民生主义

民生主义有两个重点内容，一是平均地权，即实行耕者有其田地；二是节制资本，即不允许私人操纵整个国家的民生。民生主义的社会经济基础不是自由竞争，而是计类和统制；民生主义的政治形态不是消极的民主，而是积极为公众谋福利。[②]民生主义和民族主义、民权主义是三位一体，相辅相成的关系。

假如三民主义中没有民族主义和民生主义的内容，那么理想的司法者就应该是在法律范围内严格适用法条进行判案。然而，当要求实现民族主义和民生主义成了现代中国的历史任务后，司法者也就要把完成这一任务作为本职。在官权与民权发生冲突的时候，司法官就不能严格适用法条进行判案；在民权和民族或民生发生冲突的时候，司法官更不能限于仅仅适用法条判案，他必须为国家社会在法条之外谋取其应得的利益。如果要在司法过程中实现民族主义和民生主义的任务，那么当然需要一种超越法治之上的积极精神。这种精神应用于法律的结果，必然需要一种超越法律之上的权威。当这种权威需要表达的时候，法律自然就成了第二位的东西。更进一步说，在“三民主义”指导下的司法，一方面要求崇尚法律来遏制行政权力的膨胀，另一方面要求司法者必须做到为民族民生谋利益，必要的时候，可以牺牲掉僵死的法条规定。[③]

四、南京国民政府时期司法三民主义化

1927年，国民政府正式定都南京，形成了持续十多年的全国相对统一

---

① 姚中秋：《论孙中山之道统自觉》，载《现代哲学》2015年第5期。

② 孙中山：《三民主义》，岳麓书社2000年版，第142页。

③ 蔡枢衡：《中国法理自觉的发展》，清华大学出版社2005年版，第184页。

局面。与北洋政府时期相比，这个时期司法理念发生了重大转向，即由晚清以来倡导的宪制理念转向了司法三民主义化。由于国民党是以孙中山先生的“三民主义”为宗旨的，因此，在司法过程中对“三民主义”思想进一步贯彻执行也是理所当然的。

（一）司法三民主义化的缘起

“司法三民主义化”的理念不是凭空造就的，它是民国时期历史发展的必然选择。在西方宪制理念下移植来的大量法律制度，在中国民众的日常生活中难以发挥效用，甚至出现了法律越多社会秩序越乱的现象，这就决定了法律从理念到制度必须变革，至于向哪个方向变革，则是由以下诸因素决定的。

首先，整个思想界通过文化大讨论的形式论证了全盘西化的荒谬性，并有针对性地对当时法学界的全盘西化提出了严厉批评；其次，西方法学界兴起的法社会学所提出的一些主要观点与中国传统法学观点有不少暗合之处，这也为中华法系的复兴提供了契机；再次，经过晚清开始的新式学堂对西方法学的不断传播，到南京国民政府时期，已经储备了一大批的新式法学人才，更难能可贵的是，这批法学人才不但精通西方法学，还都有很好的国学功底，这使他们能够站到中西方文化对比融合的高度去审视各国的法律理念与制度，并提出比较现实可行的法治之路；最后，南京国民政府对全国的统一，结束了军阀混战局面，使国家有精力推动法学的研究，尤其是国民党势力的加强，使司法三民主义化最终成为现实。

1. 移植来的法律无法贯彻实施

北洋政府时期，移植西方的“先进法律”在理论上和实践中都具有不证自明的正当性，以至于在很短的时间内就形成了一整套与中国传统法律文化关系很少，却与西方国家法律传统没有多大区别的法律体系。[①] 新法律从形式上实现了现代化与全球化，然而，移植来的法律在很大程度上只是停留在

---

① 张伟仁：《天眼与天平——中西司法者的图像和标志解读》，载《法学家》2012 年第 1 期。

书面上的法律，并没有成为民众日常生活中的行为准则。①

蔡枢衡曾感言："今日中国法学之总体，直为一幅次殖民地风景图：在法哲学方面，留美学成回国者，例有一套庞德学说之转播；出身法国者，必对狄骥之学说服膺拳拳；德国回来者，则于新康德派之施塔姆勒法哲学五体投地。"② 对这种简单西化情形，欧洲学者也有所批评。德国学者魏格礼认为："中国现代的法律制度，多是继受欧洲法律。其根本思想，乃是由于个人主义者的观念为中心立法。这些却与中国传统的家族主义、社会本位说、义务的观念相反。此种舍己从人的立法，对于一个文化悠久的国家，似属欠妥。……道德和礼教是中国传统法律的根本精神，但在中国现行的法律制度里却被排斥掉了，取而代之的是工商业社会的机械式的法制，往往与现实情势脱节。"③

王伯琦在西法东渐将近一个世纪时曾经这样自问自答：西洋的法律制度在中国生了根了吗？我们已经接受西洋 20 世纪的新文化了吗？我的答复最多是貌合神离。惟其貌合不觉其神离，惟其神离，于是沉溺于貌合，这是极端危险的现象。王伯琦意识到移植来的这些西方法律，不但要依靠政治强力推行，还要依靠意识形态强力灌输。这些推行方式又进一步导致了法律学者的思想惰性与思维僵化。④

民国时期著名法学家吴经熊对此曾评论说：因为缺乏强有力的道德根基，所以被移植来的制度与观念无从获得本地沃土和持续成长的养分，不管移植者本身技巧如何娴熟高妙，这样的法律都是不可能有效生长的——只有法律之树根植于价值观念能指明方向的沃土时，才有可能为后代结出希望之果。⑤

董康不但亲历过清王朝、北洋政府司法变革的全过程，有数十年的修律

---

① 高鸿钧：《法治：理念与制度》，中国政法大学出版社 2002 年版，第 259 页。

② 蔡枢衡：《中国法学与法学教育》，载《清华法学》第 4 辑，清华大学出版社 2004 年版，第 14 页。

③ 转引自展恒举：《中国近代法制史》，台湾地区"商务印书馆"1973 年版，第 410~411 页。

④ 王伯琦：《近代法律思潮与中国固有文化》，清华大学出版社 2005 年版，第 403~404 页。

⑤ 转引自［美］安守廉、沈远远：《法律是我的明神：吴经熊及法律与信仰在中国现代化中的作用》，载《湘江法律评论》1998 年第 2 期。

实践经验，而且他还游历西方各国，考察比较过各国司法状况。他在检讨近代中国法制变革中过于蔑视法律文化传统、轻视社会反响的教训时说："论吾国法系，基于东方之种族，暨历代之因革，除涉及国际诸端，应采大同外，余未可强我从人"，当年修律时，"关于改革诸点，阳为征引载籍，其实隐寓破坏宗旨，当时引起新旧两党之争……至今思之，当年激烈争议，为无谓也"，"法律为发展司法之器械，已成各法，是否可以促司法之进步，余以为未也……泰西法系，向分英美大陆两派，英美本自然，大陆则驱事实以就理想，以双方权利之主张，为学者试验之标本，程叙迂远，深感不便……从前改良司法，采用大陆，久蒙削趾就履之诮，改弦易辙，已逮其时"。[①] 他以前也是强烈反对礼教的，现在反而觉得"以前的主张，无非自抉藩篱，自决堤防，颇忏悔之无地也"。他指出，西方的许多司法制度实际上与中国传统司法制度所要达到的社会效果是一样的，比如英国的"治安裁判"与中国传统的行政兼理司法模式作用是一样的。反思后的董康又回到了"调剂情法、必使无讼"的传统司法理念上。[②]

2. 文化大讨论

20世纪初，中国整个思想界展开了有关"东西文化观"的大讨论，主要内容是就东西方的文化进行是非优劣的比较，比如西方的文明是否面临破产的局面以及中国文化是否需要回归传统等。但五四时期的一些学者们认为，要全面系统地批判中国传统的一切理念、秩序和信仰，并试图彻底抛弃造成中国落后的这个难堪的"包袱"，然后重新选择走一条更好的路。[③] 经过五四时期一些学者们的文化宣传，西方文化派逐渐占据了优势的话语霸权，之后，他们明确提出中国文化要全盘西化的理论主张。

1935年1月10日，王新命、何炳松、陶希圣等十位教授一起在《文化建设》上发表了署名文章《中国本位的文化建设宣言》[④]（以下简称《宣言》），

---

① 董康：《民国十三年司法之回顾》，载《法学季刊》1924年第2卷第3期。

② 董康：《前清司法制度》，载《法学杂志》1935年第8卷第4期。

③ 刘梦溪：《文化认同与文化传统的重建》，载《新华日报》2007年12月5日。

④ 王新命、何炳松、陶希圣：《中国本位的文化建设宣言》，载《文化建设》1935年第4期。

从而揭开了一场关于中国文化出路的大论战，论战的核心内容为中国文化是要全盘西化还是要回归传统。这次论战激战一年半，余声一直延续到 20 世纪 40 年代末，这是整个中国思想文化界对中西方文化进行比较和鉴别最集中的一次大讨论，参加论战的人员是来自各个领域的精英，人数之多，规格之高都是空前的。[①] 当时国家面临着内忧外患、民生困顿的艰难局面，所以这场论战的参与者都是怀着为中国找一条新的文化之路，以拯救国家和民族危局而参与其中的。这也反映了大家的一个基本共识，即文化问题不但能解决民族危机问题，还可以解决各个领域所遇到的难题，这也是这场论战探讨如此激烈、如此长久的深层次原因。[②] 同时，这也是中国自近代开始走上现代化的道路后，最后一次就“中国文化出路”的问题进行大规模的集中探讨。

这场论战不仅是中西方文化孰优孰劣的比较，更是一场直接关涉中国文化未来路向选择以及中国文化建设战略的大辩论。极端的全盘西化论者的态度是中国文化要实现整体的、彻底的西化，并猛烈地攻击和颠覆中国的传统文化和文化传统。事实上支持全盘彻底西化论调的人是少之又少，大部分属于温和的全盘西化论者，他们主张从政治制度和精神生活等层面上实现“大部分西化”或“根本上西化”。他们并不全盘否定中国传统文化的价值，而是选择对它保留少许的亲近感。因此，可以说这次大论战是与 20 世纪初的论战紧密相连的，或者说就是 20 世纪初那场论战的继续和新高潮。

《宣言》的价值和意义并不在于他们提出了多少新鲜的、详尽的文化主张和具体措施，而在于在当时激进的全盘西化的氛围下（比如，吴虞的“打倒孔家店”、胡适的“拼命往西走”），所表现出来的要坚决捍卫“中国本位的文化”的立场和姿态、用心和情怀。它所要解决的是道路问题，方向问题。

对一个国家来说，民族文化是可以根据其历史发展进程加以改进的，

---

① 杨金广、黄艳永:《试评中国 20 世纪 30 年代“中国本位文化建设”论战》，载《黑龙江教育学院学报》2009 年 7 月。

② 江照信:《辛亥革命与民国司法——居正司法时期（1932—1948）》，载《明清论丛》2011 年第 11 期。

而且必须加以改进才能不断获得新的生命力，但若是过于强调模仿所谓的普世文化，反而会彻底丧失掉自己的民族文化。事实上，文化作为一种精神就是每个人的生命本身，它不但内化于各国的历史传统中，而且构成了整个民族的价值世界和信仰体系。[①]《宣言》通过比较鉴别得出的结论是：现代化既不是物化也不是西化，要实现中国的现代化就必须坚持中国自身的主体性，现代化国家的文化也应该是具有民族特点的文化，而不是所谓的普世文化。

《宣言》认为，中国通过洋务运动学习的是西方国家的科学技术，通过维新运动学习的是西方的政治制度，二者都是中体西用理论的具体实施形式，都是对中国的表层改良。只有孙中山先生的“三民主义”才是对中国整个社会进行的从理论到实践的彻底改造。[②]

1935年上半年，在“中国本位文化建设”大讨论如火如荼进行的时候，全国司法会议也在准备召开的过程中。在此之际，《宣言》中有句话直指中国的法律领域，即“我们在文化领域看不见中国了”，这话若用来形容中国当时的法律实在是再恰当不过了。[③]事实上，造成这种局面的原因在于，当时法学界有一种很时尚的观点认为，法学领域能够发展出一套具有普世意义的法学理论，即建立一套法律公理体系，在这个体系背后，意味着西方法律的今天就是中国法律的明天。因此，中国法学的发展方向就只能是引进介绍和不断阐释西方的法学理论以及法条。[④]《宣言》中所说的“看不见中国”，是在用一种文化的命题来描述当时法律界的现实情况。在文化大讨论对法学界的一片声讨中，“中国本位”的话语旋即融入了法律界，并促使当时法学界对中国法系的前景进行认真思考。

---

① 王达三：《“中国本位文化论”之重提与新诠——纪念〈中国本位的文化建设宣言〉发表70周年》，载 http://sino.newdu.com/m/view.php?aid=24331，最后访问时间：2017年3月12日。

② 王达三：《“中国本位文化论”之重提与新诠——纪念〈中国本位的文化建设宣言〉发表70周年》，载 http://sino.newdu.com/m/view.php?aid=24331，最后访问时间：2017年3月12日。

③ 江照信：《辛亥革命与民国司法——居正司法时期（1932—1948）》，载《明清论丛》2011年第11期。

④ 喻中：《中国现代性法学话语的时空坐标》，载《政法论坛》2007年第7期。

事实上，当时中国整个法学界也已经达成了共识：第一，目前中国的法律制度并不能适合我国民族的生存现状；第二，根据我们民族国家的生存需要以及社会的现实需要，有必要确立中国本位的新法系。在这种共识的基础上，1935 年 9 月，居正组织并召开了全国司法会议，确立了要建立中国本位新法系的目标：一是把“三民主义”确定为法学的指导思想，在对中华法系的理念与制度进行精深研究的基础上，建立起以中国为本位的新法系；二是根据当时中国社会的实际情况，介绍和移植他国的法律理念与制度，进一步寻求最适合中国的司法改革方案；三是大力宣传“三民主义”，以增强法学界人士对革命任务及意义的深刻认识。[①] 这次会议的召开也意味着在中国正式开始了法律民族化运动。

法律民族化运动分为两个阶段：第一阶段的内容包括两个方面，一是要重视研究中国传统法律文化；二是许多人认为正是近代以来中国被迫整体移植了德日法律体系，才造成彻底遗忘了中国固有的法律文化传统的恶果，进而导致了中国司法改革的失败。20 世纪 40 年代开始的第二阶段也包括两个方面，一是在传统法律文化与现代中国法律相结合的基础上重新建立中国本位的新法系；二是中国法律界转向了借鉴英美法系，这是因为当时大家达成了这样的一种共识，即认为中国传统的法律精神与英美法系的法律精神存在暗合的现象，尤其是与当时最为流行的美国社会本位理念，几乎到了同出一辙的地步。[②]

3. 西方社会本位学说的传入

庞德社会本位的法律观在 20 世纪初传入中国后，立即引起了民国法学者的兴趣，他们马上意识到，与其跟在西方法的后面亦步亦趋地学，何不迎头赶上？在进化论的逻辑下，“新的”就意味着“好”和“进步”。[③]

在西方，尤其是美国，社会本位法律理论的提出是有其内在必然性的。

---

① 陆季蕃：《法律之中国本位化》，载《今日评论》第 1 卷第 25 号，1939 年 12 月 10 日。

② 江照信：《辛亥革命与民国司法——居正司法时期（1932—1948）》，载《明清论丛》2011 年第 11 期。

③ 李启成：《从义务本位和社会本位的区别看中国法律的“进化”》，载《博览群书》2006 年第 8 期。

具体地说是在资本主义世界范围内，个人主义主导下的、以保障个人绝对自由和保障私人绝对所有权为宗旨的近代西方法律制度已经不再适合发展到垄断阶段的社会大生产模式，同时由于贫富两极的差距越来越大，由此引发的罢工潮不断，整个社会处于不断的动荡中。为了解决这些严重的社会问题，应运而生了"国家干涉主义"理论。该理论强调，行使个人的权利要以不侵害社会全体成员的公共利益为界限，因此，个人本位理论顺理成章地被社会本位的理论所取代。这一当时世界上最先进的学说毫无障碍地被南京国民政府的立法机构所采用，在他们看来，只有学习最先进的理论才能超越西方。①

民国法学者很快发现，西方先进的司法理念和中国传统的司法理念正好暗合：首先，在中国传统司法中，以追求和谐秩序为终极目标，强调实现天理人情主导下的实质正义，在此前提下，成文法的权威经常受到破坏，也就是说，法律至上主义的理念是根本不存在的；其次，在中国传统司法中，严格的逻辑推理并非重点内容，判决的结果符合民意更为重要。西方法学的社会本位理念明确主张打倒成文法至上的理念，并要把概念逻辑推理彻底排斥出法学。②如此一来，中国传统司法理念与西方社会本位司法理念之间竟然成了珠联璧合的关系，这种认识逐渐成为民国时期法学界的共识，并视为真理。

西方社会本位的法律观，强调研究法律应该以社会为本位。这一核心思想经过民国法学者的阐释后，社会本位等同于社会公共利益，而公共利益在中国的实现方式就是通过国家为民众谋取的。③经过这样的解读后，西方社会本位的法律观在价值取向上就具有了鲜明的"中国色彩"，即根据这一理论，个人利益是要服从于国家意志的，从而使社会本位上升到了国家本位的高度，最终实现了西方先进的思想与"三民主义"思想之间的统一。④

---

① 马建红：《回到沈家本超越沈家本——中国法制现代化道路反思》，载《沈家本与中国法律文化国际学术研讨会论文集（上册）》2003 年。

② 王伯琦：《近代法律思潮与中国固有文化》，清华大学出版社 2005 年版，第 175 页。

③ 李庆萍：《论民国司法党化与司法独立共时性建设之矛盾》，西南政法大学 2014 年硕士学位论文。

④ 蔡枢衡：《中国法理自觉的发展》，清华大学出版社 2005 年版，第 171 页。

王伯琦认为西方社会本位思想与中国传统的道德观念是“貌合而神离”的关系。造成两者“貌合”的原因在于，西方社会本位思想背后的新道德观念虽然以个人为出发点，却以社会为归宿点。社会的实质就是个人与个人之间的关系；而我国传统的伦常观念也正是个人与个人之间的关系，只是这里的“个人”具有特定的身份而已。西方讲社会本位主义，绝不能脱离个人主义。中国传统伦常下的个人因为是没有“人格”的个人，所以与西方的社会本位观念是有本质上的区别的。①

吴经熊说我们要超越东西方才能达到综合东西方的目的，他进一步指出“人心惟危，道心惟微；惟精惟一，允执厥中”②，这十六字心传就已经实现了对东西方的超越。也就是说，我们首先要做真正的中国人，研究好中国的学问，发扬光大中华民族的道德学说，在此基础上再去吸收西方文化的长处，才能实现对东西方文化的超越与综合。③吴经熊就东西方法律的超越形式问题指出，事实上法律可以实现一个更高层次的目标，这个目标对东西方来说都是适用的，即法律怎样促进人生价值的实现，法律怎样提高人生存在的意义。由此可见，在他的整个法律理论体系中，法律只是促进文化发展的工具而已，而道德本身却是文化的重要组成部分，因此，法律的重要目标之一就是保障道德的实现。④

综上所述，民国时期的法学家无论是对中西方文化的对比认识，还是对中西方法学理念的对比认识，都达到了较高的境界。在综合中西方优势的理念下制定的法律制度，也肯定有着综合中西方法律思想，并超越中西方之前制定的法律的特质。

---

① 王伯琦：《近代法律思潮与中国固有文化》，清华大学出版社 2005 年版，第 52 页。

② “人心惟危，道心惟微；惟精惟一，允执厥中。”这十六个字便是儒学乃至中国文化传统中著名的“十六字心传”。古文《尚书·大禹谟》中有所记载，《荀子·解蔽篇》中也有类似的引注，称：《道经》曰：“人心之危，道心之微。”“危微之几，惟明君子而后能知之。”据传，这十六个字源于尧舜禹禅让的故事。当尧把帝位传给舜以及舜把帝位传给禹的时候，所托付的是天下与百姓的重任，是华夏文明的火种；而谆谆嘱咐代代相传的便是以“心”为主题的这十六个汉字，可见其中寓意深刻，意义非凡。这也可以看作华夏文化“道统”的核心内容。

③ 中华学术院编：《哲学论集》，中国文化大学出版社 1976 年版，第 141~142 页。

④ 王健：《超越东西方：法学家吴经熊》，载《比较法研究》1998 年第 6 期。

（二）司法三民主义化的理论形成

1926年3月，徐谦（1871—1940）陪同冯玉祥考察苏联。他认为苏联的政治制度，如党治理论、司法制度，才是世界上最好的，因此下决心要让中国仿效苏联的政治制度。1926年8月，徐谦担任国民政府司法行政委员会主席，并兼任大理院院长，于是他开始推行新的司法体制改革模式，并提出了“司法党化”的主张。[①]

1926年，徐谦决定效仿苏联司法机关不独立的做法，提出中国的司法改革要坚持党治司法的理念，因为在徐谦看来，苏联司法制度的最大优点就是司法为革命政党的政治服务。[②] 从此以后，自晚清开始引进的“法官独立”与“法官不党”的理念就不再是理所当然正确的了。他说因为中国过去一直片面强调司法独立，所以造成了司法与政治方向相背离，最终让司法发展成了反革命的东西，所以必须对司法再革一次命，让司法重新成为民众的司法，而不是官僚或军阀的司法。[③] 基于此，徐谦进一步主张中国应该采用立法与行政合一的政治体制，并构建新的司法制度。[④]1926年9月9日，中央政治会议接受了徐谦的这一意见，指出司法改革的方向是实行司法党化与司法革命化，司法要拥护农工利益，要保护被压迫妇女的利益。[⑤] 此后，在国民政府进行的司法改革中，徐谦的思想占据了主流地位。

1932年至1948年，居正任职司法院长达16年半，这正是之前33任司法总长任职时间的总和，[⑥] 因此，居正的司法思想更能反映出民国时期司法演化的过程。居正在任期间开始了法律民族化运动，内容即是司法党化与重建

---

① 侯欣一：《革命司法：徐谦法律思想初探》，载《华东政法大学学报》2008年第4期。

② 侯欣一：《革命司法：徐谦法律思想初探》，载《华东政法大学学报》2008年第4期。

③ 《法官政治党务训练班开学纪盛》（徐主席训词），载《广州民国日报》1926年9月28日。

④ 参见上海《民国日报》1926年9月20日。

⑤ 徐谦：《在武汉国民政府第十三次会议上的报告》，载《汉口民国日报》1927年3月30日。

⑥ 陈伯中编：《郑彦棻八十年》，载《传记文学丛刊》，台湾地区传记文学出版社1982年版，第45~46页。

中华法系论潮。[①]

居正认为，任何一个国家都不可能单独靠法律来治理社会，比如欧美各国，他们的科学虽然很发达，但是他们依然信仰自己的宗教。受过宗教洗礼的西方人都会虔诚地遵守宗教教义，这使得他们养成了忠诚、博爱等良好的品德。这是法律以外的社会规范，但这对西方人的日常生活起了很大的作用，所以，欧美各国并没有因为科学的发达而彻底废除他们的宗教。[②]我们中国历史上虽然没有统一的一神教，但是，我们正统的儒家学说在人们日常生活中所起的作用与西方的基督教是一样的，我国民众的日常生活也是受儒家礼仪规范调整的，这也构成了中国法律之外的重要的社会规范。“修身齐家治国平天下”要求个人生活与社会生活都要合于道德秩序，这正是中华民族数千年来信仰的最高价值。由此可见，中西方的法哲学思想在实现道德目标这个根本问题上是完全一致的。

法律的最高理想在于本国的法律必须能反映出本国人民的生活模式，必须与本国人民在政治上、社会上的要求相适应。[③]立法不能脱离国情，司法实践更要时刻考虑国情与民众的需要。由于西方的正义理念与中国的正义理念差异太大，如果我国的司法依据西方法学理论下的法条进行裁判，结果必然与中国传统司法理念形成严重冲突，也与我国人民的现实生活相违背，因此，必须把西方的法律形式与中国的法律文化理念相结合，才能使我国的民众重新对法律树立起信心。[④]居正认为，当时中国的法律还存在很严重的西化问题，所以我们要重新建立一个独立的中华法系，这是我们这代人要完成的使命。

居正对中西方的法律思想都有相当精深的研究，但他更珍视中国的传统

---

① 江照信:《辛亥革命与民国司法——居正司法时期(1932—1948)》，载《明清论丛》2011年第11辑。

② 居正:《为什么要重建中国法系》，载尤陈俊选编:《为什么要重建中国法系——居正法政文选》，中国政法大学出版社2009年版，第79页。

③ 居正:《法律哲学导论》，商务印书馆2012年版，第7页。

④ 居正:《中华民国法学会上海分会第二届年会致词》，载尤陈俊选编:《为什么要重建中国法系——居正法政文选》，中国政法大学出版社2009年版，第70页。

法律文化。他认为“四维八德”[①]对民众日常生活有重要的规范作用，即使我们实行法治以后，仍然需要以“四维八德”来规范我国民众的日常生活，对那些没有被法律明文禁止的不良行为，虽然不能受到法律上的严惩，却要受到良心的谴责和社会舆论的讨伐。反过来说，如果大家都按照“四维八德”这些道德规范行为的话，那么人际交往中违反法律的情况也自然会少很多，因此只有将法律与道德结合起来，才能达到社会良好运行的效果。[②]从这个角度出发，居正明确提出，“四维八德”这些道德规范可以作为司法审判的依据，他进一步认为，中国古代以礼仪习俗作为司法审判标准与现在把“三民主义”作为司法审判标准是一样的道理。[③]

居正认为，我国革命的目的就是实现法治国家，[④]而我国法治的思想来源于国民党的三民主义指导思想。实现法治目标分两步走：第一步是根据三民主义的政治纲领产生出政策，第二步是根据政策制定出法律，政府按照法规办事，这就叫作法治。[⑤]如果民众没有真正认识三民主义的话，就无法形成健全的民族心理，那么，他们就不会很好地遵守法律。以选举为例，广大民众就会对选择哪个党派执政持无所谓的态度，而且很可能被别人操纵利用，把选举与罢免这样神圣的权利当作儿戏，这样下去也是无法实现法治目

---

① “四维八德”是中华民族的传统美德。春秋时代齐国的管仲把礼、义、廉、耻称为国之“四维”。他认为“礼、义、廉、耻”比法更重要，把它们认作支撑国家大厦的四根柱子。民国廿三年（1934年），时任国民政府军事委员会委员长的蒋中正发动新生活运动，确立了“礼义廉耻”国之四维的地位，并重新解释为“礼是规规矩矩的态度，义是正正当当的行为，廉是清清楚楚的辨别，耻是切切实实的觉悟”，在抗日战争时期再度改为“礼是严严整整的纪律，义是慷慷慨慨的牺牲，廉是实实在在的节约，耻是轰轰烈烈的奋斗”。八德是指忠孝、仁爱、信义及和平。孙中山在《三民主义之民族主义》第六讲中特别重视倡导，因共计有八字，故一般惯例简称为“八德”。孙中山说，讲到中国固有的道德，中国人至今不能忘记的，首是忠孝，次是仁爱，其次是信义，再次是和平。这些旧道德，中国人至今还是常讲的。参见“四维八德”，载 http://baike.so.com/doc/6314190-6527783.html，最后访问时间：2017年2月1日。

② 居正：《为什么要重建中国法系》，载尤陈俊选编：《为什么要重建中国法系——居正法政文选》，中国政法大学出版社2009年版，第77页。

③ 尤跃海：《居正司法改革思想研究》，南京师范大学2014年硕士学位论文。

④ 居正：《三十四年展望：法律的权威》，载《中华法学杂志》1945年第4卷第1期。

⑤ 居正：《全国司法行政检讨会议致词》，载尤陈俊选编：《为什么要重建中国法系——居正法政文选》，中国政法大学出版社2009年版，第313~314页。

标的。[①]

居正认为，三民主义的指导思想与法治的关系是这样的：法治只有接受三民主义的指导，才能形成统一的指导思想；反过来看的话，三民主义只有通过法律的形式，才能推广到全体国民当中，成为大家共同遵守的理念与规则，而不再仅仅是少数国民党员的指导思想。[②]总之，要重建中国法系的话，就要求中华民国的一切现行法律都以贯彻“三民主义”为宗旨。

司法三民主义化还意味着对司法权地位的重新定位，从此以后，司法权成为与行政权一样服务于政治的公权力，也正因为这样，中国司法的目的就顺理成章地变成了实现“三民主义”指导思想下的正义。[③]

（三）司法三民主义化的践行过程

司法三民主义化确定以后，就开始发挥对司法改革的指导作用了，在此理念的指导下，国民党政府推出的改革措施主要有以下内容：

司法行政委员会法官政治党务训练班于 1926 年 9 月 21 日下午 2 时在广州举行开学典礼。到会人数约 150 人，该班学员有 60 余人。会场门前挂“司法党化”四个字，旁贴“革命尚未成功、同志仍需努力”联文，场内亦贴满“根本改造司法、训练革命人才、控诉民众利益”“保护农工”“养成革命法官”“革命的法律家联合起来”等标语。[④]徐谦主席在会上做了报告，指出司法改革的目的是为民众谋利益，并希望在座的各位能肩负起改造司法的责任。

1926 年 11 月 11 日，国民党中央政治会议通过了司法改革新方案：法院采用二级二审制；废除法官不党制度，规定有三年以上法律经验的国民党党员才能担任法官；采用参审陪审制，扩大民众对司法审判的参与权。[⑤]12 月

---

① 居正：《为什么要重建中国法系》，载尤陈俊选编：《为什么要重建中国法系——居正法政文选》，中国政法大学出版社 2009 年版，第 149 页。

② 居正：《法治前途之展望》，载尤陈俊选编：《为什么要重建中国法系——居正法政文选》，中国政法大学出版社 2009 年版，第 25 页。

③ 居正：《司法党化问题》，载尤陈俊选编：《为什么要重建中国法系——居正法政文选》，中国政法大学出版社 2009 年版，第 168~169 页。

④ 《法官政治党务洲练班开学纪盛》，载《广州民国日报》1926 年 9 月 28 日。

⑤ 《徐继龙对改造司法之主张》，载上海《民国日报》1926 年 9 月 20 日。

底这些司法改革措施开始推行。

1929 年春，司法改革的主要内容有：一是法官必须经考试才能录用，考试内容首先为三民主义，其次才是具体的法律法规，口试考察的是考生的政治态度；二是成立法官政治党务训练班，对司法人员进行为期四个月的革命知识教育，授课内容为三民主义与社会发展史等。①

1935 年，居正提出司法三民主义化的核心在于，要将三民主义思想落实到具体的司法裁判中去，法官即便是国民党党员，如果他不按三民主义指导思想办案的话，也达不到司法三民主义化的目的。为此，居正提出以下要求：一是所有司法人员都要认真学习三民主义指导思想，并能将它运用于司法裁判中，这样才能保障司法裁判中的价值取向是正确的；二是一切裁判都最终以三民主义为根据，这样才能做到司法实践与现实生活的要求相适应；三是录用法官的第一条标准就是看能否将三民主义作为审判案件的依据；四是扩大法官培训范围，组织全体法官认真学习三民主义；五是组织编写“判解党义汇揽”附于法律条文之后，以方便法官随时参考，内容为相关的党义与判例解释之间的类比对照。

司法三民主义化要求司法人员从思想上信奉三民主义，并在具体的司法过程中坚持三民主义，具体来说是要做到四点：一是法律规定出现空白时，以三民主义来补充完善；二是当法律规定因为太抽象不能适用时，要以三民主义充实法律的内容；三是运用三民主义改良法律的僵化性与滞后性；四是法律与生活常理违背时，要依据三民主义宣布该法律无效。②

南京国民政府建立后，秉承三民主义精神，也要求司法人员重视调解制度，并于 1932 年前后颁布了《民事调解法》《民事调解法施行规则》《处理民事调解应行注意事项》《区乡镇坊调解委员会权限规程》等一系列法律法规。由于种种原因，这些法规并未取得应有的效果。1942 年前后，国民党政权稍微稳定之后，便着手推行调解制度，为此南京国民政府司法行政部又于

---

① 中国人民政治协商会议全国委员会文史资料研究委员会编：《文史资料选辑（第 78 辑）》，文史资料出版社 1982 年版，第 12 页。

② 居正：《司法党化问题》，载陈三井、居蜜编：《居正先生全集》，台湾地区“中研院”近代史研究所 1998 年版，第 254 页。

1943 年 6 月 3 日，专门向各省高等法院发布训令，要求各省高院切实推行调解制度，训令使用的语言也极为严厉：

> 惟近年各司法机关办理调解事件，据视察所得其调解成立者，大都不过百分之几。推原其故，虽有时系因当事人固执成见，各趋极端，无法使之归于妥洽，然各司法机关承办人员，对于调解事件之处理未能尽其职责，亦属重大原因。际此抗战时期，我前后方人民，荡析离居，困苦已甚，秩序未复，纠纷正多。为减少人民讼累，保持国家元气，计尤有厉行调解之必要。[①]

（四）否定西方司法独立理念

三权分立的理念本是在清末救亡图存的危急关头引入中国的，这意味着三权分立以及由此演化出来的司法独立理念与相关的制度，必然要承担起提高中国政治地位与提高军事和经济实力的使命，然而这一理论一旦被证实没有这样的神奇效果，被抛弃就是注定的结局。

南京国民政府期间，“党义判例”的司法实践模式要求将“三民主义”作为司法审判的最高指导思想及最终依据。[②] 司法三民主义化的目的虽然是解决法律条文与民众生活之间的对抗问题，但是从另一层面看，司法三民主义化客观上加速了司法独立性的丧失，宣布了西方司法独立理念在中国司法实践中的破产。

问题是南京国民政府在司法构建过程中也时时处处强调司法独立，似乎他们并没有感觉到司法三民主义化与司法独立之间有任何冲突和矛盾。比如，居正在《二十五年来司法之回顾与展望》一文中，宣布南京国民政府时期的司法是以司法独立为其总原则的。

对上述看似矛盾的现象，笔者认为，司法三民主义化是对“三权分立”

---

① 《司法机关对于调解事务须切实办理令》，转引自桂斯斌编：《清末民国司法行政史料辑要》（油印本），湖北省司法行政史志编委会 1988 年版，第 35 页。

② 尤跃海：《居正司法改革思想研究》，南京师范大学 2014 年硕士学位论文。

政治意义上的司法独立的实质性否定。国民党政府宣称对二者同时予以支持，所支持的“司法独立”应该是中国传统意义上的司法权对行政权的独立，这与古代社会中对“王权”的独立具有同样的内涵，因此，在这个层面上，国民党政府并不认为司法三民主义化和司法独立之间存在矛盾。南京国民政府时期试图实现司法三民主义化和司法独立之间的相容性的努力，对于当今只接受过西方法学教育，而缺少传统法律文化熏陶的法律人来说似乎是难以理解的，但对于当时大多数有东西方文化背景的法学者来说却是理所当然的。比如在居正看来，司法独立的重要意义并不在于其体现了西方式的权力制约理论，而在于司法仅仅作为国家实现其统治职能的一种方式，在审判过程中不受其他机关的干预，这也是居正认为司法独立与司法三民主义化可以共存并不冲突的原因。①

五、施剑翘案

民众不可能因为法律制度发生了变化，就马上抛弃现有生活方式而选择新的生活方式，这表现在民众的传统司法理念在诉讼中仍然不断地反映出来，② 因此研究普通大众的司法理念更有现实的社会意义。下面我们以民国时期最为轰动的施剑翘案，来分析一下制定法体现的司法理念与普通大众的司法理念是如何发生冲突，又是如何进行化解的。

（一）案件背景

我国民间社会的乡俗习惯不但历史久远而且根深蒂固，民间社会自身已形成了一个封闭而自足的社会秩序体系，即文化传统中的小传统，这一时期

---

① 笔者认为，此时“司法独立”与中国传统意义上的司法独立是一脉相承的，就像前面举例说到的张释之对汉文帝要求的司法独立一样，仅仅是独立审判的意思，或者说是按照法律规定，在司法过程中该独立的时候就独立。

② 吴燕：《南京国民政府时期四川基层司法审判的现代转型》，四川大学2007年博士学位论文。

呈现出明显的与国家法律之间的“断裂”。官方试图通过改变国家的法律来实现民间社会习俗的转变，但这是不切实际的，因为国家法律可以通过立法很快实现现代化甚至领先世界，但民间社会的超稳定结构与社会发展的巨大惯性仍会使社会按照原来的方向前进。①法律制度上“进步越大”反而导致法律与习俗的距离越远。当民众将纠纷诉至法院时，此时的法院较之前的法院表现出了更大的积极主动性，大多数法官会在法律与习俗之间进行各种斡旋活动，并努力寻求法律与习俗之间的沟通融合，但这种努力的效果似乎并不佳。

（二）案件经过

1935 年，施剑翘在天津一个教堂里当场击毙了赫赫有名的大军阀孙传芳，实现了为父复仇的夙愿。她把替父复仇不惜犯法的历史文化现象一直延伸到了民国时期。但是，民国时期的法律已经发生了彻底变化，那么她还能幸运地逃脱法律的制裁，并被尊称为“英雄”吗？

施剑翘的父亲施从滨，曾经担任过直鲁军混成旅旅长，在 1915 年的直奉战争中被俘，在军阀孙传芳的命令下，惨遭慢刀割头而死并曝尸数日，其残忍程度令人发指。这一残酷的事实深深地刺痛了时年 20 岁的施剑翘，于是她下定决心为父报仇。她苦练武功，寻找报仇的机会，在堂兄的协助下，终于在 1935 年 11 月用手枪击毙了孙传芳。施剑翘以一弱女子之身而有持枪杀死大军阀孙传芳的胆量，实与社会舆论的激励有关。据施剑翘自己回忆说，在她尚未完成复仇计划之前，在人们面前总有无地自容的感觉，似乎有很多人在背后指着脊梁骨骂她是胆小鬼，这使得她一次又一次丧失信心后又重新下定决心。②

事后，施剑翘从容自首，等待法律的判决。依中华民国当时的相关法律，该案应判处十年以上有期徒刑或无期徒刑，甚至死刑。结果，法院遵守的司法理念与当时民众的司法理念出现了截然对立的情况：一是犯罪行为动机方面，民众认为忠孝复仇行为不应有罪，法院认为预谋杀人应该处罚；二是犯

---

① 吴海燕：《“六法全书”基本特点的一种探析》，载《云南行政学院学报》2004 年第 2 期。

② 施羽尧、沈渝丽：《女杰施剑翘》，北方文艺出版社 1985 年版，第 157 页。

罪客观方面，民众认为孙传芳罪大恶极理应被杀，法院认为孙传芳的生命也是法律保护下的法益，不能通过私权杀人。

此案发生以后至二审结束期间，全国各地的社会团体，特别是妇女界的社会团体以及施剑翘原籍所在地安徽省的社会团体及许多个人，纷纷向南京国民政府和相关司法机构上书，要求赦免施剑翘。他们一致认为是军阀孙传芳残忍杀戮行为在先，施剑翘的行为既是为父报仇，也是为民除害。因此强烈要求司法机关法外开恩，赦免施剑翘。[①] 与此同时，孙传芳的儿子孙家震以及孙传芳生前的一些故交都坚持对施剑翘严惩重判。

天津地方法院经过审理作出了一审判决，认定施剑翘犯持有军用枪弹罪和杀人罪，数罪并罚，决定判处施剑翘有期徒刑十年，施剑翘不服一审判决并提出上诉。二审法院为河北高等法院，庭审过程中控辩双方围绕案件的始末进行了激烈的辩论。[②]1936 年 2 月，河北高等法院作出了二审判决：认定一审判决依据施剑翘的自首行为所作出的减刑是适用法律错误，但是鉴于施剑翘是基于孝心为父报仇，情有可原，故改判为有期徒刑七年。施剑翘对二审判决仍然不服，旋即又上诉至南京最高法院。[③]

1936 年 3 月，还在上诉的过程中，施剑翘的胞弟施则凡与堂弟施仲达联名将“呈请俯念烈士后裔为国除奸、孝女为父报仇，恳乞转请政府特赦事”提交到了最高法院及司法院。与此同时，孔祥熙等国民党 50 名中央委员联名上书了“呈请国民政府特予赦宥施剑翘行刺孙传芳之孝勇行为”。时任军委会副委员长的冯玉祥亲自陪同施则凡拜见了当时的最高司法长官，就案件的始末进行了情况说明，冯玉祥还与很多民国元老联名致函时任国民政府主席的林森，要求对施剑翘进行特赦。[④]

同年 8 月，最高法院检察官作出终审裁决，驳回了施剑翘的上诉。他们认为被告人从法律角度看是没有减刑依据的，但从情理考虑可以适当减刑，二审判决处有期徒刑七年，于法于情都是恰当的，于是作出了维持原判的裁

① 沈岚、沈旻：《施剑翘——民国司法案卷中的复仇女》，载《中国档案》2013 年 6 月。

② 沈岚、沈旻：《施剑翘——民国司法案卷中的复仇女》，载《中国档案》2013 年 6 月。

③ 施羽尧、沈渝丽：《女杰施剑翘》，北方文艺出版社 1985 年版，第 161 页。

④ 沈岚、沈旻：《施剑翘——民国司法案卷中的复仇女》，载《中国档案》2013 年 6 月。

定。根据当时中华民国的法律规定，实行三审终审制，也就是说，施剑翘被判七年有期徒刑，从司法程序上来看，已经是终审判决了，于是施剑翘被关入监狱开始服刑。

施剑翘服刑期间，李烈钧、于右任等再次联名上书国民政府，恳请释放这位为父报仇的奇女子，以配合当时的道德重建运动。[①]同时，全国各界的社会团体也继续上书，要求特赦施剑翘。同年9月25日，司法院院长居正主持召开第20次院会，会上提出临时动议事项，即施剑翘杀人案是否属于特赦案件范围，最后经过全体决议，正式呈请国民政府特赦施剑翘。

1936年10月14日，国民政府以主席林森的名义向全国发布公告，对施剑翘作出了赦免。其令曰："据司法院呈称，施剑翘因其父施从滨早年为孙传芳所惨害，痛切父仇，乘机行刺，并即时坦然自陈，听候惩处。论其杀人行为，固属触犯刑法，而以一女子发于孝思，奋身不顾，其志可哀，其情尤可原。现据各学校各民众团体纷请特赦，所有该施剑翘原判徒刑，拟请依法免其执行等语。兹依中华民国训政时期约法第六十八条之规定，宣告将原判处有期徒刑七年之施剑翘特予赦免，以示矜恤。此令。"[②]17日，司法行政部按照赦免令将施剑翘女士释放回家了。

（三）与赵娥案的比较

在中国古代的司法实践中，同样是在复仇问题上最能反映法律与道德之间的冲突。对复仇案件的审理，审判案件的法律依据似乎并不重要，而判决的结果更符合道德的感召力才是整个社会所希望看到的。有学者对二十五史中所记载的85个为父兄复仇的案件进行细致的研究后指出，自汉代以来，司法官员、民众乃至皇帝，对复仇者大多抱有同情的态度，甚至对复仇者抱有崇拜的心理，因此复仇者真正受到法律追究的比率很低。[③]

---

① 施羽尧、沈渝丽:《女杰施剑翘》，北方文艺出版社1985年版，第197页。

② 转引自施羽尧、沈渝丽:《女杰施剑翘》，北方文艺出版社1985年版，第201页。

③ 霍存福:《中国古代复仇案的诸分析》，载韩延龙主编:《法律史论集》（第2卷），法律出版社1999年版，第20页。

东汉灵帝时，有个叫赵安的被李寿杀害。赵安有三子一女，他们立志要为父报仇。不幸的是，在一次大瘟疫中，他的三个儿子先后死亡了，于是，复仇的重任落到了小妹妹赵娥的肩上。赵娥当时已经出嫁，身为人母，但是赵娥发誓为父报仇，她苦练本领，等待时机。有一天，赵娥偶然遇见李寿骑马经过，于是她拔刀便砍，李寿应声坠马落地，她立即砍去第二刀，不幸用力过猛，刀砍在了一棵树上折成了两段。她情急之下弃刀一跃骑到了李寿身上，用双手死死卡住了他的脖子，致使李寿当场窒息而死。接着赵娥割下了李寿的头颅，去投案自首了。① 当时的法律是明确禁止复仇行为的，凡私下复仇而杀人者，依律问斩。但是赵娥自首后，衙门的守尉尹素视其行为为义举，亲自为赵娥解开了绳索，并指使赵娥逃跑，自己也将弃官逃走。赵娥当场表示不会逃走，她大喊道："枉法逃死，非妾本心；今仇已雪，死则妾分，乞得归法，以全国体；虽复万死，于娥亲毕足，不敢贪生为朝廷负也。"守尉装着没有听见她的话，赵娥又说："匹妇虽微，犹知宪制；杀人之罪，法所不纵；今既犯之，义无可逃；乞就刑戮，陨身朝市，肃明王法。"② 要求守尉大人依法判处她死罪就是了。赵娥这番深明大义的话语反而使得衙门的官吏以及在场的民众对这位为父报仇的孝女更为仰慕。这位守尉大人万般无奈之下，只好命人强行将赵娥抬上车送回家了。这起为父报仇的杀人案，结局是赵娥不但没有受到法律的制裁，时人还把赵娥的画像供奉了起来。

事实上，中国古代历代法律都对复仇行为加以限制或禁止，但是，在民众的心目中，复仇行为永远是无罪的。他们心目中的"法律"是"为父报仇天经地义"之类的天理人情与礼教信条。依据这样的"法律"，孝子不但无罪，反而应该嘉奖。民众不但无意与这样的罪犯划清界限，而且毫不吝啬地表达他们对"英雄"的崇拜之情。

从赵娥案、施剑翘案这两个跨越千年但又极其类似的案件中，我们可以清楚地看到，把为父报仇视为崇高的"孝行"的文化心理，在中国民众中是

① 郑定等：《情理法与中国人》，北京大学出版社 2011 年版，第 100 页。

② 《后汉书·列女传》。

根深蒂固的。在法律和道德面前，她们都甘愿冒生命危险，甘愿犯法而去践行孝道。杀人的后果她们是十分清楚的，但她们还是作出了舆论所推崇的选择，弱女子反而成了人们心目中的“伟丈夫”。虽然跨越了千年，但整个社会，从高层官员到普通民众都强烈要求对她们法外施恩。既然为父亲报仇被社会舆论视为道德高尚的人，那么按照儒家的解释，道德高尚的人是不应用刑罚加以侮辱的，这就是人们常说的“君子无刑”，因为刑罚是专门用来对付卑鄙下流的小人的。因此，每当赵娥、施剑翘之类的事件发生，人们都会不假思索地认为应该减轻或免除刑罚，这种民众的司法理念是非常有儒家伦理特色的。

通过对施剑翘案与赵娥案的比较，我们可以得出的结论是，在中国近代极其激烈的社会转型中，可能转变的只是部分法学学者的观点，或者是政府对西方司法理念迎拒的态度，但对于整个社会广大民众的司法理念而言，并没有随着学者司法理念的改变而改变，反而延续着中国几千年来一贯的传统司法理念。

六、对民国时期司法理念的反思

第一，通过本章的梳理，我们可以清晰地看出，民国时期的司法理念经历了从全面借鉴西方的宪制理念逐步转向中国本位的司法理念的过程。原因之一是由人的理性认识发展规律决定的，从技术文明到制度文明再到精神文明层面，对应到近现代史就是从洋务运动的“师夷长技以制夷”到清末的“变法运动”再到民国时期的“文化大讨论”，经过当时文化界几乎各个领域的大师们的讨论，得出的结论就是，移植西方的文化（包括法律制度与理念）要立足于本国的文化传统。原因之二就是已经制定的法律与民众的现实生活严重脱节，达不到司法用来定分止争的目的。若想实现司法调整社会关系的目的，就必须从本国的实际情况出发，积极挖掘和利用本土资源，本土资源才是司法发展的根基所在，它绝不因司法发展的国际化趋势而丧失自己存在的地位与价值。民国后期，法学家不但从理论上已经开始注意到了这个问题，而且进行了中华法系重建运动，试图将中国的法制重新立于中国传统文化之基上。

第二，南京国民政府建立后，以“三民主义”为指导的司法理念在广大民众中仍然显得超前，民众的司法理念依然是传统型的。尽管在思想与制度层面总激荡着“反传统主义”的声音，但是在司法过程中却一再向传统回归，这两者之间巨大的反差，是我们不得不面对的当时真实的司法状况。传统的礼制和习俗，作为文化传统中的小传统，发挥着排斥异质文化的重要作用，并继续保持着自我发展的态势，顽强抵御着外来文化的侵入。因此，西方现代司法理念远未深入“民间”，更没有改变任何民众的心理。[①]

第三，如果说赵娥案的处理结果是因为发生在“春秋决狱”盛行的汉代，最终实现“以礼破律”的话，那么施剑翘案发生时，中华民国已经建立了所谓的“现代化”的法律体系，而最终的处理结果竟然与前者惊人地类似，这不得不归因于“情理”所代表的实质正义，在中国民众的司法理念中是根深蒂固的。深厚的历史积淀，又岂是时代的更替和法律制度的转型所能改变的？[②]如果没有对传统中有价值的、中国民众能够理解的司法制度和理念进行创造性转化，那么，任何看似美妙的法律制度在建立之后，在实践的运行中都难以发挥出相应的作用和效力。

中华民国在中华民族的历史长河中，是一个很短暂的存在，这注定了它的司法理论和司法实践不可能充分地展开，而且，南京国民政府时期对法律的使用也是工具化倾向很浓重的，也没有很好地考虑到民众对法律的实际需求。当然，这也为中国共产党在陕甘宁边区适用更能适应广大民众需要的司法理念审理案件，取得民心，留下了极大的空间。

---

① 曹全来：《国际化与本土化——中国近代法律体系的形成》，中国政法大学2004年博士学位论文。

② 黄岩：《“情理法”在清末的断裂与新生》，吉林大学2011年硕士学位论文。

第六章

新民主主义革命时期的司法理念

在中国古代社会里，各个阶层共同分享传统文化孕育下的和谐司法理念，具有高度的一致性，是没有大众的司法理念与精英的司法理念之分的。[①]只是到了近代，随着知识精英对西方司法理念的认可与移植，才出现了大众与精英司法理念分离的现象。[②]

大致来说，经晚清到民国，在仿效西方司法制度的基础上，中国司法制度已经具有了一定的规模，并且构建了一系列专门的程序用来适用法律。同时还将司法审判进行了专业化，使其日益与民众的日常生活区分开了，司法从此也很少再受民众生活经验的影响。但这套司法制度并没有走进民众尤其是广大农村百姓的生活中。

---

① 本章写作的目的在于，在大量翔实的历史资料基础上，阐述新民主主义司法理念的形成是经历了一番曲折的发展过程的。在本章的最后指出，新民主主义司法理念指导下的马锡五审判方式之所以那么成功地赢得民心，并为中国共产党建立新中国立下了很大的功劳，是因为新民主主义司法理念几经修正后，不但体现着马克思主义的基本原理，而且吸收了中国传统司法理念的精髓，借鉴了国外的一些成功经验。这一重要理念的成熟过程，正好符合马克思主义所阐释的基本原理，即道路是曲折的，前途是光明的。在此向以侯欣一教授为代表的花费大量时间和心血收集整理这一时期相关资料的学者们表示感谢。

② 美国人类学家罗伯特·雷德菲尔德（Robert Redfield）在1956年出版的《农民社会与文化》中提出了一种二元分析框架，即大传统与小传统，用来说明在复杂社会中存在的两个不同文化层次的传统。大传统是指以城市为中心，社会中少数上层人士、知识分子所代表的文化；小传统是指在农村中多数农民所代表的文化。其后，欧洲学者用精英文化和大众文化对这一概念进行了修正。

新中国成立以前，解放区走的是另一条与以上所述完全不同的大众化司法的路线。最广大的人民，是指包括工人、农民、士兵和城市小资产阶级在内的，占全国人口 90% 以上的人民。[①] 依此类推，“大众化司法”，就是指司法服务的对象应该是一国之内的广大民众，而不是少数人。因此，司法理念应该符合广大民众的需要，这就要求从业人员所依赖的知识、使用的语言甚至生活方式等应与广大民众的现实生活保持一致。

在新民主主义革命时期，解放区政权主要分为两个重要的阶段，中华苏维埃共和国 [②] 时期和陕甘宁边区 [③] 时期。

一、中华苏维埃共和国时期的司法理念

中华苏维埃共和国成立后，中国共产党开始为未来的国家设计治理理念与制度，因为其所领导的革命是要在彻底摧毁旧秩序的同时建设全新的社会制度及秩序。在这一过程中，司法是为革命服务的，是用来捍卫和巩固革命

---

① 《毛泽东在延安文艺座谈会上的讲话》，载《毛泽东选集》(第 3 卷)，人民出版社 1991 年版，第 855 页。

② 中华苏维埃共和国成立于 1931 年 11 月 7 日，最初的“首都”定在中国境内的江西省赣州市瑞金。在该政权运作期间，其中央政府颁布了宪法，发行了货币，设计了国旗，同时将其所属控制区域称为“苏区”。因第五次反围剿战争的失败，中华苏维埃共和国中央政府被迫于 1934 年 10 月撤离江西苏区，于 1935 年 10 月转移至陕甘苏区，首都由江西瑞金迁至陕西延安。12 月瓦窑堡会议后改称“中华苏维埃人民共和国”。1937 年 9 月 6 日，中华苏维埃人民共和国最后一个政府机关“中央政府西北办事处”变更为“中华民国陕甘宁边区政府”，中华苏维埃共和国建制实已终结。1937 年 9 月 22 日正式宣布取消中华苏维埃共和国建制。

③ 1935 年 10 月，中国共产党中央红军长征到达陕北后，陕西延安成为共产党的根据地中心，中共中央所在地。1937 年 9 月，根据国共两党的协议，中共中央将陕甘宁革命根据地改建为陕甘宁边区政府。它是一个边区的自治性地方政府，是国民政府行政院的一个直辖行政区域。1939 年 12 月，国民党胡宗南率兵进攻陕甘宁边区。1947 年 3 月，胡宗南调集 39 个旅、23 万多人的部队进攻陕甘宁边区。1947 年 3 月 19 日，毛泽东等率领共产党中央机关和部队，撤离延安。1948 年 3 月 28 日，毛泽东和中共中央东渡黄河，迁往河北省平山县西柏坡村，陕甘宁边区建制依旧存在，但已被蒋介石政府认定为非法。1949 年 10 月 1 日，中华人民共和国成立后，陕甘宁边区的建置撤销，政府解散。

成果的。[①]

（一）对苏联法的学习与引进

在苏联十月革命的影响下，中国共产党诞生了，这说明中国共产党所领导的这场革命，就其基本内容和方向而言，都是深受苏联革命性质影响的。中国共产党依据苏联的建国经验，设计了中华苏维埃共和国的政权模式和司法制度。

列宁在《国家与革命》中，阐明了司法的本质：国家是阶级统治的机关，是一个阶级压迫另一个阶级的机关，它建立起一种秩序，使这种压迫合法化。国家是社会政权的建立，构成这个政权的不仅包括武装力量，还包括监狱及其他种种强迫的机关。司法工作在国家的政权中是不可缺少的，而且占据着一个重要的地位。[②] 中国共产党人依据这套理论指出，自己是无产阶级的先进代表，共产党人的事业就是要实现无产阶级专政，并为广大的工农群众谋利益。[③]

在移植苏联法制，建设中华苏维埃共和国的过程中，梁柏台[④]是一位重量级的桥梁式人物。1931 年 5 月，梁柏台担任了中华苏维埃共和国宪法起草委员会委员，负责起草了《中华苏维埃共和国宪法大纲》《婚姻条例》

---

① 强世功：《革命与法治：中国道路的理解》，载《文化纵横》2011 年第 3 期。

② 《雷经天院长在边区政府学习研究会上“关于新民主主义的司法制度”的报告提纲》（1940 年），全宗 15 号。转引自侯欣一：《从司法为民到人民司法——陕甘宁边区大众化司法制度研究》，中国政法大学出版社 2007 年版，第 205 页。

③ 西北五省区编纂领导小组、中央档案馆：《陕甘宁边区抗日民主根据地·文献卷》（下），中共党史资料出版社 1990 年版，第 87 页。

④ 梁柏台（1899—1935），出生在浙江新昌县的一个普通农家。1918 年考入浙江省立第一师范，参加了五四运动，并加入社会主义青年团，不久赴苏联留学。1922 年，进入莫斯科东方大学学习，并加入中国共产党。1924 年，曾任苏联远东五省职工苏维埃委员及政府主席团的成员，同时还是海参崴华工工作的主要负责人之一，并担任中国党支部的书记。在此期间，因其出色的工作能力和精通汉语、俄语，曾被调任伯力省审判员，为此学习过一段时间的苏联法律。中央红军长征后，奉命坚守。在 1935 年 3 月的一次战斗中，梁柏台不幸被俘，不久被敌人杀害。

《政府组织法》等，[①] 这些法律无疑构建起了中华苏维埃共和国基本的法律框架。

新生的苏维埃政权的任务有两个，一个是自身的生存与发展，另一个是通过革命夺取全国政权，作为政权一部分的司法工作自然也要承担起同样的使命。司法要服务于夺取全国政权的革命目标，这决定了它必须以镇压反革命为主要任务。1931 年 3 月，梁柏台在《裁判机关的主要工作方向》一文中指出，革命的司法者应该清楚地认识到，我们的司法任务就是镇压敌对阶级的反抗。我们的法律要根据革命的需要随时进行调整，以做到尽力维护革命的利益。

（二）本土化改造

中华苏维埃共和国照搬了很多苏联的法律制度文本，但是两国的社会基础以及司法实践模式都是不同的，而这些司法的运作环境又是无法照搬或有效复制的，这决定了中华苏维埃共和国必须根据苏区的司法环境，对移植来的司法制度进行本土化改造。

中华苏维埃共和国时期具有特色的司法理念及制度，主要体现在以下几个方面：首先，是人民调解制度，这是一项极具中国特色的法律制度，人民调解制度是革命司法工作的必要辅助手段，在维护社会稳定中发挥了重要作用；[②] 其次，是法官选任制度，这一时期的司法人员已经不再是由具有专业法律知识的人员充当了，而是由有选举权的民众担任，这一选任司法人员的方式为以后陕甘宁边区的司法走上大众化的道路奠定了基础；[③] 最后，注重司法程序的群众性，苏维埃政权强调把法庭交给群众，这既有利于工农兵群众广泛参与并监督司法活动，又有利于在诉讼中体现为民服务

---

① 刘全娥：《陕甘宁边区司法改革与政法传统的形成》，吉林大学 2012 年博士学位论文。

② 《中央司法人民委员部一年来工作》（1932 年 10 月 24 日）。

③ 《中央司法人民委员部命令第十四号——对裁判工作的指示》（1933 年 5 月 30 日）指出："必须依照司法人民委员会第八号命令将各级裁判部的工作人员充实起来，应增加的工作人员，从速到下级及群众中去提拔。"

的思想。[①]

从 1931 年 11 月到 1934 年 10 月，中华苏维埃共和国仅存续了四年时间，虽然这一时期司法制度受到时空条件的限制而没有完善起来，但是，我们依然能窥见，这一时期的司法理念已经呈现出了革命性与大众性的鲜明特色，这无疑深刻地影响了此后我党对司法工作的认识，甚至长期影响着司法工作的发展方向。

二、陕甘宁边区时期的司法理念

由于处于战争时期，边区并没有建立起完善的司法体系，除高等法院外，其他地方法院都实行法官兼任制度，因此，我们的研究范围基本就集中在了陕甘宁边区高等法院。边区高等法院的司法理念也随着战争需要和政策调整而发生变化。另外，边区司法的实践性极强，高等法院也不断地根据民众的反映对司法进行方式方法的调整。所以这一时期形成的新民主主义司法理念[②]既是战争年代毛泽东新民主主义思想的具体体现，又是当时民众现实生活中所遵循的理念的真实写照。而在这一司法理念的形成过程中，高等法院院长的思想和党的高层领导人的决定无疑起到了关键性作用，因此我们把边区高等法院院长雷经天和李木庵的司法理念以及当时司法领导人对司法理念

---

① 曾维东、曾维才：《中华苏维埃共和国审判史》，人民法院出版社 2004 年版，第 322 页。《中央司法人民委员部一年来工作》（1932 年 10 月 24 日）中指出：法庭由三人组成，以裁判部长或裁判员为主审，其余两个是由群众团体选举出来的，所以，苏维埃的法庭就是群众的法庭，在工农群众监督之下工作。

② 对陕甘宁边区的司法状况研究比较全面深入的应属侯欣一教授的《从司法为民到人民司法——陕甘宁边区大众化司法制度研究》一书（中国政法大学出版社 2007 年版），在该书中，侯欣一教授采用了“大众化司法”一词，而且得到了法学界的广泛认可。但在本书中，笔者还是决定用“新民主主义司法理念”。这是因为：首先，新民主主义本身就是一种意识形态，而理念也是意识形态的产物，二者有内在一致性；其次，这一时期，中国共产党一直强调法律为政治目标服务，而政治目标就是建立新民主主义国家，也是一致的；最后，在法学界，也有“新民主主义司法理念”类似的用法，例如，刘全娥：《雷经天新民主主义司法思想论》，载《法学研究》2011 年第 3 期。

所作出的调整作为重点进行研究。

（一）司法理念的继承

陕甘宁边区的司法工作，是在中华苏维埃共和国所形成的司法传统的基础上开展起来的，例如，陕甘宁边区高等法院的前身就是 1937 年 2 月成立的苏维埃中央司法部。[①] 在司法理念方面，也表现为对中华苏维埃共和国所形成的司法理念传统的继承，它既不同于中国传统的司法理念，也有别于南京国民政府时期的司法理念。[②]

苏维埃政府时期，初建的人民政权处于流动和隐蔽的状态，大都未能建立专门的司法机构，即便有，其职能也主要是镇压地主阶级和反革命分子，一般不受理民事纠纷，即主要承担革命的职能。这种现象一直延续到陕甘宁边区时期，使得边区的许多人对司法也有了这样一种认识：司法就是用来镇压一切敌对分子的工具。这种理念在陕甘宁边区早期是主流思想。毛泽东在 1939 年指出，我们的法院它不管别的，专门管对付汉奸、对付破坏法律的那些人，以国法制裁破坏团结、破坏抗战的分子。不迷信法律，把法律仅仅作为政治工具使用，这种法律思想在当时表现得一直较为突出。[③] 边区司法制度，同整个政权一样，它的基本精神表现为：一是保护各个革命阶级的利益，纠正资本主义国家各阶级在法律面前虚伪的平等而代之以真正的实质的平等；二是实施法律制裁的主要对象是破坏抗日民主制度的汉奸、土匪等；三是法庭是代表人民进行审判而不是离开人民的特殊机关；四是法庭是政府的一部分，它的审判对人民负责，也对政府委员会负责，法律应该服务于政治。陕甘宁边区早期各级司法机关所审理的案件类型和数量也充分地验证了这种司法理念的主流地位：1938 年至 1939 年期间，陕甘宁边区司法机关共

---

① 林伯渠：《关于改善司法工作》，载西北五省区编纂领导小组、中央档案馆：《陕甘宁边区抗日民主根据地·文献卷》（下），中共党史资料出版社 1990 年版，第 168~170 页。

② 侯欣一：《从司法为民到人民司法——陕甘宁边区大众化司法制度研究》，中国政法大学出版社 2007 年版，第 94 页。

③ 徐显明：《人民立宪思想探原》，山东大学出版社 1999 年版，第 15 页。

审理刑事案件 2166 件，而同期审理的民事案件只有 613 件。[①] 由此可见，镇压一切敌对阶级的反抗，的确是边区司法工作的重心所在。

陕甘宁边区正处于从革命的司法向管理的司法转折的特殊时期，因此，司法既要完成革命的任务又要维护广大民众的切身利益。围绕着这两大功能，先后出现了新民主主义司法理念与专业化方向的司法理念之争，当时的司法领导者对二者进行了总结升华。在延安整风审干运动中，司法理念再次彻底地转向了新民主主义司法理念，并推出了马锡五审判方式作为其实践模式，通过具体的案件，我们可以清晰地看到这一时期的司法理念是如何体现出来的。

（二）新民主主义司法理念

毛泽东把马列主义基本原理与中国革命实际和时代特征相结合，于 1940 年 1 月 9 日发表了《新民主主义论》，该文的内容很快成为中国革命的纲领。3 月 12 日至 13 日，在边区党政联席大会上，边区领导人提出了新民主主义政权在阶级属性、组织原则、工作方法等方面的具体要求。为了巩固陕甘宁边区政权，就必须朝着新民主主义的方向前进，这是对毛泽东提出的新民主主义理论的进一步具体化。[②]

雷经天 [③] 提出了新民主主义司法的概念。他说，新民主主义司法需要从法律有阶级性的角度来理解，因为法律是用来保护统治阶级利益的，所以新

---

① 林伯渠：《陕甘宁边区政府工作报告》，载《陕甘宁边区政府文件选编》（第 3 辑），档案出版社 1987 年版，第 220 页。

② 陕西省档案馆、陕西省社科院合编：《陕甘宁边区政府文件选编》（第 2 辑），档案出版社 1986 年版，第 112 页。

③ 雷经天（1904—1959），广西南宁人，自幼受到家庭中进步思想的熏陶，在中学及大学期间就是学生运动的领袖。1925 年加入中国共产党后，参加了南昌起义、广州起义和百色起义，参与领导和创建了广西右江革命根据地，并当选为右江苏维埃政府主席。之后，因受当时“左倾”错误的影响，曾被撤销党内外一切职务并两次被开除党籍。1936 年随红军长征到陕北。次年 7 月，雷经天到刚刚成立的边区高等法院工作，在 7 年零 8 个月（1937 年 7 月—1945 年 3 月）之间，雷经天先任庭长及代理院长，后来担任院长职务长达 6 年，还先后兼任边区法令研究委员会委员、延安大学司法系主任等众多与法制相关的职务，在边区司法制度的建设和发展史上具有重大影响。

民主主义司法就是各个抗日阶级对敌人实行联合专政的工具，这决定了它与以往的司法都不同，陕甘宁边区的司法就是新民主主义司法。[①]

雷经天刚刚担任边区高等法院院长，边区高等法院就面临边区司法理念与制度的转型问题：一是如何对待国民党政府的司法理念与制度的问题，就国民党政府的司法理念而言，无疑代表着资产阶级的思想意识，因此必须抛弃。国民党政府的法庭也是故弄玄虚，程序繁杂，这样的司法也无法维护人民的利益，因此人民不愿意打官司，认为这是件很不好的事情。二是如何建立适合陕甘宁边区环境的司法理念与制度，司法理念是确定的，即新民主主义司法理念，问题是新民主主义司法理念指导下的司法制度应该是个什么模样呢，当然这样的司法制度必须能维护边区人民的利益，同时又必须是极其便利的。因此，陕甘宁边区司法制度应该是这样的：在继承中华苏维埃共和国司法制度的基础上，既能适应抗战需要又能满足边区民众的实际需要。[②]

根据司法理念的转变，边区高等法院对司法制度作出了以下改革：

第一，要求用无产阶级的普通民众代替资产阶级专业化的司法人员。[③]就陕甘宁边区的司法功能而言：一是用来维护革命政权，就这项功能来说，无产阶级的司法人员，尤其是广大农民，他们对革命的政权是发自内心的拥护；二是通过司法达到定分止争的目的，陕甘宁边区交通不便，是经济极其落后的地方，这决定了当地的风俗习惯仍然在民众的日常生活中发挥着重要的作用，而无产阶级司法人员由当地的工人农民来担任的话，对风俗习惯就了如指掌，虽然他们写不出正规的判决书，但他们作出的判决结果肯定比专业的司法人员作出的判决结果，更符合当地人所期望达到的公平正义，因此也就更容易获得民众的支持。另外，当时的司法模式采用的是

---

① 侯欣一整理：《雷经天在陕甘宁边区司法工作会议上的报告》（1941 年 10 月），载韩延龙主编：《法律史论集》（第 5 卷），法律出版社 2004 年版，第 385 页。

② 刘全娥：《雷经天新民主主义司法思想论》，载《法学研究》2011 年第 3 期。

③ 《边区高等法院拟制“论边区司法答客问”和“司法问题汇集”》，陕西省档案馆，卷宗号：15—58。转引自侯欣一：《从司法为民到人民司法——陕甘宁边区大众化司法制度研究》，中国政法大学出版社 2007 年版，第 74 页。

法律服从于政治目的以及行政化的审级体制，这些共同决定了法律的专业化知识对司法判决结果不再起决定性的作用。因此，雷经天在《新民主主义的司法制度》一文中，提出司法人员最主要的素质是了解新民主主义的法律精神，忠于陕甘宁边区的革命事业。①

第二，司法程序简便易行。为了能真正地替群众排忧解难，面对文化素质较低的边区民众，需要大力简化司法程序，具体表现为：司法文书没有严格的形式限制，司法机关承担处理案件所需的所有费用，司法过程中着重于调解，基本没有所谓的时效限制以及管辖限制，案件处理结果追求实质正义，尽量让双方当事人都满意，案件处理的时间也很短，而且尽量不耽误民众的工作劳动时间。②

第三，对“六法全书”作为司法依据的认识。国共合作使得革命根据地成为国民政府的一部分，因此，“六法全书”在革命根据地也具有合法的效力。但是，中国共产党所倡导的阶级意志法律观，使得边区法院对于“六法全书”的适用问题始终与政治问题联系在一起。边区高等法院强调不能机械地照搬“六法全书”来判案，只能是有条件地补充地援用而不是替代性地援用。

第四，在审级制度上，采用二级二审制。国民党政府采用的是三级三审制，边区高等法院认为这样复杂的审级制度不利于及时为民众解决纠纷，而且劳民伤财，也达不到司法为革命服务的目的，因此在陕甘宁边区实行的是二级二审制。③

边区高等法院提出的简化诉讼程序、便利民众的做法，有很强的创新性和务实性，体现了一种全新的司法理念。这种司法理念指导下的司法制度与当地民众的生产生活水平基本上是相契合的，也能满足当地民众对司法的

---

① 刘全娥：《雷经天新民主主义司法思想论》，载《法学研究》2011 年第 3 期。

② 雷经天：《两年半来陕甘宁边区的司法工作》（1940 年 2 月），陕西省档案馆档案，全宗 15—156。转引自侯欣一：《从司法为民到人民司法——陕甘宁边区大众化司法制度研究》，中国政法大学出版社 2007 年版，第 182 页。

③ 李娟：《革命传统与西方现代司法理念的交锋及其深远影响——陕甘宁边区 1943 年的司法大检讨》，载《法制与社会发展》2009 年第 7 期。

需求。可以说，从晚清司法改革开始，这不仅是第一次真正地以广大民众的需要为目标而进行的司法改革，而且它的理论和实践意义一直影响到了当代的司法改革。

（三）专业化方向的变革

新民主主义司法理念作为新诞生的事物，存在一定缺陷。随着李木庵[①]等专业司法人员相继加入陕甘宁边区的司法体系，边区司法系统发生了趋向法学专业化方向的变化。

1942年年初，雷经天被安排到中央党校学习，同年5月，李木庵被任命为陕甘宁边区高等法院的代理院长。[②]这些变化意味着一场新的司法理念指导下的司法改革马上就要拉开帷幕了。李木庵等人所进行的这场新的司法改革，其指导思想是：提高边区民众的法治精神；严格按照边区的法律办事；法律平等地保障每一个人的权利。同时，司法改革所要达到的目标是建立起中国共产党革命所需要的社会秩序，让民众养成良好的法治习惯。[③]依据这次司法改革的指导思想和目标，改革的内容主要包括以下四个方面：

第一，强调审判独立。只有审判独立才能使人民的权利切实得到保护，才能实现公正，建立起稳定的社会秩序。

---

① 李木庵（1884—1959），现代著名法学家。1905年毕业于京师法政专门学堂。1911年辛亥革命后，任广州地方检察厅检察长，后到北京、天津担任律师。1914年后历任闽侯地方检察厅检察长、闽侯县知事和福建督军公署秘书等职。1925年加入中国共产党，1941年起担任陕甘宁边区高等法院院长、检察长。1943年任陕甘宁边区参议会参议员、法律顾问和中国解放区行动纲领起草委员会委员等职，解放战争时期任中共中央法律委员会委员。从延安时期至新中国成立初期，他积极参与制定或起草了《中国人民政治协商会议共同纲领》《中共中央关于废除国民党的“六法全书”与确定解放区的司法原则的指示》《中华人民共和国刑法》等重要法规和草案。新中国成立后，任中央人民政府司法部党组书记、副部长、中央法制委员会委员、中央法制委员会刑事法规委员会主任委员和全国政协委员。曾主持编写《刑法草案》，参加《惩治反革命条例》《惩治贪污条例》《婚姻法》等法规的起草和审定工作。

② 侯欣一：《陕甘宁边区高等法院司法制度改革研究》，载《法学研究》2004年第9期。

③ 《陕甘宁边区高等法院1942年3—9月工作报告》，1942年10月，陕西省档案馆档案，全宗号：15。转引自侯欣一：《从司法为民到人民司法——陕甘宁边区大众化司法制度研究》，中国政法大学出版社2007年版，第152页。

第二，规范审判方式，并对诉讼程序进行了相应的完善。采取的具体措施包括：单独对政治案件进行审理、规范各种司法文书的写作格式、严格按照既定的规范格式书写、以坐堂办案为主深入群众办案为辅、收取败诉方的诉讼费用且不得随意减免、明确要求必须严格执行二级二审制的规定。

第三，减少行政机关对司法的干涉。其措施包括：承认司法与行政之间的区别、强调法院以审判工作为核心、减少行政机关对司法的干涉。

第四，增强司法人员的法律专业知识。针对司法人员专业素质较低的问题，李木庵提出通过业务培训的形式来增强司法人员的法律专业知识，将某些严重缺乏专业性法学知识的人员调离审判岗位。[①]

由于历史条件所限，李木庵主导的这场司法改革没有达到理想的效果。

（四）新民主主义司法理念的成熟

陕甘宁边区司法领域的领导人坚持马克思主义法律观，结合中国共产党人在陕甘宁边区提出的新民主主义司法理念、中国传统文化孕育下的和谐司法理念，以及吸收一些来自西方国家的近现代司法理念。这些理论与实践能够帮助他们更好地阐释新民主主义司法理念，并使之不断地成熟起来。事实证明，这套成熟的新民主主义司法理念不仅直接指导了陕甘宁边区的司法实践，还深刻影响了新中国成立后的司法理念。具体体现在以下几个方面。

1. 司法要与中国国情相结合

最好的司法应该是从中国的国情出发，建立适合中国人自己生活模式的司法。中国自从晚清开展司法改革以来，司法处在变革中，并且还经常出现各种各样的问题，最根本的原因就是，以往进行的司法改革都是严重脱离中国国情的。尤其是近代以来，大多数法学界人士都对西方的法学理论和司法实践存在错误看法和模糊认识，于是，开始不加甄别地抄袭西方各国的司法

---

① 于博：《当代法院管理体制非行政化问题研究》，河北师范大学 2010 年博士学位论文，第 87 页。

理念与制度，这样做的结果就是他们忽视了真正客观存在的中国国情以及中国广大民众对司法的现实需要。以国民党政府制定的民法典为例，国民党政府制定的民法典包含了很多进步的、合理的成分，[①] 因为这部民法典不但是以当时最先进的西方民事立法理念作为指导，还保留了大量的传统民间风俗习惯，表现为从晚清开始直到北洋政府时期花费几十年工夫才完成的《民商事习惯调查报告》被这部民法典悉数收录。因而这部民法典当时得到了国内外民法学界的一片赞誉。[②] 但国民政府的民法不仅与广大的工农阶级无关，而且不是中国的资产阶级需要的，因为中国资产阶级如果是指城乡工商业者的话，那么，这样的法律太复杂了；如果是指现代化的大资产生产模式的话，也许要带更多的中国特色才能符合他们的要求。不得不承认，看上去完备而优秀的法典并不意味着对我们国家来说就是最适合的。

那么陕甘宁边区当时真正的情况是什么样子呢？边区自然环境恶劣，与外界处于隔绝状态，其经济还只能解决生存问题，民众文化水平低，传统法律文化观念占主导地位。广大乡村社会的民众，他们的日常生活还是由风俗习惯调整的。这些现实条件共同决定了，一方面，体现新民主主义的司法必须考虑到民众的理解能力和接受能力，需要以民众的现实需要作为司法制度建设和实践的出发点；另一方面，中国共产党的政权和法律政策如何才能深入农村，成为民众日常生活的一部分，才是陕甘宁边区真正的问题。[③]

2. 司法要合情合理

法律必须以“人情”为内容，并且把“人情”作为衡量法律是否合理的重要标准，因此所谓的“法理”就是指“人之常情”的道理。民众之间的关系是通过风俗习惯表现出来的，因此它可以对法律起到补充完善的作用；反过来说，法律的制定与实施必须以风俗习惯为基础，只有这样的法律才是与

① 何勤华：《论新中国法和法学的起步——以“废除国民党六法全书”与“司法改革运动”为线索》，载《中国法学》2009 年第 4 期。

② 纪坡民：《产权与法》，生活 · 读书 · 新知三联书店 2001 年版，第 260 页。

③ 陈洪杰：《人民司法的历史面相——陕甘宁边区司法传统及其意义符号生产之“祛魅”》，载《清华法学》2014 年第 1 期。

民情相符合的，才最容易得到民众的遵守。这种认知模式很明显地受到了中国传统的法律文化的影响并吸收了其精华部分。

司法人员也要懂得情理，在此基础上审理案件就会合理合法，得到人民群众的拥护。审判案件中依据的“法”，主要指的是党的政策和陕甘宁边区的法律法规；审判案件中依据的“情理”，是指以符合人之常情的公平公正为原则，根据案件的实际情况并充分考虑双方当事人的经济状况、心理状况作出合情合理的判决。由此可见，新民主主义司法理念站在情理的角度看是考虑得十分周全的，既照顾到了阶级斗争中的民众情感，又考虑到了统一战线的需要，还将法律专业知识与群众路线有机地融为了一体。

3. 法律是统治阶级意志的体现

新民主主义司法理念是将马克思主义阶级观念进行发挥后与现实法律问题相结合的一种尝试。当时的司法领导人已经清楚地认识到，法治本身是有阶级性的，即在一定的社会中，统治阶级需要有适合自身发展的法制。如果从这个角度认识法律的话，可以说，一旦离开法律的阶级性，法律的善恶就无法判定了。

我们的司法是建立在无产阶级意识形态下的新型司法，是要废除资产阶级意识形态下司法制度的结论。

4. 司法双重领导模式

司法双重领导模式是指法院不但要接受同级党组织和同级政府的领导，还要接受同级参议会的监督，在此前提下，依据法律法规作出司法判决；虽然审判人员表面看起来是在独立地行使审判权，但是审判的结果必须能顺应当时的政治环境，并服务于当时的革命需要。

侯欣一教授这样理解“司法双重领导模式”：第一，不实行西方宪制理念下的“三权分立”，即司法不是与立法、行政并列的权力，也不是独立的权力；第二，司法机关要服从同级政府机关的领导，这是明确的上下级之间的从属关系；第三，司法机关不但承担着依法定分止争的功能，更重要的是司法机关还要严格执行党的路线与政策，而且它的政治功能比审判功能还重要；第四，司法机关内部，实行的是类似行政系统内部的运行模式，即上下级之间是从属关系，显然作为下属的法官自身不独立，而且法官的审判业务必须接受院长的领导。[①]

所谓“一元化”体制，即党领导一切的体制，表现在党组织不但领导同级的政府机关，而且要求个人服从组织，下级服从上级，全党服从中央。[②]1942 年 10 月以后，陕甘宁边区全面实行党的一元化领导体制。在这样的体制下，司法组织不但被纳入政府机关的领导之下，采取行政兼理司法的方式，还进一步把司法组织纳入党的领导之下。在当时，党对司法的领导有两种方式：一种方式是把党的路线、方针、政策，直接作为司法机关判案的依据，或者将党的路线、方针、政策融入立法中，审判人员依法审判本身就是对路线方针的贯彻执行；另一种方式是党直接介入具体案件，提出司法意见，或者直接参与到司法审判中。[③] 历史地看，这两种方式在当时特定的条件下，发挥的正面作用是很大的：不但让民众更直观地了解了党的路线方针，而且让民众亲身感受到了党的关怀和温暖。

在党组织的一元化领导下，司法的功能要拓宽，即在司法的过程中，不能仅仅满足于定分止争的功能，还要通过案件本身发生的原因进一步求出治理社会的方法。[④] 也就是说，边区的司法机关除了要承担起解决纠纷实现正义的功能之外，还要担负起社会治理的功能，这是由司法工作是政府工作的一部分决定的，司法工作也必须以改造社会为终极目的。另外，司法工作是政府工作的一部分也决定了边区高等法院的司法权力不是终极的，它必须得到党和政府的认可后才能结案，因此边区高等法院也不是真正意义上的终审机构。[⑤]

这种双重领导模式的司法，不仅使司法制度深深地打上了行政化的烙印，也为司法大众化的推行扫除了制度上的障碍。为人民服务的群众路线是

---

① 侯欣一：《陕甘宁边区司法制度、理念及技术的形成与确立》，载《法学家》2005 年第 4 期。

② 中央档案馆编：《中共中央文件选集》（第 13 集），中共中央党校出版社 1989 年版，第 82 页。

③ 胡永恒：《一元化领导体制下的司法半权：以陕甘宁边区治理为例》，载《文化纵横》2015 年第 4 期。

④ 侯欣一：《谢觉哉司法思想新论》，载《北方法学》2009 年第 1 期。

⑤ 韩延龙主编：《法律史论集》（第 5 卷），法律出版社 2004 年版，第 401~402 页。

政府机关的办事原则，作为政府机关下属部门的司法机关，自然也要把群众路线作为最根本的审判原则，这就要求法院必须认真听取广大民众的意见。于是，党组织与政府机关的司法意见，以及广大民众的意见都理所当然地体现在了司法活动中。

（五）新民主主义司法理念的内涵

第一，全心全意为人民服务。在群众路线被确定为中国共产党的基本路线之后，政府工作的中心就是全心全意为人民服务，司法机关作为政府的下属部门也不例外。此外，司法民主观的确立，更进一步强化了司法与人民之间的密切联系。1944 年 11 月 5 日，习仲勋在绥德分区司法会议上的讲话指出，我们的司法工作要密切配合政治任务，司法要起到团结人民与教育人民的作用，同时还要保护人民的正当权益，因此越能使老百姓邻里和睦，相互帮助，少打官司，安心生产，就越证明司法工作做得好。①

第二，实质正义。西方的政治传统是政治权力通过法律和程序来获得合法性，但是在中国的政治传统中，政治权力合法存续的基础在于“民本”思想，这和中国共产党倡导的“为人民服务”是一脉相承的关系，即政治权力必须通过不断地为人民谋福利来获得合法性，并持续地得到民众的拥护。②中国共产党的路线方针决定了它选择的是实质正义的方式，这种方式也贯彻在了司法工作中。在这样的体系结构中，可以说西方的宪制理念以及由此延伸出来的程序正义几乎是失效的。司法工作中讲求实事求是、有错必究，意味着边区司法实践反对因形式正义影响实质正义实现的做法。实事求是作风的确立，在一定程度上强化了边区司法实践中对实质正义的追求。③

第三，改为二级二审制。1944 年 2 月，边区政府正式撤销了审判委员会。所谓精简机构，渡过财政困难时期是一方面原因，另一方面原因是战时提高

---

① 习仲勋：《贯彻司法工作正确方向》，载西北五省区编纂领导小组、中央档案馆编：《陕甘宁边区抗日民主根据地·文献卷》（下），中共党史资料出版社 1990 年版，第 181 页。

② 俞荣根：《道统与法统》，法律出版社 1999 年版，第 134 页。

③ 转引自杨永华、方克勤：《陕甘宁边区法制史稿》（诉讼狱政篇），法律出版社 1987 年版，第 72 页。

审判效率的迫切需要。

第四，行政领导司法。从 1942 年下半年开始，陕甘宁边区政府把不坚持新民主主义司法理念的司法人员调离司法岗位，并开始实行县长兼任司法处长和专员兼任分庭庭长的制度，这样的制度安排有利于实现行政对司法的领导。[①]

第五，司法人员要有政治觉悟。林伯渠指出，司法人员一定要懂得司法的任务就是保卫国家和人民、保卫红色政权。[②]也就是说，边区的司法人员首先是一个政治工作人员，其次才是一个法律工作者。司法人员如果只会依法审理案件、写判决书的话，即使案件判得清楚，判决书写得漂亮，也是失败的，因为这和党的要求相差还很远。[③]

第六，不再援引“六法全书”作为判案依据。边区司法系统在整风运动过程中，将“六法全书”定性为代表资产阶级意识形态的法律，因此不得作为陕甘宁边区人民法院审理案件的法定依据。

总之，经过这轮司法改革后，在新民主主义司法理念的指导下，边区法院最终确立了自身存在的合法性与合理性，边区法院成了边区政府的一个下属机构，司法的首要目标是为革命服务和为新政权建设服务，当然，也是为边区广大人民服务的。[④]这种全新的司法理念，开创了自晚清司法改革以来，中国法制近代化进程的新纪元。中国近代化的司法改革终于确立了中国自己的改革方向，而这一方向和西方的宪制方向是截然不同的。建立在新民主主义司法理念指导下的马锡五审判方式，将这种司法理念推行到了司法审判中，从而赢得了广大民众对中国共产党的理解与认可，并为新中国的建立立下了很大的功劳。

---

① 侯欣一:《陕甘宁边区司法制度，理念及技术的形成与确立》，载《法学家》2005 年第 8 期。

② 林伯渠:《关于改善司法工作》(1944 年 1 月 6 日)，载西北五省区编纂领导小组编:《陕甘宁边区抗日民主根据地文献卷》(下)，中共党史资料出版社 1990 年版，第 169~170 页。

③ 习仲勋:《贯彻司法工作的方向》，载《解放日报》1944 年 11 月 5 日。

④ 谢觉哉:《边区参议会常驻会报告》，载王定国、吉世霖、王萍:《谢觉哉论民主与法制》，法律出版社 1996 年版，第 131 页。

（六）新民主主义司法理念的践行模式

1. 马锡五审判方式的形成

在近代中国的社会转型过程中，农村的自然经济结构相当稳固，民众心理上的传统观念更是异常稳固，因此，如果不对社会现实做考察分析，不去寻找法律与社会之间的结合点，那么，制度就只能悬浮于社会生活之上，甚至会激起广大民众的对抗。[①] 正是在这种状况下，中国共产党特别强调要深入农村走群众路线，国家权力才开始逐步渗透到了乡和村，并开始影响每一个民众的日常生活。[②] 这一思想要求边区的司法也要走群众路线，也要深入民众的日常生活中。

正是基于以上所述的原因，雷经天和李木庵的司法理念与制度均遭遇了推行上的困境，那么，新型的、适合陕甘宁边区需要的司法制度到底应该如何建立，没有人能说清楚。正在这时，马锡五走上了边区的司法舞台，对于他创立的审判方式，陕甘宁边区领导人和边区的广大民众，这一次都表示非常满意。新民主主义司法理念终于找到了理想的表现形式，即马锡五审判方式。

马锡五[③] 走进司法领域纯属偶然，他在兼任陕甘宁边区陇东分庭庭长之前，没有任何法律背景。只是因为陕甘宁边区实行了专员兼任分庭庭长的特殊体制，所以他才有机会从事审判工作。但是，马锡五作为审判人员的巨大成功具备许多天然的有利条件：比如，他的出身和工作经历决定了他对贫苦民众有天然的亲和力，他长期在基层工作的经历决定了他对边区的风俗习惯是相当熟悉的。

马锡五审判方式以纠纷的最终解决为目标，采用基于个案的解决方式，

---

① 张仁善：《论中国近代司法文化发展的多层面冲突》，载《法学家》2005 年第 2 期。

② 苏力：《为什么“送法上门”？》，载《社会学研究》1998 年第 2 期。

③ 马锡五（1898—1962），陕西省保安（今志丹）县人。1930 年参加革命，1935 年加入中国共产党。抗日战争时期任陕甘宁边区庆环专区陇东专区副专员、专员；1943 年兼任陕甘宁边区高等法院陇东分庭庭长；1946 年任陕甘宁边区高等法院院长；新中国成立后任最高人民法院西北分院院长；1954 年任最高人民法院副院长。

在审理过程中依据法律、政策与道德的紧密配合，注重各种风俗习惯的运用，注重调解，追求实质正义，并主动依靠地方力量，邀请广大民众参与到案件的审判中，实现司法中情理法的综合考量，使纠纷在合意的基础上尽快解决，重视纠纷解决的社会效果及对今后的规范效应。①

马锡五审判方式的显著特点表现在以下四个方面：

第一，这种审判模式是讲究深入调查的。司法干部要多下乡锻炼，多联系群众。仅仅靠关起门来研习法律教条是于事无补的。经过深入调查后，马锡五就能抓住案件关键，从案件的本质上解决问题。所以，他能真正做到切实照顾边区人民的实际生活。

第二，他是在既坚决执行政府政策法令，又照顾群众生活习惯及维护其基本利益的前提下合理进行调解的，真正做到了一切为群众、一切依靠群众。马锡五说，群众的意见比法律还厉害，基于这样的理念，他就能抓住人心，就能真正解决当事人的问题。

第三，这种审判模式使司法工作成为群众自己的工作，使司法机关真正成为为广大群众服务的机关，并做到了同群众真正打成一片，认真倾听群众意见，尊重群众良好习惯，公正负责地为群众解决问题，不拘形式地组织群众的审判，以减少群众的诉累。

第四，这种审判模式诉讼手续是简单方便的，审判方式是座谈式而不是坐堂式的。随时随地都可以审理案件，能够做到不敷衍、不拖延。陕甘宁边区彻底从形式上消除了司法机关与人民群众之间的隔阂，使司法机关的形象归于大众化。对于中国广大民众而言，一个与自己的日常生活有密切联系，又真心为自己的事情操心的法院无疑具有强大的亲和力。因此，这种审判模式是真正为人民服务的。

2. 封棒儿、张柏儿婚姻案

下面以著名的“封棒儿案”详细论述一下马锡五审判方式。大家应该知道新凤霞的评剧《刘巧儿》，这出戏在中华大地上曾经风靡一时，直到今天

---

① 范愉：《简论马锡五审判方式——一种民事诉讼模式的形成及其历史命运》，载马俊驹主编：《清华法律评论》（第2辑），清华大学出版社1999年版，第221页。

还经常上演，而《刘巧儿》故事的原型就是封棒儿、张柏儿婚姻案。

1928 年封彦贵将自己 3 岁的女儿封棒儿许配给了农民张金才的次子张柏儿，张金才按照当地的风俗习惯给了封家一定数额的彩礼钱。也就是说，根据当地的风俗习惯，这门“娃娃亲”已经生效了，就等着两个孩子到一定的年龄正式办婚礼就行了，这样的婚姻模式不但能得到民众的普遍认可，还能得到传统法律的保护。

后来当地的彩礼钱大涨，封彦贵感觉自己吃亏了，于是想解除与张家的婚约，一则可以让女儿另嫁高门，二则自己也可以得到更多的彩礼钱。但是，在民风淳朴的陕甘宁边区，假如真的这么做会冒很大的风险，比如说，封彦贵会被大家看作不诚信的人，大家都不愿意再和他交往，也不愿意帮助他了。就在左右为难之时，陕甘宁边区颁布了新的婚姻条例，法律明确规定反对父母包办婚姻，这样的法律规定为封父退婚提供了充足的法定理由。

1942 年 5 月，封彦贵背着张金才又将女儿许给张宪芝之子为妻。张金才得知此事后将封彦贵告上法庭，华池县司法处详细了解情况后，判决封家后一次承诺的婚约无效。1943 年 2 月，封棒儿与张柏儿首次相见并表示自愿结为夫妻。但是，就在同年 3 月，封彦贵再次将女儿许配给了朱寿昌为妻。封棒儿知道父亲的所作所为后很伤心，并且告诉了张柏儿，让他尽快想办法。3 月 18 日，张金才带领 20 多人深夜携带武器，闯入封家抢走了封棒儿，并让其立即与张柏儿举行了成亲仪式。封彦贵就此事向县司法处提出控告，司法处仅仅依据封彦贵的片面之词，就判处张金才 6 个月的有期徒刑，并判决封棒儿与张柏儿的婚姻无效。封、张两家以及附近群众都表示对该判决强烈不满。①

不久，封棒儿偶遇马锡五，并当场向马锡五诉说了自己的婚事与委屈。1943 年 6 月的一天，马锡五亲自去当地办理此案，他询问了当地了解具体情况的干部和群众，大家意见是一致的：封彦贵为多得彩礼钱多次出卖女儿，必须进行处罚；张家深夜抢亲的行为也应处罚；张柏儿和封棒儿自愿结为夫妻应该支持。马锡五认为群众意见和边区婚姻条例的规定是相吻合的，遂作

① 何立波：《马锡五，你在哪里？》，载《同舟共进》2011 年第 4 期。

出判决：张柏儿与封棒儿的婚姻有效；判张金才 2 年 6 个月徒刑；封彦贵处苦役 3 个月。[①]该判决不仅得到了群众的支持，当事人也都服判。马锡五接着教育封棒儿和张柏儿仍然要孝敬父母。

本案充分反映出人民群众才是真正伟大的力量，人民群众的创造力是无穷无尽的。所以，审判工作只要依靠与联系人民群众来进行时，就能得到无穷无尽的力量，即使是复杂的案件和纠纷，也易于弄清案情并解决。[②]马锡五审判方式的核心就是人情国法并用，并充分尊重群众意见，因此判决的结果能得到大家的普遍认可。马锡五还对当事人进行了法制教育和道德教育，尽量做到恢复社会的和谐状态。

3. 马锡五审判方式的推广

马锡五审判方式践行了新民主主义司法理念，即把广大群众拉进司法领域，并积极参与到司法过程中，实现司法干部与群众共同断案。在他们参与判案的过程中，共产党的政策也得到了广泛的传播。

1944 年 3 月 3 日，《解放日报》发表社论，全面介绍了马锡五审判的特点：深入群众进行调查研究，获取案件的真实情况；既坚决执行边区政府政策与法律，又能维护群众的基本利益；诉讼程序简便，审判方法以座谈式的调解为主。[③]正是通过马锡五审判，民众认可了中国共产党的治理模式，从而保证国家权力能顺利开展基层社会的改造工作。

1944 年 4 月 27 日，毛泽东同谢觉哉谈及司法问题时，谢觉哉借此机会详细介绍了马锡五审判方式。这个审判模式就是政府和群众共同审判案件，这样不但使群众懂得了政策和法律，而且学会了通过调解减少诉讼，真正做到了司法为民服务。[④]马锡五审判方式最为重要的一点，就是通过这一模式可以将普通群众纳入司法领域和政治领域接受党的思想教育。

---

① 肖周录、马京平：《马锡五审判方式新探》，载《法学家》2012 年第 12 期。

② 马锡五：《新民主主义革命阶段陕甘宁边区的人民司法工作》，载《政法研究》1955 年第 1 期。

③ 肖周录、马京平：《马锡五审判方式新探》，载《法学家》2012 年第 12 期。

④ 《谢老与司法实践》，载王定国、吉世霖、王萍：《谢觉哉论民主与法制》，法律出版社 1996 年版，第 320 页。

1944年6月，由李维汉执笔的《陕甘宁边区建设简述》材料，经毛泽东、周恩来审阅后，发给了中外记者。在这份材料中，讲到了提倡审判与调解相结合的马锡五审判方式。[①]这标志着马锡五审判方式得到了党的最高领导人的认可和赞许，并将其作为边区司法工作的一大创举正式向外界推广。例如，赤水县裁判员任君顺学习马锡五审判方式不到半年，就解决了八九个疑难案件，他在总结自己取得的这些成绩时说，过去工作中的主要错误在于总是稍微了解案情后，就把案件拿到办公室来审理、判决。现在按照马锡五审判方式办案，更加注意调查研究了，更加注意密切联系群众了。解决案子依靠群众力量，这比在办公室审理案件好得多，以前解决不了的案子，现在只要拿到群众中去，很容易就解决了。经过不断地推广学习，马锡五审判方式成了边区审判模式中的主流，马锡五的名字也开始成为新型司法审判模式的代名词。

4. 司法调解的作用

《陕甘宁边区民刑事案件调解条例》规定，所有的民事案件都要先进行调解，除一些重大刑事犯罪案件以外的一般刑事犯罪案件也在调解的范围之内。不仅民间调解适用广泛，而且进入司法程序的案件在审理过程中也可以调解。陕甘宁边区政府抓住马锡五审判方式的时机，大力提倡以各种形式进行调解来解决纠纷，最好所有的案件都能在乡村中由民众自己调解解决。[②]不但村干部要参加调解，有能力有威望的人也可以参加调解。

中国传统法律中的调解体现了当事人的主体性，双方当事人在第三方的主持下能够自愿协商处理自己的纠纷，很快地恢复被损害的法律关系和人际关系，有利于实现双方当事人追求的实质正义。另外，调解简便灵活高效，节省费用支出，能最大限度地减轻当事人的讼累。[③]从这些特征看，中国共产党的调解制度是对中国古代法律传统的继承。但是，中国共产党

---

① 陈洪杰：《人民司法的历史真相——陕甘宁边区司法传统及其意义符号生产之“祛魅”》，载《清华法学》2014年第1期。

② 强世功：《权力的组织网络与法律的治理化——马锡五审判方式与中国法律的新传统》，载《北大法律评论》2000年第2期。

③ 张文显：《张文显法学文选：司法理念与司法改革》（第7卷），法律出版社2011年版，第280页。

的人民调解制度与传统的调解制度在性质、权威依据等方面又存在本质的不同。[①] 中国共产党通过打击地主豪强，使农村被纳入国家的政权组织中，实现了制度创新。[②] 调解正是在这一过程中形成了自己的新传统，即调解必须遵循党的路线方针。通过调解的形式，广大民众也参与到了社会的综合治理过程中，从而使边区民众的行为模式日渐符合中国共产党的政策和法律规范。[③] 如果说西方的法律传统塑造了有节制的治理社会的方式的话，那么中国共产党领导下的法律则塑造了全能的综治的社会治理模式，这无疑构成了中国法律的新传统。[④]

5. 马锡五审判方式的意义

1944 年前后，新民主主义司法理念发展成熟，宣告了法律形式理性主义治理在我国农村社会的历史性失败。马锡五审判方式将调解和审判结合起来并灵活运用的审判方式，蕴含的是新民主主义司法理念，这是传统法律文化资源在当代社会中的再创新，在此基础上，又吸收了西方的法治理念，这使马锡五审判方式有效地沟通了传统法律与西方法律，隐含了新中国成立后法治的发展方向。

在 20 世纪 40 年代的中国，同时存在国民党的司法理念和共产党的司法理念。在马锡五审判方式的强烈映照下，国民党的司法自然成了远离群众的高高在上的“坐堂办案”，脱离民众生活实际的“教条主义”。共产党的马锡五审判方式则是从群众中来的，它追求的是实质正义，有效地满足了民众对司法的需求，因此，对于许多本来该去国民党法院进行诉讼的案件，民众也更乐意到边区法院解决纠纷。[⑤]

---

① Fu Hualing, Understanding People's Mediation in Post-Mao China, Journal of Chinese Law.1992, p.6.

② Schurmann Herbert Franz, Ideology and Organization in Communist China, Berkeley, University of California Press 1968, p.416.

③ 梁洪明:《马锡五审判与中国革命》, 载《政法论坛》2013 年第 6 期。

④ 强世功:《权力的组织网络与法律的治理化——马锡五审判方式与中国法律的新传统》, 载《北大法律评论》2000 年第 2 期。

⑤ 曾益康:《从政治与司法双重视角看“马锡五审判方式”》, 载《西南政法大学学报》2009 年第 4 期。

三、对新民主主义司法理念的思考

坚持中国国情实际的中国共产党人，对晚清以来一直奉为真理的西方化的司法改革，特别是西方化的司法理念进行了彻底批判，并树立起了极具中国特色的新民主主义司法理念，从司法让人民群众满意的角度来思考案件审判的目标问题，从而实现了司法与大众化观念的统一。这为我们全面审视西方现代司法理念与制度提供了一个全新的视角和参照系。

第一，中国革命的性质决定了司法理念定位。陕甘宁边区政权的稳固和壮大，需要利用法律来摧毁旧秩序，建立和维护新秩序。这使得司法同时肩负着定分止争、宣传教育、改造社会等多重功能，并以实现革命的政治任务为首要目的，因此服务于政治与革命就成了最核心的司法理念。在这种情况下，政治直截了当地表达着自己的诉求，必然要求司法承担起实现党的方针政策的使命。①

第二，中国传统法律文化根基深厚，影响深远，早已形成了我们民族的文化心理，并流淌于我们每一代人的血脉之中，这也是中国共产党司法理念形成的深层文化因素。共产党人对中国传统法律文化论述得很详细，并以其成功的经验表明，司法的建立与发展和法治环境之间有密切的关系，因此需要立足社会现实情况建立有效的纠纷解决机制。

第三，自晚清司法改革以来，西方化一直是挥之不去的影响，甚至在很长一段时间里，成为中国司法改革的目标和方向。新民主主义司法是第一次真正打破朝西方化方向进行司法改革的开始，也是第一次立足于中国民众的司法需要而进行的改革，因此，新民主主义司法理念有着强大的生命力，这一理念必然会为当今的司法改革提供一些有益的借鉴。

新中国成立后，中国的司法理念与制度开始全方位地移植苏联的司法

① 马怀德：《法院制度的理论基础与改革方向》，载陈光中：《中国司法制度的基础理论专题研究》，北京大学出版社 2005 年版，第 119 页。

理念与制度；20 世纪 90 年代，中国又开始借鉴英美国家的司法理念与制度。从表面看来，当代中国的司法理念与制度同陕甘宁边区时期的司法理念与制度之间的联系已经变得不是十分明朗了，不过，通过本章的研究，我们可以发现，这些大规模的移植活动并没有彻底打断我国现行司法理念同陕甘宁边区新民主主义司法理念之间存在的内在联系。而且，我们甚至可以说，当代中国司法理念的内核是在陕甘宁边区时期的司法实践中形成的。因此，我们很有必要重视这段重要时期给我们留下的司法遗产，并重视陕甘宁边区司法理念对当今司法理念的深层次影响。

第七章
新中国成立后至改革开放前的司法理念

上一章讲到，新中国成立前，中国共产党把法律与文化传统中的小传统熔为一炉，创造出了马锡五审判方式。但中国共产党执掌全国政权后，再想把法律与文化传统中的小传统相联系就很困难了，原因在于，在中国960万平方公里的土地上，“五里不同风，十里不同俗”，这样的法律必定是带有鲜明的地方性习俗色彩的。

从新中国成立至1978年改革开放之前这一时期，法制变革的方向就是移植苏联的法律理念与体系。这一时期的司法理念表现为：法律是阶级统治的工具。

一、阶级统治工具司法理念的成因

（一）社会主义指导思想是马克思主义

马克思在1859年写的《〈政治经济学批判〉序言》中，第一次完整地表述了“五种社会形态”理论。所谓社会形态是指经济基础和上层建筑的总和：大体说来，亚细亚的、古代的、封建的和现代资产阶级的生产方式可以看作经济的社会形态演进的几个时代。根据马克思的论述，依据生产关系的性质，即依次由低级到高级发展的顺序性，人类社会的发展阶段可以分为五种社会形态，即原始社会、奴隶社会、封建社会、资本主义社会和共产主义社会（包括作为初期阶段的社会主义社会)。[①] 其中，奴隶社会、封建社会、资本主义社会属于阶级社会。马克思明确提出社会形态的发展是自然演进的历史过程，不因人的意志改变而改变，因此它具有客观规律性。[②] 从演进历程来看，共产主义社会是比资本主义社会更高一级的社会形态，所以共产主义取代资本主义是历史发展的必然趋势。新中国成立后，选择走社会主义道路，就必然以马克思主义[③] 为指导思想。

马克思指出，在社会生产过程中，人们必然地参与到不以他们自身意志为转移的关系中，这样的关系就是生产关系，生产关系的总和就是上层建筑赖以存在的物质基础。[④] 由于法律也是上层建筑的重要组成部分，所以法律也是由每个时代的物质基础决定的，并且当社会现实的物质条件发生根本变化时，法律必然随之变化。

一切阶级斗争，都是在物质利益发生冲突的基础上出现的，也就是说，阶级斗争是围绕着物质利益进行的。在阶级社会里，围绕着物质利益，阶级斗争首先在两大基本阶级之间展开：在奴隶社会里，表现为奴隶阶级和奴隶主阶级之间的斗争；在封建社会里，表现为农民阶级和地主阶级之间的斗争；在资本主义社会里，表现为无产阶级和资产阶级之间的斗争，这决定了无产阶级必须通过阶级斗争的方式夺取政权，建立社会主义国家。社会主义作为共产主义的初期阶段也有阶级和阶级矛盾。只是这种阶级矛盾不同于之前社会形态中两个完整的对抗阶级之间的斗争，而是历史上阶级斗争在社会主义条件下的遗留，或者说是残余形态的阶级斗争。

既然阶级和阶级斗争是阶级社会里客观存在的事实，那么作为对抗最高

---

① 《马克思恩格斯选集》(第2卷)，人民出版社1995年版，第33页。

② 《马克思恩格斯全集》(第46卷)，人民出版社1979年版，第101~102页。

③ 本章所称的“马克思主义”一词，其内涵是不一样的，有时指马克思、恩格斯所创立的马克思主义，有时指苏联化的马克思主义，有时指经苏联传入中国后，逐步中国化了的马克思主义，甚至后两种内涵里面还有一些是为了适应本国形势发展而修改的成分。至于马克思和恩格斯所创立的“马克思主义”，并不是本章要讨论的重点内容，因为我们都会承认这样一个事实：是苏联化了的马克思主义以及中国化了的马克思主义更多地影响了我国这一时期的司法理念的形成和发展。

④ ［德］马克思：《政治经济学批判》，徐坚译，人民出版社1955年版，序言。

表现形式的阶级革命，就成了推动社会进步的最主要的动力。阶级革命的结果就是形成阶级专政，因此，阶级专政是社会主义社会发展必经的过程。由此可见，在马克思主义思想体系里，阶级观点就是认识阶级社会的基本视角，由此形成的阶级分析方法，自然也就成为我们研究阶级社会的根本方法。阶级分析方法就是运用阶级斗争的相关理论来研究社会问题，因此这也是马克思主义法学理论体系重要的组成部分。①

按照马克思主义的法律观，统治阶级必须借助法律这一外在的客体形式才能把自己的意志上升为国家意志。马克思、恩格斯正是依据这个经典的判断，对资产阶级的法律进行了剖析，认为资本主义社会的法律，实质就是资产阶级意志的体现，这是由资产阶级的物质基础决定的。②这些旧的法律必然会随着资本主义社会的灭亡而消亡。③

（二）苏联阶级统治工具的司法理念

苏联社会主义国家的建立，标志着第一次形成了资本主义国家和社会主义国家两大阵营的对立。由于二者在意识形态上是根本对立的，这直接决定了社会主义性质的法律和资本主义性质的法律是截然不同的，因此，社会主义司法理念与资产阶级的司法理念存在根本的差异，这是建立在两种完全不同的政治基础之上的理论形态。④

列宁继承了马克思、恩格斯的法律观，他进一步指出，法律是通过暴力革命取得阶级胜利后，掌握国家政权的统治阶级的意志体现。⑤列宁认为，阶级就是一些这样的集团，这些集团在一定的社会生产关系中所处的地位不同，对生产资料的占有关系不同，因而得到的自己可支配的社会财富的多寡也不同，其中一个集团能够通过法律的形式合法地占有另一个集团的劳动。⑥

---

① 张文显、姚建宗：《权利时代的理论景象》，载《法制与社会发展》2005 年第 10 期。

② 《马克思恩格斯全集》（第 4 卷），人民出版社 1965 年版，第 485 页。

③ 《马克思恩格斯全集》（第 6 卷），人民出版社 1965 年版，第 292 页。

④ 王建国：《列宁司法思想研究》，南京师范大学 2008 年博士学位论文。

⑤ 《列宁全集》（第 13 卷），人民出版社 1965 年版，第 3 页。

⑥ 《列宁选集》（第 4 卷），人民出版社 1972 年版，第 10 页。

在这里，所有的社会关系都被归纳成阶级关系，阶级关系表现为阶级意志，所以法律就是占统治地位阶级的意志体现，即法律就是“阶级统治的工具”。

以人民主权、民主集中制和权力监督为内容的社会主义国家政权建设理论，构成了列宁司法思想的理论根基。在此基础上，列宁阐述了对司法平等和司法民主等司法理念的认识。在列宁那里，这些司法理念其实都是实现司法公正必须具备的制度构造要件。也就是说，没有这些相应的制度保证，司法公正就难以实现。① 同时，在国家初建、阶级矛盾和阶级斗争比较激烈的情况下，重刑的理念和措施往往容易流行。

苏联法学家把阶级斗争理论和阶级分析方法应用于社会主义法学的各个方面。20 世纪 30 年代，维辛斯基形成了一套所谓的社会主义法学理论，其以“统治阶级意志”“专政工具”以及“经济条件决定论”为理论核心。② 维辛斯基为了适应政治斗争的需要，为法律下了一个定义：法律是以立法形式规定的，表现统治阶级意志的行为规则和为国家政权认可的风俗习惯和公共生活规范的总和，国家对统治阶级建立的对自身有利的社会关系和社会秩序采取保护和巩固的态度，并以国家强制力保障它的顺利实施。③ 后来整个苏联法学理论就建立在这个以维辛斯基命名的法学定义之上。

1959 年苏联开始对列宁的无产阶级专政的法律理论进行反思，并对被誉为最权威的法学家维辛斯基的法律概念和理论进行了全面的批判。20 世纪 60 年代，苏联彻底抛弃了“法律是阶级统治工具”的理念，进而主张法律是国家全体人民意志的体现。

（三）司法理念的文化基础

恩格斯曾指出，在一切意识形态领域内，传统都是一种巨大的保守力

---

① 王建国：《列宁司法思想研究》，南京师范大学 2008 年博士学位论文。

② 蔡定剑：《阶级斗争与新中国法制建设——建国以来法学界重大事件研究》，载《法学》1998 年第 4 期。

③ 张文显、于宁：《当代中国法哲学研究范式的转换——从阶级斗争范式到权利本位范式》，载《中国法学》2001 年第 1 期。

量。[①] 作为异质文化的马克思主义法学思想传入中国，必须在中国文化中寻找到赖以生存的文化土壤，这样才能获得中国人在心理上的认可。马克思主义与中国传统文化之间的共性并不在于概念、范畴的相同，而在于文化精神的相通。文化精神上的相通是马克思主义中国化的联结点和纽带。[②] 具体来说，这种契合点和内在联系主要表现在以下几个方面：

第一，在任何一种社会思想体系中，都必然包含着某种社会理想模式。中华民族精神中的“天下大同”思想和“均平”意识，客观上确实与科学社会主义对人人平等，没有阶级，没有剥削，财产公有，按需分配的共产主义社会的设想，有众多相似、相通之处。这些理想也包含了司法要达到的目的。

第二，中华民族主张的群体主义价值观要求个人利益服从群体利益，个人要具有社会义务感和历史责任感，要为社会、民族和国家作贡献。马克思主义主张社会本位，认为人的本质是一切社会关系的总和，人的需要是社会实践的产物，任何个人都不能脱离一定的社会关系和联系而存在。二者之间的精神也是贯通的。

第三，东汉文字学家许慎在《说文解字》中说：“法者，刑也。”刑，一是指刑罚，二是指模型。这样，法就成了用来制裁人和塑造物的工具。这代表了中华民族对法的一般见解。法家曾宣布：“立法者君也，守法者臣也，法于法者民也。”[③] 法则成了君、臣用以管理百姓的东西。因此，民众一提起法律，首先就会联想到犯罪和刑罚。于是，把法律说成阶级统治的工具，与中国传统的一些法律理念相契合。

（四）学习苏联的司法理念

苏联是第一个社会主义国家，因此也是马克思主义理论的第一个实践者，这对中国共产党产生了极大的影响。在新中国成立后改革开放前，我国

---

① 恩格斯：《路德维希·费尔巴哈和德国古典哲学的终结》，载《马克思恩格斯选集》（第4卷），人民出版社1995年版，第257页。

② 包心鉴：《马克思主义与中国传统文化内在精神的融通——评〈马克思主义与中国传统文化〉》，载《光明日报》2009年11月21日。

③ 《管子·法法》。

实践的社会主义发展路径表现为，以人民民主专政为中心、以高度一元化的意识形态进行社会治理、以财产公有制为前提、以计划经济为体制，这无疑是沿袭了苏联的社会主义模式。

新中国成立后，党和国家领导人在摧毁国民党的旧法统，批判西方资本主义法律之后，开始全面移植苏联的司法理念与制度。我们全盘照搬了苏联维辛斯基的法学理论，使之成为在中国占主导地位的法学意识形态。①维辛斯基关于“法律是统治阶级的意志，由国家强制力保证其实施”的观点，被中国法学家认为是最经典的马克思主义法学的解释。我们接受了苏联法学界的“以阶级斗争为纲”的法学理论，使“阶级统治工具”的法律理念在中国也获得了坚实的理论根基。②从此以后，“阶级性”就成为中国法学界学习和评价法律唯一正确的思维定式。③依据这样的法律理念，我国还建立了一套完整的法律制度，即在新中国成立后的四五年内，制定了宪法和一套有关国家机构的法律，并依此建立起了全国的司法系统，创建了政府法制机构，建立起了检察、监察体系。

中国在学习借鉴苏联法律方面既广泛又深刻，而且中国对苏联马克思主义法学的继承和保留也远比苏联国内还要多。④20 世纪 50 年代，维辛斯基的法学观点在苏联受到了批判，而在中国的法学理论界和司法界，仍然坚持“法律是阶级统治工具”的理念。

不得不承认，新中国刚刚成立的时候，全面移植苏联法对我国的法制建设起到了一定的积极作用。但是，对苏联司法理念及制度的移植，也带来了一些不利的影响，主要表现在以下三个方面：

第一，中国移植苏联司法理念和制度，具有功利主义的色彩。符合“法

---

① 张文显、姚建宗：《权利时代的理论景象》，载《法制与社会发展》2005 年第 10 期。

② ［英］韦恩·莫里森：《法理学：从古希腊到后现代》，李桂林等译，武汉大学出版社 2003 年版，第 275 页。

③ 张文显、于宁：《当代中国法哲学研究范式的转换——从阶级斗争范式到权利本位范式》，载《中国法学》2001 年第 1 期。

④ 蔡定剑：《关于前苏联法对中国法制建设的影响——建国以来法学界重大事件研究》，载《法学》1999 年第 3 期。

律是阶级统治工具”这一理念的就吸收，不符合的就忽略。所以我们只学到了和阶级统治有关的苏联司法制度。

第二，中国移植苏联司法理念与制度，具有形式主义的特点。虽然从表面上看法律制度是全面系统移植来的，但在理念层面上却是不完整、不连续的，是一种零碎的、片面的移植。

第三，中国移植苏联司法理念与制度，具有政治倾向的特点。[①] 中国向苏联学习与否，学习什么，完全跟着当时的政治倾向走。20 世纪 60 年代，中苏关系恶化后，法学界也开始批判苏联的修正主义，苏联的法律自然也在受批判的范围之内。

此时移植来的苏联的司法理念，大多没有经过本土化改造的过程，经常出现与中华民族传统和谐理念不相符的现象，甚至与民众的一般道德心理习惯也有差距。

二、司法理念的推行过程

中国传统的司法理念是倡导和谐价值的，自晚清起，虽然引进了西方的宪制理念、自由平等理念、个人本位理念、科学民主理念等，但是这些理念基本停留在学术界层面，最多也就是渗透到立法中，但若说对全国民众的生产生活产生多大影响，恐怕是很难用“普遍接受”来形容的。“阶级统治工具”的司法理念与中国传统和谐司法理念以及西方移植来的宪制理念都有很大的不同，那么如何把这个已经设计好（或者说从苏联移植来）的司法理念推广到广大的民众中去呢？历史地看，主要是通过一系列的“政治运动”[②] 推行的。

① 何勤华：《关于新中国移植苏联司法制度的反思》，载《中外法学》2002 年第 3 期。

② 当然我们承认发动一系列政治运动的主观愿望绝对不是为了仅仅达到推行阶级统治工具司法理念的目的，但是，我们也不得不承认，在一次次的政治运动中，被推行的的确包括了司法理念的内容。

（一）废除“六法全书”运动

1. 废除“六法全书”的原因

马克思主义的国家观是决定废除“六法全书”[①]的重要因素。列宁对马克思主义的国家观作了进一步发挥，他认为资产阶级的法律是用来维护资产阶级专政的工具，无产阶级推翻资产阶级取得政权后，必然要废除资产阶级的法律。[②]

1937年，毛泽东在《为动员一切力量争取抗战胜利而斗争》一文中，明确主张要废除一切束缚人民爱国运动的旧法令，颁布革命的新法令。[③]1949年3月27日，谢觉哉撰写了题为《废除旧法律，建设新法律》的社论。他还在当天的日记中写道，我们的司法是服务于政治的，不能离开政治而独立，我们的司法工作者一定要知道，不懂政治就绝不会懂法律。我们的法律已经超出了传统文化的范畴，进入了全新的马克思主义思想体系的领域。如果不能理解这个观点，那么中国共产党要彻底废弃旧法律的目的就不能实现。[④]

新中国成立后，中央政府宣布废除国民党的旧法统和法院制度。1951年10月31日，最高人民法院副院长吴溉之在全国司法会议上讲道，国民党的法院是反动阶级统治人民的工具，它只能站在反动统治阶级的立场上，镇压人民和压迫人民。它不但对共产党、对工人农民进行血腥的残害，就是对一般民众也是百般刁难。[⑤]这段话，实际在理念上深深地受到了列宁要彻底废除沙皇时期旧法院的思想影响，[⑥]即无产阶级革命的任务之一是要彻底摧毁资

---

① 狭义的“六法全书”是指国民党政府制定的宪法、民法、商法（民国政府后来实行了民商合一模式，没有制定独立的商法典，故也有学者将行政法列入六法的内涵）、刑法、民事诉讼法和刑事诉讼法。广义的“六法全书”则包括了以上述六大法典为主的国民党政府的所有法律。参见何勤华：《论新中国法和法学的起步——以“废除国民党六法全书”与“司法改革运动”为线索》，载《中国法学》2009年第4期。

② 《列宁选集》（第4卷），人民出版社1960年版，第46页。

③ 《毛泽东选集》（第2卷），人民出版社1991年版，第327页。

④ 谢觉哉：《谢觉哉日记》（下），人民出版社1984年版，第1286页。

⑤ 吴溉之：《人民法院审判工作报告》，载《中央政法公报》1950年10月31日。

⑥ 《列宁全集》（第33卷），人民出版社1985年版，第271页。

产阶级的法律理念与制度。

中国共产党在陕甘宁边区创建人民司法的经验，为废除“六法全书”提供了客观条件。中国共产党在陕甘宁边区不但创造了新民主主义司法理念与制度，而且为革命事业作出了巨大贡献。董必武同志指出：人民的法律已有了在解放区时期相当长的统治经验，有的已研究好，写在人民政府发布的各种纲领、法律、条例等规定里；有的正在创制过程中。[①] 既然人民已经有了适合自己的司法理念与制度，那么，废除旧的司法理念与制度就是再自然不过的事情了。

2. 废除过程

1949 年元旦期间，蒋介石向中国共产党发出了“求和”声明，“求和”的前提条件是继续使用国民党政府制定的法统和宪法。同年 1 月 14 日，针对蒋介石提出的“前提条件”，毛泽东也提出了八项条件作为和平谈判的前提条件，其中就包括要坚决废除国民党政府制定的法统和宪法。[②]

1949 年 2 月 22 日，中共中央发布了《关于废除国民党的“六法全书”与确定解放区的司法原则的指示》（亦称“中央二·二二指示”或“中央指示”），以正式文件的形式明确提出：在无产阶级领导的工农联盟为主体的人民民主专政政权下，国民党的“六法全书”应该被废除。人民的司法工作，不能再以国民党的“六法全书”为依据，而应该以人民新的法律作依据，在人民新的法律还没有系统地发布以前，应该以共产党的政策以及人民政府与人民解放军所发布的各种纲领、法律、条例、决议作依据。司法机关的办事原则应该是：有纲领、法律、命令、条例、决议者，从纲领、法律、命令、条例、决议之规定，无纲领、法律、命令、条例、决议者，从新民主主义政策。司法机关应该经常以蔑视和批判“六法全书”及国民党其他一切反动的法律、法令的精神，以蔑视和批判欧美资本主义国家一切反动法律、法令的精神，以学习和掌握马列主义、毛泽东思想的国家观、法律观及新民主主义

---

① 《董必武政治法律文集》，法律出版社 1986 年版，第 46 页。

② 范进学：《废除南京国民政府“六法全书”之思考》，载《西北政法学院学报》2003 年第 7 期。

政策、纲领、法律、命令、条例、决议的办法来教育和改造司法干部。[①] 该指示的发布，标志着中国共产党组织内部正式确立了彻底废除国民党的法统及其“六法全书”的工作目标。

新中国成立初期，《中国人民政治协商会议共同纲领》事实上具有临时宪法的性质，其中第 17 条明确规定，废除国民党反动政府一切压迫人民的法律、法令和司法制度，制定保护人民的法律、法令，建立人民司法制度。[②] 也就是说，彻底否定国民党制定的“六法全书”，被中国共产党正式写入了宪法性文件。这条规定实际上就是新中国成立初期全国司法工作的指导思想。[③] 经过一系列的废除运动后，到 1953 年年初，国民党的旧法统在中国大陆的影响基本上消失了，同时，社会主义司法理念与制度也逐步建立起来。

3. 废除的影响

废除“六法全书”，对新中国的法制建设影响是巨大的，正反两方面的作用都存在，主要体现在以下几个方面：

第一，为制定和实施社会主义法律扫除了障碍。毫无疑问，制定“六法全书”的理念与社会主义法律思想是有本质区别的，中国共产党要在全国推行社会主义思想为指导的法律，首先就要扫除以前的法律思想和制度。这意味着对于新成立的社会主义国家来说，摧毁旧法统与旧的法律制度具有历史必然性，因此摧毁行动本身也带有历史发展的客观必然性。

第二，为积极推行中国共产党的政策提供了空间。中国共产党彻底摧毁了资产阶级的旧法统与旧的法律制度，但是，社会主义新法律尚未制定完成。司法机关在办案过程中，如果还没有现成的法律、条例等规定作为判案依据的话，就应该依据政策办案。董必武指出，中国共产党过去及现在都提出了许多政策，这些政策都是代表最大多数人民利益和要求的，虽然因为种种客观情况，导致有些政策暂时还没有转化为法律条文，但是，实际上这些政策

---

① 莫纪宏：《司法应当在宪法制度下合法运行》，载《河南工业大学学报》2013 年第 9 期。

② 陈光中、曾新华：《建国初期司法改革评述》，载《法学家》2009 年第 12 期。

③ 陈寒非：《断裂与延续：新旧法统“决裂论”辨正——以“废除六法全书”与“司法改革运动”为中心》，载《财经法学》2016 年第 3 期。

都在发挥着法律的作用。[①] 关于政策的作用，最后被概括为一句经典的名言：政策是法律的灵魂，法律是政策的体现。[②] 政策的原则性强，适用范围广。社会生活的几乎全部领域，都有相应的政策来加以调节。政策是机动灵活的，随时可以制定、修改，以适应变化了的社会生活。政策的广泛适用无形中达到了改造不良风俗习惯，塑造良好的社会主义风尚的目的。

第三，一定程度上助长了法律虚无主义。在摧毁"六法全书"的过程中，经常宣传要以彻底否定的态度对待一切法律形态及其文化传统，这样做的结果是强化了法律虚无主义思想，在法律虚无主义的蔓延下，社会主义新制定的法律逐步丧失了自身应有的权威。[③]

（二）司法改革运动

中国共产党既然决定废除旧法统和旧法制，那么就必然要制定新的社会主义法律。新中国成立后，制定并颁布了《中国人民政治协商会议共同纲领》《中华人民共和国婚姻法》《中华人民共和国土地改革法》《中央人民政府组织法》《人民法院暂行组织条例》等一系列法律。[④] 目的在于解决新成立的政权机构依法行使职权的问题，以及解决广大民众日常生活中所急需的法律依据问题。

虽然社会主义法律的制定可以在短时间内完成，但是这并不等于解决了司法人员的法律适用问题。新中国刚刚成立的时候，我党还没有来得及培养足够多的社会主义司法人员来接管全国的司法机关，因而大量留用了国民党时期的司法人员，国民党时期的司法人员在司法实践中自然更熟悉适用旧法律作为判案依据，这导致在具体的判案过程中新法与旧法之间的界限并不是

---

① 《董必武政治法律文集》，法律出版社 1986 年版，第 371 页。

② 范进学：《废除南京国民政府"六法全书"之思考》，载《西南政法学院学报》2003 年第 7 期。

③ 蔡定剑：《历史与变革：新中国法制建设的历程》，中国政法大学出版社 1999 年版，第 201 页。

④ 陈寒非：《断裂与延续：新旧法统"决裂论"辨正——以"废除六法全书"与"司法改革运动"为中心》，载《财经法学》2016 年第 3 期。

泾渭分明的，这无疑给人民司法的建设工作带来了挑战。

司法改革运动的启动是由一些现实问题引发的。首先，新中国成立初期，在“三反”“五反”等历次政治运动中，不少人民法院都没有很好地为政治任务服务，甚至还有脱离群众的倾向。因此，群众对那些资产阶级办案作风很不满，甚至称这样的法院为“伪法院”。其次，不少国民党时期的司法人员头脑中还有旧法统的观点，如认为法律是超阶级超政治的，根本不明白社会主义法律就是要为人民服务的；打着所谓的“法律不溯及既往”的口号来为阶级敌人辩护，企图使他们逃脱法律的严惩；认为司法路线和群众路线是对立的，没有严格的司法程序就无法办案；等等。

针对上述各种问题，中国共产党很快意识到，成文法的颁布与司法实践是两个不同的问题，以颁布成文法的形式宣布“废除旧法统”绝不意味着司法实践中司法人员的头脑中也“废除了旧法统”，两者必须分开处理。鉴于当时在司法实践中许多司法人员都无法做到与旧法律彻底决裂，于是我党继续开展了司法改革运动。司法改革运动的目标是明确的，就是要从司法审判过程中进一步肃清资产阶级旧法律的影响。

1952 年 5 月 24 日，政务院批准了司法改革计划，① 希望通过推行相关的措施尽快改变这些不利的局面。于是，在全国范围内开展了一场司法改革运动，这次运动的内容主要包括对旧司法人员进行思想改造，对思想问题严重者一律清退；进一步肃清全国司法人员的旧法思想；用社会主义司法作风来纠正或取代资产阶级司法作风等。②

司法改革运动最直接的作用体现在，它使新中国的司法理念以及司法作风得以正式确立。尽管陕甘宁时期已经具备了新中国的司法传统的雏形，但正是这次大规模的司法改革运动，才使这些司法传统在全国真正推广开并落实到了司法审判中。这一新的司法传统的主要特点可以归纳为以下五个方面：

第一，代表资产阶级意志的旧法观点受到了彻底的批判并被彻底抛弃。

---

① 陈寒非：《断裂与延续：新旧法统“决裂论”辨正——以“废除六法全书”与“司法改革运动”为中心》，载《财经法学》2016 年第 3 期。

② 何青洲：《政治正义的司法实现》，载《政治法学研究》2014 年第 12 期。

经过这次运动，旧法观点从法学理论和司法实践中都被彻底清除出去了。[①]取代这些旧法观点的社会主义的法观念是：法律是阶级统治的工具，法律是服务于政治的，重视司法的效果，对司法的程序要求并不严格等。

第二，司法人员非职业化的传统。司法职位向社会上所有成员无条件地开放，并不是只有受过法律专业教育的人才可以充当司法人员。司法人员的选拔标准是首先考察政治素质是否过硬，法律素质和业务能力都是可以在实践中进一步学习和强化的，因此作为选拔的标准要求并不高。从个人的政治素质来说，工人、农民、革命军人无疑是最过硬的，因此，从这些群体中吸收司法人员，就成了必然趋势。据司法部部长史良上报政务院总理周恩来的《关于彻底改造和整顿各级人民法院的报告》中称，当时全国各级人民法院共有干部28000余人，其中有旧司法人员约6000人，大体占总人数的22%。经过这场司法改革运动，这批人基本上都被清除出了审判人员队伍。与此同时，大量的非法律出身的干部被调进了司法机关从事审判工作，仅华东区至1952年9月就有2105名工人、农民和青年知识分子被调进了司法机关。[②]

第三，群众路线的传统。是否坚持群众路线，被认为是区别新旧司法传统的根本性标志。经过这次改革运动后，逐渐在全国各地的司法机关建立了一些以为人民服务为理念的审判制度。比如，许多县设立了巡回法庭，解决了民众为了提起诉讼必须长途奔波的问题；实行人民陪审员制度，尽量扩大民众在司法审判过程中的参与权，让民众有更多的机会自己解决人民内部的矛盾；在人民法院内部普遍设立人民问事处、接待室，改变旧式法院的衙门作风，让民众体会到人民法院是为人民服务的；尽量做到现场办公，使一些简单的案件马上得到解决，方便民众；进一步健全了调解委员会制度，建立调解为主、审判为辅的办案模式，适应民众的心理需要等；在审判方式上，大力推广实事求是的工作作风，树立为人民服务的好法官典型。[③]

---

① 陆锦碧、铁耀：《建国初期司法改革的得失》，载郭道晖、李步云、郝铁川主编：《中国当代法学争鸣实录》，湖南人民出版社1998年版，第19页。

② 陆锦碧、铁耀：《建国初期司法改革的得失》，载郭道晖、李步云、郝铁川主编：《中国当代法学争鸣实录》，湖南人民出版社1998年版，第19页。

③ 李玉生：《司法改革运动述评》，载《南京社会科学》1999年第9期。

第四，政法合一的传统。人民法院作为专门的审判机关，事实上与人民检察院、人民公安机关以及司法行政等部门之间并没有严格的区分，新中国成立后，这些部门被统称为政法部门，于是“政法合一”也就成了中国共产党领导下的新的司法传统。人民法院内部在机构设置、管理方式以及工作作风上与行政机关没有明显的区别。1949 年 10 月，政务院下设了政治法律委员会这一机构，它不仅领导政务院下设的公安、司法行政等部门的工作，还负责领导最高人民法院和最高人民检察署的工作。

第五，马克思列宁主义法律观和毛泽东思想法律观在新中国的法学界占据了绝对优势地位。如果说先前开展的废除国民党“六法全书”的运动目的在于破除旧法统的话，那么，司法改革运动则是破中有立，最终树立起了社会主义的法律观，这对中国法学事业的发展产生了重大影响，[①] 使中国法学逐渐走上了中国特色的社会主义法学的道路，这就是从司法为民发展而来的人民司法。司法为民传统在新中国成立前就为共产党赢得了巨大的声誉，新中国成立后人民司法也成了体现社会主义优越性的标志。经过司法改革运动以后，司法再次成为中国共产党“执政为民”理念的再生产领地。

如果说用西方的司法理念来指导中国的司法实践，理论与实践二者之间存在很大裂隙的话，那么，新中国成立后提出的“法律是阶级统治工具”的理念，依然存在与当时的司法实践之间的不协调性。

三、对阶级统治工具司法理念的反思

（一）对阶级斗争法学理论的反思

阶级法学建立的前提，是把社会关系中的所有冲突都归结为对立阶级之间的冲突。按照阶级法学的说法，法律被社会上的统治阶级独占，被统治阶级只是被法律压迫的对象，因此法律也不会体现被统治阶级的意志。阶级斗

---

① 董必武：《关于整顿和改造司法部门的一些意见》，载《董必武政治法律文集》，法律出版社 1986 年版，第 228~229 页。

争仅仅是社会关系的一个方面而不是全部，事实上，社会既是斗争的舞台又是合作的场所，妥协与和谐才是社会秩序的常态。

（二）对马克思主义法学的澄清

中国要进行社会主义法治建设，没有马克思主义法学理论支撑是不行的，但是，马克思主义法学不等于维辛斯基法学。维辛斯基法学理论的核心是认为法是阶级斗争不可调和的产物，是阶级统治的暴力工具，是国家专政的暴力手段。马克思主义在讲政治国家的时候，说它是阶级斗争不可调和的产物。由政府、文职官员体系、军队、警察、监狱等组成的国家，当然是阶级斗争不可调和的产物。但是，把“国家”的定义直接应用到“法律”上，认为“法律也是阶级斗争的产物”，就不是马克思主义的本意了。

马克思讲：“立法者应该把自己看作一个自然科学家。他不是在创造法律，不是在发明法律，而仅仅是在表述法律……如果一个立法者用自己的臆想来代替事情的本质，那么人们就应该责备他极端任性。”[①] 由此可见，在马克思看来，法律就是人类生活规律的一种体现，并不是有了阶级和阶级斗争之后才出现了法律。事实上，在进入阶级社会之前，人类的生活就已经形成了它的规则、准则，而这些东西无疑构成了一个社会中的法律体系。所以不能将法律和国家、阶级斗争混为一谈。[②]

（三）礼治与法治的关系

经验告诉我们，每个人的智力水平有很大差别，每个人的道德水平和责任感也是不同的。在日常生活中，民众需要一些贤人智者来判断是非，而且愿意信赖他们，因为贤人智者的见解往往更高明。此外，这种决策方式节省时间，有利于人际关系和谐。社会治理尽管需要法律制度，但是法律制度也需要有贤能之人来适用。在古代中国，实行贤能政治有两个重要的前提条件，

---

① 《马克思恩格斯全集》（第 1 卷），人民出版社 1956 年版，第 183 页。

② 李德顺：《“全面依法治国”与法治文化的任务》，法治文化研究网，载 http://rwxy.cupl.edu.cn/info/1374/4116.htm，最后访问时间：2018 年 2 月 11 日。

一个是对个人德性修养的极度重视，另一个是对科举制度公平性的保障，这两个条件共同保证了只有贤德之人才能博取功名后走上仕途，并最终形成天子与士大夫共治天下的局面，有效地遏制皇权的专制。

从古今中外的历史来看，任何一个国家新成立时，建国者无论如何强调法律的至上性，事实上都会带有明显的“贤人之治”色彩，而随着时间的推移，后来的统治者都会受到各种所谓的“祖宗之法”或“成文法”的约束，不能再随意妄为。如果我们仅仅把法治看作规则之治，而不是西方近代才创立的概念的话，那么，在中国古代是有很发达的“法治”的。只有这样，我们才可以解释为什么晚清时期中国的现代化进程是从“变法”开始，而不是从“法治”开始。① 这似乎也可以解释为什么中国自古被称为“礼仪之邦”，也就是说大家公认的是：中国传统社会是一个“礼治”② 的社会。这种治理模式与西方的民主法治模式相比是各有利弊的，因此，在坚持传统治理方式的基础上，吸收人类历史上的民主法治经验应该是更可取的发展道路。

（四）文化传统的断裂与延续

新中国成立后，社会主义制度的确立，必然要求在司法上确立以马克思主义为指导思想的司法理念。问题是这种司法理念指导下的司法活动能否与广大人民群众对司法的要求相呼应，进而发挥司法活动对整个社会秩序的调整功能。事实上，我们保障法律得以强制执行并不是通过法院和监狱这类机构，而是法律本身与该国的文化传统以及民众的价值理念相符合。传统文化最重要的载体就是中国的十几亿民众，尤其是广大的基层民众的生活方式和价值理念，这些并未因近代以来国家所标榜的意识形态的种种变化或者学者们不同观点之间的争论而有根本性的改变，当然，新中国成立后的历次政治运动也没有根本改变这些理念。

这些千百年传承的理念，已浸润于每个国人心中，成为日用而不觉的价

---

① 朱苏力：《认真对待人治》，载《华东政法学院学报》1998 年第 1 期。

② 根据本书第二章的分析可知，“礼治”作为调整中国传统社会的基本规范，它所起到的作用与当代法律的作用大体上说是一致的。

值观，构成中国人的独特精神世界。正如习近平总书记所说，中国传统思想文化“体现着中华民族世世代代在生产生活中形成和传承的世界观、人生观、价值观、审美观等，其中最核心的内容已经成为中华民族最基本的文化基因。这些最基本的文化基因，是中华民族和中国人民在修齐治平、尊时守位、知常达变、开物成务、建功立业过程中逐渐形成的有别于其他民族的独特标识”[①]。

通过本章可知，彻底否定本民族的文化绝不利于民族的长远发展，相反地，坚定民族文化自信是必须倡导的。同样地，彻底否定本民族的法律文化传统也绝不利于中国特色社会主义法治事业的长远发展。我们要坚持道路自信、理论自信、制度自信，最根本的还有一个文化自信。文化自信是一个民族、一个国家以及一个政党对自身文化价值的充分肯定和积极践行，并对其文化的生命力持有的坚定信心。

---

① 习近平：《从延续民族文化血脉中开拓前进　推进各种文明交流交融互学互鉴》，2014年9月24日在纪念孔子诞辰2565周年学术研讨会上的讲话。

第八章

改革开放以来司法理念逐步走向成熟

“文化大革命”结束后，中国共产党深刻总结了“文化大革命”的惨痛教训，决定把国家的工作重心放到以经济建设为中心上来，实施改革开放政策。同时，中国共产党也意识到了社会各方面的问题需要用法治来解决，提出了发展社会主义民主、健全社会主义法制的重大方针。党的十五大将法治上升到了治国方略的高度，从此以后，法治在我国的国家治理中发挥着越来越重要的作用。

一、法制创建新时期（1978—1997）

（一）理论上的准备

1978年12月18日，党的十一届三中全会开幕，会议通过了《中国共产党第十一届中央委员会第三次全体会议公报》。全会决定：群众参与阶级斗争的局面基本结束，以后对于社会主义社会的阶级斗争应该严格区别两类不同性质的矛盾，并按照宪法和法律规定的程序去解决这些矛盾，绝不允许损害社会主义现代化建设所需要的安定团结的政治局面。[①] 中共十一届三中全会

① 《中国共产党第十一届中央委员会第三次全体会议公报》，载《人民日报》1978年12月24日。

公报指出：为了保障人民民主，必须加强社会主义法制，使民主制度化、法律化，使这种制度和法律具有稳定性、连续性和极大的权威，做到有法可依、有法必依、执法必严、违法必究。[①]

邓小平强调，破坏法制会导致“文革”，要接受这个深刻的教训。[②] 这预示了“文革”结束之后，法制的必然兴起。由此可见，1978 年后中国法制的重建和发展是中国共产党的必然选择。

中共中央于 1979 年 9 月 9 日发出了《关于坚决保证刑法、刑事诉讼法切实实施的指示》(以下简称《指示》)。该《指示》指出：刑法和刑事诉讼法的颁布，对加强社会主义法制具有特别重要的意义。它们能否严格执行，是衡量中国是否实行社会主义法治的重要标志。《指示》严肃地分析和批评了党内严重存在的忽视社会主义法制的错误倾向，指出：“在我们党内，由于建国以来对建立和健全社会主义法制长期没有重视，否定法律、轻视法律；以党代政、以言代法、有法不依，在很多同志身上已经成为习惯；认为法律可有可无，法律束手束脚，政策就是法律，有了政策可以不要法律等思想，在党员干部中相当流行。”“各级党委要坚决改变过去那种以党代政、以言代法、不按法律规定办事，包揽司法行政事务的习惯和做法。”《指示》要求各级党委保证法律的切实实施，充分发挥司法机关的作用，切实保证人民检察院独立行使检察权，人民法院独立行使审判权，使之不受其他行政机关、团体和个人的干涉。这是改革开放初期，我们党着手清除法律虚无主义，纠正以党代政、以言代法、有法不依等错误习惯的重要文献。[③]

但也必须看到，以上这些文件只是决定必须走法治道路，至于选择什么样的法治道路，却是由社会发展的惯性决定的，事实是“文革”结束后中国很快恢复了“司法为民”的理念，并沿着传统的司法道路前进了。

---

① 《中国共产党第十一届中央委员会第三次全体会议公报》，载《人民日报》1978 年 12 月 24 日。

② 《邓小平文选》(第 2 卷)，人民出版社 1994 年版，第 333 页。

③ 张文显：《中国法治四十年：历程、轨迹和经验》，载《吉林大学社会科学学报》2018 年第 5 期。

（二）实施阶段

“文化大革命”结束后，党着手进行法制和司法建设，提出了全面恢复“司法为民”的主张，努力延续这一成功的社会治理模式。这也成了第八次（这是“文革”后召开的第一次）全国司法工作会议的主题，并很快落实到了司法过程中。①

“文化大革命”期间主要靠做思想政治工作和搞群众运动来维持社会秩序，法律是长期缺位的，“文化大革命”结束后，党的治理模式改变，法制开始逐步归位：一方面，健全和完善法制，力争做到“有法可依、有法必依、执法必严、违法必究”；另一方面，进一步修复和强化原来的社会治理网络，在中国共产党的统一领导下进行综合治理。②

司法机关也承担着综合治理的任务。比如，审判人员在审判过程中不能仅仅是依法判案，还要从“综合治理”的角度出发，对所判案件的实际社会效果负责。大体而言，这一时期在司法工作中，坚持“司法为民”理念的表现方式主要有以下八个方面：

第一，宣传社会主义法制。随着法律的不断颁布，向民众宣传这些法律的内容就成了一项十分重要的任务。1985 年 6 月 16 日，《把法律交给人民》一文在《人民日报》上刊登，旗帜鲜明地提出要在全国范围内开展大规模的普法运动。③1985 年 11 月 22 日，六届全国人大常委会第四次会议通过《全国人民代表大会常务委员会关于在公民中基本普及法律常识的决议》。1985 年年底，时任最高人民法院院长的郑天翔号召说，各级人民法院都要根据所办理案子的具体情况向民众宣传法制理念，办案子的过程就是给民众上法制教育课的过程，坚持这样的做法就会使尽可能多的民众知法守法，并达到预防犯罪的目的。④

---

① 何永军：《人民司法传统的表达与实践（1978—1988）》，载《司法》2008 年第 3 期。

② 《加强社会主义法制维护社会治安秩序》，载《人民日报》1979 年 12 月 9 日。

③ 蔡诚：《关于五年普法工作的基本总结和今后任务——在第三次全国法制宣传教育工作会议上的报告》，载《中国法律年鉴 1991》，中国法律年鉴社 1991 年版，第 756 页。

④ 转引自何永军：《人民司法传统的表达与实践（1978—1988）》，载《司法》2008 年第 3 期。

第二，深入群众、调查研究。“司法为民”的理念要求审判人员尽可能亲自去调查核实案件的相关证据，深入实地调查取证成为广大审判人员工作的重要内容。这种办案方式已成为“司法为民”这一司法理念的重要载体，成为其一大特色和亮点。一位法官讲到20世纪80年代他审理过这样一个案例，一位老干部起诉离婚，理由竟然是妻子在革命时期当过“叛徒”。受理该案后，这位法官为了弄清事实真相，多次去翻阅女方的原始档案，结论是没有明显证据证明女方当过“叛徒”。在此基础上，这位法官多次对男方做思想工作，澄清事实，调和关系。①

第三，巡回审理、就地办案。这也是我党体现“司法为民”理念的一种成功做法。“文革”结束后，巡回审判再次受到重视，一些基层法院的巡回审判还搞得有声有色。1982年《民事诉讼法（试行）》第104条第1款规定：“人民法院审理民事案件，应当根据需要和可能，派出法庭巡回就地开庭审理。”巡回审判由此确定为一种法定的办案方式。

第四，着重调解原则。1982年《民事诉讼法（试行）》第6条规定：“人民法院审理民事案件，应当着重进行调解；……”1985年4月，郑天翔在六届全国人大三次会议上指出，在全国人民法院审结的民事案件中，调解结案率占85%左右。②由此可见，调解的确成了法院解决民事纠纷的主要方式。

第五，实事求是、有错必纠。长期以来，“实事求是、有错必纠”一直作为司法的指导性原则，并被看作“司法为民”理念的重要表现形式之一。为保障这一原则得到贯彻落实，在法律上明确规定了“以事实为依据、以法律为准绳”的原则，以及设置了死刑复核程序和审判监督程序等。与之相对应的是，各级司法机关对案件纠错工作都很重视，比如，新中国成立后开始了法院志的编撰工作，在每一部法院志里，都要以专章记载该法院有关复查

---

① 马毓晨：《也谈上世纪八九十年代的婚姻审判》，载http://www.mzyfz.com/cms/benwangzhuanfang/xinwenzhongxin/zuixinbaodao/html/1040/2018-08-22/content-1356606.html，最后访问时间：2018年9月17日。

② 转引自何永军：《人民司法传统的表达与实践（1978—1988）》，载《司法》2008年第3期。

案件的工作情况，因为这项工作被看作贯彻执行“实事求是、有错必纠”原则的重要体现。[①]

第六，回访和信访。“文革”之后，回访制度被再次确认合法，它也是“司法为民”理念的重要载体。回访制度设立的目的就是检验判案结果是否做到了司法的法律效果与社会效果相统一，同时这也是发现错案并及时纠正错案的重要途径，是司法机关参与社会治安综合治理的一项重要内容和手段。[②]在“文革”之后的数年里，全国司法系统通过各种形式解决信访问题以期尽量做到让民众对司法满意。

第七，能动司法。中国共产党从全心全意为人民服务的宗旨出发，提出“司法为民”的理念，目的是积极主动地为人民服务，因此，“不告不理”被代之以能动司法。在能动司法的具体应用中，法官是社会主义法律的维护者，还是实现社会综合治理的主力军。人民法院以此践行了“司法为民”的理念，进而维护了人民群众对党和国家的信赖。

第八，开展各种专项斗争。这是司法工作参与社会综合治理的最重要的表现形式，因为公安机关和检察机关开展各种专项斗争的直接目的就在于维护良好的社会治安状况。无论是全国范围内开展的打击各类犯罪的运动还是地方政府开展的打击各类犯罪的运动，全国各级司法机关对这些专项斗争运动都给予了密切的支持和配合。[③]在此过程中，司法机关用自身解决纠纷的功能和作用的发挥证明了其存在的合法性，向党和国家显示出其工作具有的特殊价值，为不断强化和推行司法理念找到了合理根据。

在由全面专政转向社会治安综合治理的过程中，全国各级司法机关在“司法为民”的理念下，积极配合社会治理工作，并尽量使判案结果得到民众的广泛认可。党和国家对基层社会管理的加强，使得全国各地社会秩序均有较大好转，整个社会呈现出一片和谐的景象。

---

① 肖扬主编：《中国刑事政策和策略问题》，中国人民公安大学出版社1999年版，第283~288页。

② 何永军：《人民司法传统的表达与实践（1978—1988）》，载《司法》2008年第3期。

③ 何永军：《人民司法传统的表达与实践（1978—1988）》，载《司法》2008年第3期。

（三）本阶段与陕甘宁时期司法理念的异同

马克思主义中国化的法学，是在中国共产党的主导下，以中国的国情为根本出发点，坚持“司法为民”的理念，并通过具体的方式方法指导中国的司法实践。这一时期的“司法为民”理念和陕甘宁时期的“新民主主义司法理念”在内容上有许多相似之处。在某种意义上，我们甚至可以把这一时期的司法理念看作陕甘宁时期司法理念的延续和升华。但是，“司法为民”理念与“新民主主义司法理念”之间的差别也是不容忽视的，这种差别直接反映出的是党的法治理念也在根据时代的发展而不断地发生着变化与创新，这也生动地反映出中国共产党治国理念水平的不断提升。

第一，就法律在国家政权架构中的地位而言，陕甘宁时期坚持“法律为政治服务的工具论”，在国家生活中，法律与党的政策相比，法律要无条件地服从党的政策，法律是实现党的奋斗目标的工具。当然，必须强调的是，这是由当时中国共产党的主要任务是夺取全国革命胜利决定的；而这一时期中国共产党则提出了要树立法律的至上地位，宪法和法律要成为国家大法，整个国家要依法而治，法律高于官员的权力，不得以言代法、以权压法，以宪法的形式承认了法律拥有最高的权威和神圣的地位。

第二，就法律的功能而言，陕甘宁时期认为法律是统治阶级意志的体现，因此法律要为阶级斗争服务，要为中国共产党夺取全国的政权服务。司法在当时的革命环境中，为中国共产党夺取全国革命的胜利发挥了不可替代的重要作用。随着改革开放后社会形势的变化，这一时期更强调法律为经济建设服务，法律要切实保障改革开放的顺利进行。①

综上所述，我们可以清晰地看出，中国共产党根据每个时代不同的任务和要求，也在不断地调整着法律的地位和功能，但是，“为人民服务”的宗旨是始终不变的。

---

① 李红勃：《筚路蓝缕，以启山林：改革初期彭真的法律思想》，载《山东科技大学学报（社会科学版）》2014 年第 2 期。

二、依法治国新阶段（1997—2012）

在新中国的法治进程中，1997年无疑是一个分水岭。1997年召开的中共十五大划时代地提出“依法治国，建设社会主义法治国家”，开启了中国共产党依法治国的新篇章，使中国的司法也发生了巨大的变革。但是，不可否认的是，在这一阶段的中国司法实践中，同时存在两种不同的司法理念，现代司法理念引导着中国当代的司法改革朝着程序正义的方向前进，这无疑是概念思维下的必然趋势；司法为民理念引导着这次改革朝着实质正义的方向前进，这是受象思维影响的结果。两种理念不但在法学理论界发生着碰撞，在司法实务界也在不断地进行着博弈。①

（一）民众的实用主义心态

一方面，一些司法实务工作者将现代司法理念贯穿指导于具体的司法实践中；②另一方面，中国的广大民众的正义理念主要表现为符合“天理人情”，他们习惯于用自己朴素的正义感来评价法院对纠纷的处理结果，如果他们认为法院审判的结果越过了他们认可的公平，那么法院的判决就是非正义的。这套朴素的“正义观”深深地植根于传统法律文化中，它凝聚着民众的心理、智力与情感，因此，它有着高度的稳定性和权威性，事实上成了民众平时更常用、更容易接受的“正义”理念。③

塔玛纳哈教授认为，如果一个社会中存在多种法律（包括国家法和民间法），人们就会以一种功利性的方式利用这些法律共存的状态。也就是说，

---

① 接下来选取的案例都是近年来轰动一时的案例，之所以选择这样的案例进行分析，是因为笔者认可这样一种观点：检验法律体系是否自洽和完美，关键就看它在处理疑难案件时，是否能达到各方都满意的效果。

② 范愉：《现代司法理念的建构》，载《检察日报》2001年7月17日。

③ 田成有、李懿雄：《乡民朴素的“正义观”与基层法官解决纠纷的策略》，载《现代法学》2002年第1期。

广大民众为了实现他们不同的目标，会战略性地选择诉诸不同的规则体系，甚至会利用不同法律之间的冲突来实现自己的利益。[①]江山教授也指出，试图以外来的法律强加到社会之上，并建立起一种文化上相异的法制的后果是，生活在不同传统文化、价值观念下的人们会主动对法律进行规避，并逐步学会理性地去寻求能够实现其利益最大化的解决各种纠纷和冲突的办法。[②]

下面的案例是笔者在调研中获知的。[③]一位老人的女儿早已出嫁，儿子也已结婚生子。在旧房拆迁过程中，女儿回来要一套回迁房。理由是女儿和儿子在法律上拥有平等的权利，老房子的产权也有自己的份额，并且告诉老人，不给就去法院起诉他。但儿媳妇却认为，这是自家的产业，和已经嫁出去的女儿无关，坚决不允许丈夫把作为补偿的回迁房给姐姐。矛盾不断激化的结果是老人的儿子喝药自杀了。老人的儿子去世后，女儿又表示不再要自己应得的房产了。但是老人的两个孙女坚持要给她法律上规定属于她的回迁房，而且告诉她不要都不行，理由是法律明文规定儿子女儿地位完全平等，既然老人的儿子去世了，女儿就应当负责为父亲养老送终，所以她不但应该把法律上规定的属于她的回迁房拿走，还应该把老人也一起带走，以完成她应该承担的养老送终的法定义务。但是，女婿坚决反对抚养这位老人，原因是他们已经承担了抚养自己这边父母的义务，就没有义务再去抚养妻子的父母了，而且同时抚养双方的老人，现实条件也不允许，总之就是不同意。后来得知，他之所以让他的妻子回娘家要一套回迁房，主要原因就在于他的父母需要他养老，而自家的住房不够用了，如果让妻子的父亲也住进来，很显然他的目的就达不到了。

从本案中可以清楚地看到，法律不是自洽的封闭系统，每一份判决背后都伴随着多层次的社会关系的调整。问题是，法院判决只能保证那些纳入争议范围内的社会关系按照现代司法理念进行调整，却不能保证那些没有进入本案视野的纠葛关系按照现代司法理念的标准进行调整，结果就是“被调整

① ［美］塔玛纳哈：《一般法理学：以法律与社会的关系为视角》，郑海平译，中国政法大学出版社 2012 年版，第 287 页。

② 江山：《中国法理念》，山东人民出版社 2000 年版，第 18 页。

③ 这是笔者 2015 年 9 月在北京市大兴区调研时得知的真实案例。

的关系”与“没被调整的关系”之间出现了严重的利益冲突，可以说这位老人的儿子就是这种利益冲突的牺牲品。

（二）司法者面临的司法难题

1. 正义的判断标准

对司法机关来说，在任何一个诉讼中，几乎都会出现败诉方，一般情况下，败诉方往往更倾向于认为司法对自己不公。因此，如何赢得双方当事人的信任，乃至整个社会对司法的信任，对司法机关来说是至关重要的事情，无疑，信任的前提只能是已经作出的裁判书代表着公正，实现了正义。①

在轰动全国的“泸州二奶案”②中，充分展示了各方对“正义”的不同诠释：法学理论界普遍认为“意思自治”是民法第一要义，也应该是民法适用的第一原则，只有严格依此条款判案才能称为实现了“正义”，这里的“正义”是典型的“形式正义”下的“正义”；法院认为，自己已经做到了“认定事实清楚，适用法律正确”（一审、二审都不存在徇私枉法，只是对法律适用的理解不同），并且诉讼程序正当，这就实现了法院要达到的“正义”；对广大民众来说，“二奶”所处的位置决定了其存在本身就是违反中华传统美德和

---

① 信春鹰：《中国需要什么样的司法权力？》，载《环球法律评论》2002年春季号。

② 四川省泸州市某公司职工黄某和蒋某于1963年结婚。1996年年底，黄某和张某租房同居，公开以“夫妻”名义生活。2001年，黄某即将离开人世的这段日子里，张某以妻子的身份守候在黄某的病床边。黄某在2001年4月18日立下遗嘱：“我决定，将依法所得的住房补贴金、公积金、抚恤金和卖泸州市江阳区一套住房售价的一半（即4万元），以及手机一部遗留给我的朋友张某一人所有。我去世后骨灰盒由张某负责安葬。”4月20日黄某的这份遗嘱在泸州市纳溪区公证处得到公证。4月22日，黄某去世，张某根据遗嘱向蒋某索要财产和骨灰盒，但遭到蒋某的拒绝。张某遂向纳溪区人民法院起诉，请求依据继承法的有关规定，判令被告蒋某按遗嘱履行。从5月17日起，经过4次开庭之后，纳溪区人民法院于10月11日公开宣判，认为：尽管继承法中有明确的法律条文，而且本案中的遗赠也是真实的，但是黄某将遗产赠送给“第三者”的这种民事行为违反了民法通则第七条“民事活动应当尊重社会公德，不得损害社会公共利益，破坏国家经济计划，扰乱社会经济秩序”，因此法院驳回原告张某的诉讼请求。张某一审败诉后提起上诉。2001年12月28日上午，泸州市中院开庭审理了此案，并当庭驳回张某的上诉，维持原判。参见《泸州二奶遗赠纠纷案 中国公序良俗第一案》，载 http://www.docin.com/p-1451261966.html&s=7E8267DC93B9504D318107924D7FC874，最后访问时间：2017年2月16日。

社会主义道德的，因此，只要没让“二奶”占到任何便宜，就实现了他们心中的“正义”，至于依据哪条法律作出的判决在所不问。

由此可见，如果按照法学理论界理解的“正义”进行判案的话，民众肯定不满意；但如果按照广大民众的“民意”进行判决的话，民众认为实现了“正义”，但法学理论界并不认同，因为这样的“正义”和他们心目中的“正义”是背道而驰的。

2. 证据适用问题

现代司法理念通过详细的论证过程，得出了这样的结论：在司法过程中，必须坚持法律事实，摒弃客观事实，也就是说，案件事实指的应该是法律事实。法律事实是由法官依照法定的实体规则和程序规则通过严格的形式逻辑进行推理而得出的拟制事实。只要这种事实的认定符合法律的规定，就应当认定它具有法律效力，而不论该事实与客观事实是否一致。[①] 而司法为民的理念，追求的是客观事实的真相，并坚持有错必纠的原则。

许多法学者把《最高人民法院关于民事诉讼证据的若干规定》（以下简称《证据规定》）看作我国审判方式改革的重要成果，实际上《证据规定》体现的现代司法理念与司法为民理念有三处明显不同：一是加大了双方当事人的举证责任及举证不能的风险，强调庭审的规范化及程序化，强调庭审中双方当事人的对抗性；二是对人民法院依职权调查收集证据的范围作出了限定，倡导法官中立，强调证明过程的技术性；三是在证明标准上用“法律真实”代替了“客观真实”，本质上是程序正义高于实质正义的制度安排。[②]

《证据规定》在实践中面临的困境是，很多法官在审判过程中，认定事实仍以客观事实为准；对于举证规则、举证时限的规定并不是特别严格地执行，尤其是面对关键证据，几乎不考虑这些规定；法官仍然会主动查清案件事实，力图实现实质正义。[③]

---

① 宁松、王志华：《现代司法理念与司法公正的本土化整合》，载《广西政法管理干部学院学报》2005 年第 3 期。

② 蔡维力、张爱军：《走出移植西方困境回归人民司法传统——对我国司法改革的实证评析》，载《法学评论》2009 年 7 月。

③ 张伟：《中国传统的司法和法学》，载《现代法学》2006 年第 5 期。

在中国当下广大民众仍然十分注重实质正义的整体司法环境下，一方面，《证据规定》的颁布，使办案法官必须更加注重证据规则这类程序规则的运用；另一方面，办案法官又必须坚持群众路线，尽最大可能查明案件事实，发现客观真实。[①] 这种双重标准无疑加大了法官判案的难度。

3. 两种司法理念的交锋

这个时期的司法审判，如果仅仅是依照法律进行审理的话，必然是强调程序正义的，但在这样的司法理念指导下的审判结果与民众的心理预期难免存在落差。当这种落差超出民众承受范围时，民众便会试图改变判决的结果，而司法为民的理念正好要求判决重视审判的社会效果。在这样的情况下，往往意味着已经终局的司法裁判面临着改判的问题。下面以轰动一时的李昌奎案论述之。

李昌奎杀害姐弟二人的案件[②] 当时关注度很高。云南省高院认为，李昌奎案的判决程序是合法的，结果也是公正的。二审改判死缓后，受害方委托的代理律师表示，单从二审判决书来看，无论是二审程序还是法律的适用，都没发现任何问题，但是他们仍然向云南省人民检察院申请，提请最高人民检察院抗诉，结果李昌奎最终被执行了死刑。

此案在审理过程中形成了两种截然不同的观点：一种观点认为，二审法院从程序正义来看是正当的，司法独立于民意也是现代司法的必然要求，而且顺应了“少杀、慎杀”的司法改革的大趋势，因此改判死缓是正当的，也是可以接受的公正判决，这种观点以许多法学家及部分司法实践者为代表；另一种观点认为，该案的二审判决有违“正义”，广大民众都不能接受这样的判决结果，法律的适用必须考虑民意，这种观点以广大民众和律师为代表。

---

① 吕世伦、公丕祥：《现代理论法学原理》，安徽大学出版社1996年版，第406页。

② 李昌奎，云南省巧家县茂租乡鹦哥村村民，2009年5月16日，将同村的19岁女子击昏后强奸，之后将此女子与其3岁的弟弟一同杀害，极其凶残。2010年7月15日一审判决：因犯故意杀人罪判处其死刑，剥夺政治权利终身，犯强奸罪，判处有期徒刑5年。数罪并罚，决定执行死刑，并处剥夺政治权利终身。民事赔偿家属损失3万元。2011年3月4日，二审结果为故意杀人罪、强奸罪判处李昌奎死刑，缓期二年执行。2011年8月22日，云南省高级人民法院在昭通市开庭，撤销原二审死缓判决，改判李昌奎死刑，剥夺政治权利终身，并依法报请最高人民法院核准。

这两种不同的观点背后，其实就是程序正义与实质正义两种不同的司法理念之间的交锋。[①] 其争论的焦点集中在，现代司法理念是否能全部运用于中国当下的司法实践当中？该案应当遵循什么样的司法理念才能最大限度地实现司法正义？

当现代司法理念不能体现民众的意愿时，司法判决就不会得到广大民众的认可，更难以执行，这无疑严重损害了司法。有鉴于此，司法机关对一些政策作出了调整。

1998 年 3 月，最高人民法院院长任建新在九届全国人大一次会议上明确提出要“坚持全心全意为人民服务的宗旨，继承和发扬人民司法工作的优良传统”[②]。2003 年 8 月 24 日，在全国高级法院院长座谈会上，最高人民法院院长肖扬讲话的核心问题就是要牢固树立司法为民的理念，他说：司法为民是实现正义的本质要求，是检验司法的法律效果和社会效果的新尺度，是人民法院密切联系群众的新要求，是人民司法这一优良传统的新发展，是解决民众反映强烈的焦点、热点问题的新实践。[③] 至此，“司法为民”理念作为新时期人民法院工作的宗旨再次被强调，并对中国当下的司法理念产生了重大影响，主要体现在以下四个方面：

第一，在基层法院，巡回审理的方式得到青睐，“坐堂问案”不再是盲目追求的审判方式。[④] 到目前为止，最高人民法院已经先后成立了 6 个巡回法庭。

第二，人民陪审员制度受到了重视。2004 年 8 月 28 日，第十届全国人大常委会第十一次会议通过了《关于完善人民陪审员制度的决定》，[⑤] 使人民

---

① 宁松、王志华：《现代司法理念与司法公正的本土化整合》，载《广西政法管理干部学院学报》2005 年第 2 期。

② 任建新：《最高人民法院工作报告》，载《中华人民共和国最高人民法院公报》1998 年第 2 期。

③ 刘嵘：《树立司法为民思想践行公正与效率主题——记全国高级法院院长座谈会》，载《人民司法》2003 年第 9 期。

④ 兰童、关双龙：《开鲁县法院倡导“零审限”大置简易案件调解在村屯牧舍》，载《人民日报》2004 年 1 月 8 日。

⑤ 何青洲：《人民司法在中国的实践路线》，西南政法大学 2012 年博士学位论文。

陪审员制度走上了合法化与制度化的道路，这为进一步推行人民陪审员制度提供了强有力的法律保障。

第三，对司法人员提出品德要求，即要发扬共产党人无私奉献的精神，在司法中不断践行“为人民服务”的宗旨，使案件的结果尽可能地接近实质正义，进而获得广大民众的认同，强调要同时实现司法的法律效果和社会效果。[①]

第四，调解获得高度重视。调解结案更有利于做到“案结事了”，能更好地贯彻司法为民理念和建构和谐社会。具有象征意义的是，马锡五审判方式开始作为“司法为民的楷模”大力提倡。[②]调解受到了法学理论界的重视，也成为主流媒体争相报道的热门话题。和谐司法的概念最早是最高人民法院肖扬院长于2007年在第七次全国民事审判工作会议上提出的。和谐司法的基本特征是：以人为本，和谐诉讼；诉审协调，和而不同；诚信尽责，协同推进；援弱济困，实质平等；繁简得当，方便有效；调判相宜，胜败皆明；公正权威，案结事了；纵横规范，多元衔接；社会正义，回归和谐。[③]张文显教授也一直将和谐司法作为重要的司法理念，要求各诉讼主体在和谐的诉讼理念下，以诚实和文明的诉讼态度，协同努力，实现定分止争、案结事了的目的。[④]

在和谐司法理念下，法官审判案件并不要求严格拘泥于诉讼规则的束缚，只要双方当事人都同意并接受。在这样一种司法理念下，当代中国的法官又恢复成了深入群众、为当事人排忧解难的形象。以2010年受到中央领导人表彰的全国模范法官陈燕萍为例，她在基层人民法庭工作14年，共审理3100多件案件，没有一件错案，没有当事人上访，真正做到了让群众满

---

① 《建立健全教育、制度、监督并重的惩治和预防腐败体系实施纲要》，载万鄂湘、张军主编：《最新刑事法律文件解读》，人民法院出版社2005年版，第2~16页。

② 张憨：《司法为民的楷模——记马锡五和马锡五审判方式》，载《中国审判》2006年第8期。

③ 吴国豪：《试论我国法院调解制度的完善——和谐诉讼理念下的法院调解制度》，载《法制与社会》2012年第9期。

④ 张文显：《张文显法学文选：司法理念与司法改革》（第7卷），法律出版社2011年版，第12页。

意。[①]“我希望天下无讼”，说明和谐司法的终极目的是将矛盾尽量化解在法院之外，这一理念既是中国传统的“无讼”思想的延续，又体现了党的群众路线。[②]

（三）社会主义法治理念的提出

社会主义法治理念的主要内容被概括为“依法治国、执法为民、公平正义、服务大局、党的领导”五个方面。[③]依法治国是社会主义法治的核心内容，执法为民是社会主义法治的本质要求，公平正义是社会主义法治的价值追求，服务大局是社会主义法治的重要使命，党的领导是社会主义法治的根本保证。[④]从这五个方面的内容来看，与司法为民的理念基本相同，是符合广大人民群众利益和需要的法治理念。这表明中国这一阶段的司法改革正在进行一场全面深刻的反思，反思的结果就是司法改革向传统目标回归，这里的传统既包括中国两千多年来一贯的和谐司法传统，也包括中国共产党一贯主张的司法为民的传统。

第一，社会主义法治理念是立足于中国立场的。社会主义法治理念来源于当代中国人从自己的生活经验出发对法治的理解。更准确地说，它表达了中国共产党对当代中国民众真实生活中所特有的法治理念的理解与认可。

第二，社会主义法治理念是立足于法外之理的。社会主义法治理念中的“五句话”，基本上都是站在法律体系之外来规范法律本身的，是把法律与政治、文化现象相互联系起来，进行统筹思考的结果。原因在于，党提出社会主义法治理念的主要目的，绝不是在中国发展出一套类似西方的“纯粹法学”，而是希望司法继续为国家治理服务。[⑤]

---

① 刘思达：《中国法律的形状》，载《中外法学》2014 年第 4 期。

② 刘思达：《中国法律的形状》，载《中外法学》2014 年第 4 期。

③ 求是杂志政治编辑部：《社会主义法治理念教育学习读本》，红旗出版社 2006 年版，第 2 页。

④ 喻中：《论社会主义法治理念在法学体系中的核心价值》，载《法律科学》2012 年第 4 期。

⑤ 喻中：《社会主义法治理念概论》，法律出版社 2012 年版，第 102 页。

三、习近平法治思想的提出

党的十八大以来，中国共产党基于对中华民族伟大复兴的考虑，基于对社会稳定与和谐的考虑，必然会进一步探索适合中国当下发展的司法理念。[①]在此基础上，提出了习近平法治思想。

（一）中国共产党对司法理念的深入探索

1. 依法治国与以德治国紧密结合

我党逐步认识到，只有实现广大民众内心世界与外在行为的统一，并建立起社会的普遍价值共识，才能实现整个社会的真正稳定与和谐，这样的社会治理成本也是最低的。提倡以德治国的合理性根据正在于此，即提高社会成员的道德觉悟，用道德来净化内心，以达到约束其外在行为的目的。

2001 年 1 月 10 日，江泽民同志首次提出，在国家的治理上应把依法治国与以德治国紧密结合起来。[②]2016 年 12 月 9 日，在中共中央政治局第三十七次集体学习时，习近平总书记强调，把法治中国建设好，必须坚持依法治国和以德治国相结合，使法治和德治在国家治理中相互补充、相互促进、

---

① 以邓正来教授为代表的一部分学者已经深刻地认识到了这个问题，比如，邓正来教授认为，把“理想图景”引入对中国法学的反思和前瞻，在根本上意味着我们试图在中国法学的领域中，甚或在中国社会科学的领域中，把那个被遮蔽的、被无视的、被忽略的关于中国人究竟应当生活在何种性质的社会秩序之中这个重大的问题开放出来，使它彻底地展现在中国人的面前，并且“命令”（command）我们必须对它进行思考和发言，而绝不能沦为只当然地信奉“西方法律理想图景”之权威的“不思”的一大堆。再者，这进一步意味着我们既不能简单地、“不思”地生活在“西方法律理想图景”之中，也同样不能简单地、“不思”地生活在我们自己都不知道性质为何的社会秩序之中。因此，在这个意义上，对于每一个中国法学论者而言，甚至对于每一个中国人而言，开始对“中国法律理想图景”进行思考和追究本身，就在很大程度上意味着一个新法学时代的来临，至少是一个开始思考和追究我们自己的根本生活状态之正当性的时代的来临。参见邓正来：《中国法学向何处去》，商务印书馆 2006 年版，第 21 页。

② 江泽民：《在全社会大力宣传和弘扬为实现社会主义现代化而不懈奋斗的精神》，载《党的文献》2001 年第 1 期。

相得益彰。[①]法治需要顺应人们内心的道德律令，如果法律制度与世道人心相抵触，法治本身的形象也会大打折扣。

习近平总书记指出，以法治承载道德理念，道德才有可靠制度支撑。法律法规要树立鲜明道德导向，弘扬美德义行，立法、执法、司法都要体现社会主义道德要求，都要把社会主义核心价值观贯穿其中，使社会主义法治成为良法善治。[②]文明执法、公正司法本身就是对道德的捍卫。司法不公，既是对法律的亵渎，也是对恶行的纵容、对美德的贬损。执法、司法如果失掉了惩恶扬善的功能，其本身就会成为罪恶的根源。守法是一种善，违法是严重的失德。良好的法律只有得到普遍的实施才能实现良法善治。[③]

2. 党的十八届四中全会有关司法理念的论述

2014 年 10 月 20 日，在中国共产党十八届四中全会上首次以专题研究的形式部署了全面推进依法治国的方略，审议并通过了《中共中央关于全面推进依法治国若干重大问题的决定》。全会提出，全面推进依法治国的总目标是建设中国特色社会主义法治体系。公正是法治的生命线，司法公正对社会公正具有重要引领作用，司法不公对社会公正具有致命破坏作用。必须完善司法管理体制和司法权力运行机制，规范司法行为，加强对司法活动的监督，努力让人民群众在每一个司法案件中感受到公平正义。坚持人民司法为人民，依靠人民推进公正司法，通过公正司法维护人民权益。在司法调解、司法听证、涉诉信访等司法活动中保障人民群众参与。[④]

习近平总书记深刻指出："发挥好法律的规范作用，必须以法治体现道德理念、强化法律对道德建设的促进作用。一方面，道德是法律的基础，只有那些合乎道德、具有深厚道德基础的法律才能为更多人所自觉遵行。另一方

---

① 习近平：《坚持依法治国和以德治国相结合》，载《论坚持全面依法治国》，中央文献出版社 2020 年版，第 165 页。

② 习近平：《坚持依法治国和以德治国相结合》，载《论坚持全面依法治国》，中央文献出版社 2020 年版，第 166 页。

③ 徐显明：《坚持依法治国与以德治国相结合》，载《求是》2017 年第 6 期。

④ 《中共中央关于全面推进依法治国若干重大问题的决定》，载《人民日报》2014 年 10 月 29 日。

面，法律是道德的保障，可以通过强制性规范人们行为、惩罚违法行为来引领道德风尚。要注意把一些基本道德规范转化为法律规范，使法律法规更多体现道德理念和人文关怀，通过法律的强制力来强化道德作用、确保道德底线，推动全社会道德素质提升。发挥好道德的教化作用，必须以道德滋养法治精神、强化道德对法治文化的支撑作用。再多再好的法律，必须转化为人们内心自觉才能真正为人们所遵行。'不知耻者，无所不为。'没有道德滋养，法治文化就缺乏源头活水，法律实施就缺乏坚实社会基础。在推进依法治国过程中，必须大力弘扬社会主义核心价值观，弘扬中华传统美德，培育社会公德、职业道德、家庭美德、个人品德，提高全民族思想道德水平，为依法治国创造良好人文环境。"①

《中共中央关于全面推进依法治国若干重大问题的决定》提出，建立健全社会组织参与社会事务、维护公共利益、救助困难群众、帮教特殊人群、预防违法犯罪的机制和制度化渠道；支持行业协会商会类社会组织发挥行业自律和专业服务功能，发挥社会组织对其成员的行为导引、规则约束、权益维护作用；深入开展多层次多形式法治创建活动，深化基层组织和部门、行业依法治理，支持各类社会主体自我约束、自我管理。②推进社会规范（社会软法）建设，完善各种"民间法"、行业协会规范、市民公约、乡规民约、团体章程等"软法"性质的社会规范，形成具有多层位阶和效力的软法体系。③这些制度的推行，无疑会有利于传统文化中小传统的恢复。小传统的繁荣，是能对国家层面的大传统提供强大支撑的必然前提。

3. 党的十九大有关司法理念的论述

党的十九大报告提出，培育和践行社会主义核心价值观，推动中华优秀传统文化创造性转化、创新性发展，继承革命文化，发展社会主义先进文化，不忘本来、吸收外来、面向未来，更好构筑中国精神、中国价值、中国力量，

---

① 习近平：《加快建设社会主义法治国家》，载《求是》2015 年第 1 期。

② 《中共中央关于全面推进依法治国若干重大问题的决定》，载《人民日报》2014 年 10 月 29 日。

③ 张文显：《中国法治四十年：历程、轨迹和经验》，载《吉林大学社会科学学报》2018 年第 5 期。

为人民提供精神指引。坚持依法治国和以德治国相结合，依法治国和依规治党有机统一，深化司法体制改革，提高全民族法治素养和道德素质。①

党的十九大报告进一步明确了新时代社会治理的思想和方略，提出“打造共建共治共享的社会治理格局”。加强社会治理制度建设，完善党委领导、政府负责、社会协同、公众参与、法治保障的社会治理体制，提高社会治理社会化、法治化、智能化、专业化水平。加强社会心理服务体系建设，培育自尊自信、理性平和、积极向上的社会心态。加强社区治理体系建设，推动社会治理重心向基层下移，发挥社会组织作用，实现政府治理和社会调节、居民自治良性互动。加强农村基层基础工作，健全自治、法治、德治相结合的乡村治理体系。这些思想和方略，必将使法治、德治、自治更为有效衔接，把社会治理水平提升到新的高度，推动国家治理和社会治理、国家法治与社会自治良性互动。②

4. 社会主义核心价值观融入法治建设

习近平总书记指出：“核心价值观是一个民族赖以维系的精神纽带，是一个国家共同的思想道德基础。”③2018 年 5 月 7 日，中共中央正式向全社会印发《社会主义核心价值观融入法治建设立法修法规划》，要求“司法解释，要按照社会主义核心价值观的要求，及时进行修订完善”。这项工作主要遵循以下原则：一是坚持党的领导。坚持党对社会主义法治建设的集中统一领导，确保司法解释立项、起草、论证、修改、补充、废止等各项工作始终坚持正确的政治方向。二是坚持司法为民。坚持以人民为中心的发展思想，始终以保障人民根本利益为出发点和落脚点，确保司法解释符合人民意愿，符合立法意图。三是坚持问题导向。一切从实际出发，尊重司法规律，回应社会关切，从人民群众最关心最直接最现实的利益问题入手，增强司法解释的

---

① 习近平：《决胜全面建成小康社会 夺取新时代中国特色社会主义伟大胜利——在中国共产党第十九次全国代表大会上的报告》，载中国政府网，http://www.gov.cn/zhuanti/2017-10/27/content_5234876.htm，最后访问时间：2018 年 9 月 18 日。

② 张文显：《中国法治四十年：历程、轨迹和经验》，载《吉林大学社会科学学报》2018 年第 5 期。

③《习近平在文艺工作座谈会上的讲话》，载《人民日报》2015 年 10 月 15 日，第 2 版。

针对性和实效性。四是坚持价值引领。树立鲜明的价值导向，充分体现社会主义核心价值观的要求，把实践中广泛认同、较为成熟、可操作性强的道德要求上升为司法适用原则、裁判标准。[①]

综上所述，中国共产党对司法理念的认识也经历了一个不断发展创新的过程，可以说，习近平法治思想正是在此基础上应运而生的。

（二）习近平法治思想的提出

2020年11月，中央全面依法治国工作会议上提出了习近平法治思想，标志着中国的司法理念重新自成体系时代的到来。这一转变是中华民族至近代不断遭受西方列强的侵略和打击以来，经过近200年的奋斗，重新以强国的姿态屹立在世界东方的重要理论成果。

习近平法治思想内涵丰富、论述深刻、逻辑严密、系统完备。这一重要思想集中体现为习近平总书记在中央全面依法治国工作会议重要讲话中精辟概括的“十一个坚持”。下面分述之。

坚持党对全面依法治国的领导。党的领导是推进全面依法治国的根本保证。党的领导是中国特色社会主义法治之魂，是我国社会主义法治同西方资本主义国家的法治最大的区别。“十一个坚持”中，首要的就是坚持党对全面依法治国的领导，充分表明党的领导在全面依法治国中的统领性、全局性、决定性地位。[②]

坚持以人民为中心。习近平法治思想深刻回答了法治中国建设为了谁、依靠谁的问题，科学指明了新时代全面依法治国的根本立场。习近平总书记指出:“全面依法治国最广泛、最深厚的基础是人民，必须坚持为了人民、依靠人民。”[③] 要充分调动人民群众投身依法治国实践的积极性和主动性，使全

---

① 《最高法@所有人　这些道德要求上升为司法裁判标准》，载《人民日报》2018年9月19日。

② 陈训秋:《认真学习贯彻习近平法治思想　努力开创新时代法学会事业发展新局面》，载《旗帜》2020年第12期。

③ 习近平:《坚定不移走中国特色社会主义法治道路　为全面建设社会主义现代化国家提供有力法治保障》，载《求是》2021年第5期。

体人民都成为社会主义法治的忠实崇尚者、自觉遵守者、坚定捍卫者。要把体现人民利益、反映人民愿望、维护人民权益、增进人民福祉落实到全面依法治国各领域全过程，保证人民依法享有广泛权利和自由。

坚持中国特色社会主义法治道路。习近平法治思想深刻回答了法治中国建设走什么路的问题，科学指明了新时代全面依法治国的正确道路。习近平总书记指出："中国特色社会主义法治道路，是社会主义法治建设成就和经验的集中体现，是建设社会主义法治国家的唯一正确道路。"①我们要坚持党的领导、人民当家作主、依法治国有机统一，坚定不移走中国特色社会主义法治道路，决不照搬别国模式和做法，决不走西方所谓"宪政""三权鼎立""司法独立"的路子。要从我国国情和实际出发，正确解读中国现实、回答中国问题，提炼标识性学术概念，推进法学理论创新、法律制度创新和法治文化创新，打造具有中国特色和国际视野的学术话语体系，加强对中国特色社会主义国家制度和法律制度的理论研究，为构筑中国制度建设理论的学术体系、话语体系贡献力量，为坚定制度自信提供学理支撑。

坚持依宪治国、依宪执政。习近平法治思想深刻回答了法治中国建设依据什么的问题，科学指明了新时代全面依法治国的首要任务和基础性工作。习近平总书记指出："坚持依法治国首先要坚持依宪治国，坚持依法执政首先要坚持依宪执政。"②宪法是国家的根本法，是治国安邦的总章程，是全面依法治国的总依据，是党依法执政的根本法律依据，是国家各种制度和法律法规的总依据，具有最高的法律地位、法律权威、法律效力，具有根本性、全局性、稳定性、长期性。全国各族人民、一切国家机关和武装力量、各政党和各社会团体、各企业事业组织，都必须以宪法为根本的活动准则，都负有维护宪法尊严、保证宪法实施的职责。

---

① 习近平：《关于〈中共中央关于全面推进依法治国若干重大问题的决定〉的说明》（2014年10月20日），载《中国共产党第十八届中央委员会第四次全体会议文件汇编》，人民出版社2014年版，第81页。

② 习近平：《坚定不移走中国特色社会主义法治道路　为全面建设社会主义现代化国家提供有力法治保障》，载《求是》2021年第5期。

坚持在法治轨道上推进国家治理体系和治理能力现代化。推进国家治理体系和治理能力现代化，就是要适应时代变化，既改革不适应实践发展要求的体制机制、法律法规，又不断构建新的体制机制、法律法规，使各方面制度更加科学、更加完善，实现党、国家、社会各项事务治理制度化、规范化、程序化。推进国家治理体系和治理能力现代化，必须坚持依法治国，为党和国家事业发展提供根本性、全局性、长期性的制度保障。只有全面依法治国才能有效保障国家治理体系的系统性、规范性、协调性，才能最大限度凝聚社会共识。

坚持建设中国特色社会主义法治体系。习近平总书记指出："全面推进依法治国涉及很多方面，在实际工作中必须有一个总揽全局、牵引各方的总抓手。"[①] 中国特色社会主义法治体系是国家治理体系的骨干工程，是推进全面依法治国的总抓手。全面推进依法治国，要求各项工作都要围绕建设中国特色社会主义法治体系、建设社会主义法治国家这个总目标来部署、来展开，都要围绕中国特色社会主义法治体系这个总抓手来谋划、来推进，加快形成完备的法律规范体系、高效的法治实施体系、严密的法治监督体系、有力的法治保障体系，形成完善的党内法规体系，坚持依法治国和以德治国相结合，提高党依法治国、依法执政能力。

坚持依法治国、依法执政、依法行政共同推进，法治国家、法治政府、法治社会一体建设。习近平总书记指出："全面依法治国是一个系统工程，必须统筹兼顾、把握重点、整体谋划，更加注重系统性、整体性、协同性。"[②] 习近平总书记多次强调，坚持依法治国、依法执政、依法行政共同推进，法治国家、法治政府、法治社会一体建设。依法治国、依法执政、依法行政是有机联系的整体，三者本质一致、目标一体、成效相关，必须相互统一、共同推进、形成合力；法治国家、法治政府、法治社会三者相互联系、相互支

---

① 习近平：《关于〈中共中央关于全面推进依法治国若干重大问题的决定〉的说明》（2014 年 10 月 20 日），载《中国共产党第十八届中央委员会第四次全体会议文件汇编》，人民出版社 2014 年版，第 81 页。

② 习近平：《加强党对全面依法治国的领导》，载《求是》2019 年第 4 期。

撑、相辅相成，共同构成建设法治中国的三根支柱。

坚持全面推进科学立法、严格执法、公正司法、全民守法。习近平法治思想深刻回答了法治中国建设怎样推进的问题，科学指明了新时代全面依法治国的关键环节。习近平总书记指出："全面依法治国是一项长期而重大的历史任务，也是一场深刻的社会变革。"①必须从法治工作基本格局出发，坚持厉行法治，推进科学立法、严格执法、公正司法、全民守法，继续推进法治领域改革，解决好立法、执法、司法、守法等领域的突出矛盾和问题。

坚持统筹推进国内法治和涉外法治。习近平法治思想深刻回答了国内治理与国际治理、国内法治与涉外法治的关系问题，科学指明了新时代全面依法治国的国内国外两个领域。习近平总书记强调："要加快涉外法治工作战略布局，协调推进国内治理和国际治理，更好维护国家主权、安全、发展利益。"②法治是国家核心竞争力的重要内容。

坚持建设德才兼备的高素质法治工作队伍。习近平总书记指出："建设法治国家、法治政府、法治社会，实现科学立法、严格执法、公正司法、全民守法，都离不开一支高素质的法治工作队伍。"③千秋基业，人才为本。"得其人而不得其法，则事必不能行；得其法而不得其人，则法必不能济。人法兼资，而天下之治成。"④全面推进依法治国，要研究谋划新时代法治人才培养和法治队伍建设长远规划，创新法治人才培养机制，推动东中西部法治工作队伍均衡布局，提高法治工作队伍思想政治素质、业务工作能力、职业道德水准，着力建设一支忠于党、忠于国家、忠于人民、忠于法律的社会主义法治工作队伍，为加快建设社会主义法治国家提供有力人才保障。

坚持抓住领导干部这个"关键少数"。习近平法治思想深刻回答了领导干部在法治中国建设中肩负的重要责任，科学指明了实现全面依法治国目标

---

① 习近平：《加强党对全面依法治国的领导》，载《求是》2019年第4期。

② 《习近平在中央全面依法治国工作会议上强调　坚定不移走中国特色社会主义法治道路　为全面建设社会主义现代化国家提供有力法治保障》，载《人民日报》2020年11月18日，第1版。

③ 《习近平在中国政法大学考察》，载《人民日报》2017年5月4日，第1版。

④ （明）海瑞：《治黎策》。

和任务的关键所在。习近平总书记指出："领导干部具体行使党的执政权和国家立法权、行政权、监察权、司法权，是全面依法治国的关键。"① 我们党一直强调，政治路线确定之后，干部就是决定因素。各级领导干部作为具体行使党的执政权和国家立法权、行政权、监察权、司法权的人，在推进依法治国方面肩负着重要责任，在很大程度上决定着全面依法治国的方向、道路、进度。全面依法治国必须抓住领导干部这个"关键少数"。②

习近平法治思想是顺应实现中华民族伟大复兴时代要求应运而生的重大理论创新成果，是马克思主义法治理论中国化最新成果，是习近平新时代中国特色社会主义思想的重要组成部分，是全面依法治国的根本遵循和行动指南。毫无疑问，习近平法治思想就是我国当下的司法理念，它必然要担负起当今我国司法制度的建构和设计指导思想的重任。由此可见，对于法律界来说，当今最重要的任务之一就是把习近平法治思想贯彻落实到司法实践当中去，使我国的司法从理念到制度都和我国当今的大国地位相匹配，真正能成为优秀的法律体系，并为世界各国的法治发展贡献中华民族的经验和智慧。

四、中国未来司法理念的发展走向

通过本书的分析可知，自晚清以来，司法理念经历了从几千年来传统社会的和谐理念开始的变迁过程，晚清人士主张全面向西方学习宪制的司法理念，国民党政府提出了以"三民主义"为指导的"司法党化"的理念，新中国成立前中国共产党提出了"新民主主义"司法理念，新中国成立后又推出了"阶级统治工具"的司法理念，"文化大革命"结束后，司法理念又沿着"司法为民"的理念前进了20多年；21世纪初，中国共产党根据中国的司法

---

① 习近平：《坚定不移走中国特色社会主义法治道路 为全面建设社会主义现代化国家提供有力法治保障》，载《求是》2021年第5期。

② "十一个坚持"的相关论述参见陈训秋：《认真学习贯彻习近平法治思想 为建设法治中国而努力奋斗》，载《民主与法制》（增刊）2020年第2期。

实践以及法治建设目标，推出了中国特色社会主义法治理念。近期提出的习近平法治思想才真正指明了未来的发展方向：要体现鲜明的中国特色，而且要和中国的大国地位相匹配。这意味着司法理念向传统的回归，既包括向两千多年来和谐司法理念的回归，也包括向新传统中司法为民理念的回归。

站在当代历史的节点上，站在东西方文化与法律的交汇点上，许多人肯定都想了解中国未来的司法理念将如何向前发展。笔者认为，这不是从西方法学理论或者中国法学理论上进行论证的问题，而是中国社会未来发展的方向决定中国司法理念与制度发展方向的问题。

（一）何为好的司法理念

就司法理念理论体系来说，只要理论本身是自洽的即可，是无所谓好坏的，但是，在既定的司法理念指导下制定的司法制度，一旦在某个社会运行起来以后，马上就会出现司法制度与整个社会的契合度问题，毫无疑问，契合度越好，说明制度与理念设计得越好。① 正如法国思想家卢梭所说，一切法律中最重要的法律，既不是刻在大理石上，也不是刻在铜表上，而是铭刻在公民的内心里。②

1. 从历史角度看，司法理念应是本民族文化传统的体现

在每个民族发展的早期阶段，法律就如同语言、风俗和建筑一样，具有了一个民族的固有特征，而且它们彼此不可分割地联系在一起。联系的纽带是民族的共同信仰和共同意识。③ 这些共同构成一个民族固有的性格，各民族都受自身性格的支配，凡是与自身性格不合的生活方式，都只不过是借来一件外套所做的暂时的伪装。④

---

① 这个评价标准可能不符合一些法学学者的观点，因为他们认为“法治国”的建设模式应该是先有理念与制度的设计，然后再根据既定的制度对社会进行改造，对民众进行改造，使之符合既定的“法治国”的模式。相关内容参见本书第一章。如果认为这也是一种可行的评价标准的话，笔者只能将这一标准称为“大众化标准”。

② ［法］卢梭：《社会契约论》，何兆武译，商务印书馆 1980 年版，第 74 页。

③ 转引自何勤华：《历史法学派述评》，载《法制与社会发展》1996 年第 2 期。

④ ［法］古斯塔夫・勒庞：《乌合之众：大众心理研究》，冯克利译，广西师范大学出版社 2011 年版，第 108 页。

一个人在一定的社会关系中成长，事实上就是接受周围人所知道的事物的过程。如果你无法知道同样的事物，那么就无法成为其中的一位社会成员。[①]其实，我们做大部分事情的理由无非周围的人都如此行事。中国人一直认为，人之所以为人是因为人具有德性，家庭立于人伦道德之基，而后扩展为国家，即中国特有的家国一体的模式。因此，对于中国人来说，离开人伦道德，便无家国，也无法治。与道德融为一体的法律将会更接近良法，更接近实质正义，使人们更容易真正地接受法律，使法律真正获得权威。

美国汉学家孟旦在研究了中国当代的人性理论以及社会控制原则后，得出的结论是：在某种意义上，人们常识性认为的古代中国与当代中国的天壤之别其实并不存在，很大程度上说，当代中国是传统中国的自然延续。[②]改革开放以来，乡土社会传统生活模式呈现出复归与再生的趋势。[③]宗族活动越来越频繁，家族组织不同程度地得到了恢复和增强，宗族关系在一些地区已成为一种重要的经济文化形态。[④]正因如此，重新审视文化传统的意义就变得极为重要。

在当代民众的生活中，真正发挥作用的仍然是民间习俗，即中国文化传统中的小传统。无论社会经历怎样的变革，流淌在每一个中国人血液里的文化基因从未改变。在中国广袤的大地上，不仅是农村，就是繁华都市的民众，从饮食起居、婚丧嫁娶到商业交易、房地租佃等行为模式，与其说是依据国家法的规定，还不如说是依据传统的“礼制”更确切。[⑤]事实上，在当代中国，“礼”依然发挥着调整社会关系与规范社会秩序的功能。这是因为“礼”

---

① ［美］艾尔·巴比：《社会研究方法》，邱泽奇译，华夏出版社 2009 年版，第 5 页。

② ［美］孟旦：《中国当代人性观》，http://baike.so.com/doc/379466-401886.html，最后访问时间：2017 年 2 月 19 日。

③ 刘梦溪：《礼仪文明的核心价值是“敬”——“礼失，求诸野”再识》，载《北京日报》2016 年 7 月 25 日。

④ 田成有：《传统与现代：乡土社会中的民间法》，中国政法大学 2005 年博士学位论文。

⑤ 就此问题笔者和北京市大兴区的一位居委会主任深入地探讨过，她也是北京市的金牌调解员。赵主任告诉笔者，在基层工作了一辈子的经验让她坚信，中国的问题只能按照中国的模式解决。她说她就是凭借这一理念成为北京市金牌调解员的，因为她说的话符合民众的心理，因此能得到大家的认同，纠纷就容易在她手里得到化解。

是民众在长期的生活中，不断进行博弈的结果，也就是说，经过多少年无数人无数次实践的结果表明，大家只有依“礼”而行，才能实现各自的利益最大化，所以破坏“礼”的那个人就会成为众矢之的，受到民众的谴责。因此可以说，“礼”是以民众的合意作为自身的合法性基础的。① 正如托克维尔所说，任何一个民族唯一的坚强持久的力量就是民情，法律如果不以这样的民情为基础，法律自身就会处于不稳定的状态。② 虽然许多民众对此也是日用而不知，但是一旦有不同的规则试图进入他们的生活，那么，他们就会表现出一种本能的抵制。

在中国当代社会，事实上大家依然有着共同的价值取向，行为的是非判断标准，为人处世的心理准则，这些东西依然来源于中国的文化传统。如果全盘否定这些价值取向和心理准则，那么，国家的司法理念与制度必将失去其推行的民众心理基础。

2. 从当下中国看，司法理念应是社会实践的反映

马克思说，社会以法律为基础的观点只是法学家们的幻想。事实正相反，法律要以社会为基础，法律应该是社会共同利益的表现，而不应该是单个人的恣意横行。③ 人的社会性决定了抽象的人不存在。如果说西方人的社会性表现为自由的话，中国人的社会性则表现为和谐。

改革是当代中国的主旋律。随着改革的不断深入，各种社会矛盾变得更加复杂，社会阶层分化、征地拆迁、教育医疗、社会保障、环境危机等问题都在加剧社会的不稳定性。违约的随意性、侵权的普遍性、损害赔偿的难度增加、离婚率的不断攀升、群体性事件等更是在挑战着社会稳定的底线。但是，法律必然要求建立在确定性和稳定性之上，并且法律自身也在追求确定性和稳定性，换句话说，改革本身就对法律构成了极大的挑战。在变革时期，改革的诉求经常出现变动，法律的规定也会随之经常修改，而社会秩序的稳定却是不变的要求。为了避免因法律的滞后而影响社会稳定，给民众更多的

---

① ［美］霍姆斯:《法律之道》，载《环球法律评论》2003 年第 1 期。

② ［法］托克维尔:《论美国的民主》(上)，董果良译，商务印书馆 1991 年版，第 5 页。

③ 《马克思恩格斯全集》(第 6 卷)，人民出版社 1961 年版，第 291 页。

自由空间应该是更明智的选择，这样可以有效地避免出现法律越多，社会秩序反而越乱的局面。

国家和社会在这个大的社会转型期所遭遇的一系列挑战，对于法学理论来说，可以选择积极主动地作出回应，也可以选择停滞不前，寻找一个缓冲地带。但是，对于司法实践来说，不但无处可躲，而且必须满足以下两个要求：一是要及时地解决纠纷，二是结果要符合社会民众的心理预期。换句话说，如果司法不能完成定分止争的基本目标的话，它也绝对不能成为扰民之具，否则司法会加剧整个社会的矛盾冲突，无论如何，这是每一个国人都不希望面对的局面。因此，凡是把司法引向破坏社会秩序的司法理念，无论这样的司法理念自身理论体系多么华丽，哪怕它真的代表了世界上某些国家的最新潮流，也必须坚决予以抛弃。

3. 从理论构造看，司法必须服从政法传统

从清末变法修律，民国时期的“司法三民主义化”，陕甘宁边区的“马锡五审判方式”，改革开放后的“司法为民”直到当下的司法实践，中国近现代以来百余年的司法历程表明：虽然从表面上看，司法理念在不断地更新，但是其内核是不变的，即法律必须与中华民族追求独立和富强的政治目标相一致，这就是所谓的政法传统。①

政法传统的核心问题是法律与权力之间的关系。在政法传统中，司法担负着两大功能：一是政治功能，二是社会功能。政治功能要求司法服务于国家的长远的整体目标，近现代以来，这一目标一直表现为国家对独立自主和繁荣富强的诉求；社会功能则要求司法服务于定分止争的需求，既要达到当事人的满意，又要恢复社会和谐稳定的状态。在政法传统中，当司法所要完成的两种功能发生冲突时，司法的社会功能必须无条件地服从司法的政治功能。正如张文显教授所说，我们的法律要为政治服务，我们要讲法律的政治功能，但也要关注法律当中的正义和人权价值。②

---

① 张志铭：《司法改革需要更宽阔的视野——对“人民法院五年改革纲要”的一点评论》，载《改革司法——中国司法改革的回顾与前瞻》，社会科学文献出版社 2005 年版，第 532 页。

② 张文显：《中国社会转型期的法治转型》，载《国家检察官学院学报》2010 年第 4 期。

有法学者指出“法政合一”现象是中国现代法治进程中最严重的阻碍之一，但事实上，这样的制度安排是有中国传统法律文化提供的强大理论支撑和广大民众心理支持的。因此，无论西方宪制理念下的司法独立等理念在法律界和公共舆论中获得多么高的支持率，哪怕已经成了某些人嘴边所谓的“真理”，也很难撼动官方和民众所代表的深厚法律文化传统支撑下的政法传统。

4. 从现实需要看，司法要坚持综治模式

法律不是万能的，试图将社会秩序的基石单纯建立在法律之上的想法是幼稚的。中国本土的法治经验一再表明，遇事只靠法律、只靠人民法院通过审判活动解决是不行的。①

在中国当代法治实践的过程中，“权利”并没有像有些学者说的那样取得“核心”地位。事实上，中国几千年来的实践都是以“治”为本位，确认权利、界定义务的最终目标也是实现“天下大治”。“综治”就是实现“天下大治”的方式方法，这既是对中国数千年来的政治法律实践经验的总结，也是对中国法治实践过程中真实的法治模式的描述。

“综治”本身意味着治理主体的多元性。首先，综治的主体主要指由各级党委领导、政法委负责的各级公安局、检察院、法院以及司法局；其次，为了实现刑事案件的审判，必须通过公安局、检察院、法院之间的相互配合才行；最后，从民事领域来看，虽然法院对民事案件的审判不可或缺，但是，在法院之外，各种各样的调解机构以及仲裁机构也在处理着大量的民事案件。②

总之，我们当下的法治模式采用综合治理的形式，不但受制于现实的一些条件，更关键的是它受历史文化传统的支配。

5. 从未来趋势看，坚持司法与自治良性互动

自治是指个人或团体管理自身事务并对其行为负责的一种治理形态，它是社会治理的高级阶段。随着这些社会自治组织整体实力不断提升，以后将会成为社会政策的重要执行者和社会服务的重要提供者，并最终成为我国社

---

① 江华:《江华司法文集》，人民法院出版社 1989 年版，第 66 页。

② 喻中:《论“治—综治”取向的中国法治模式》，载《法商研究》2011 年第 5 期。

会主义现代化建设不可或缺的重要力量。[①]

我们要不断完善各类“软法”性质的社会规范，包括民间法、行业协会规范、乡规民约等，逐步形成具有多层次效力的规范体系。通过发挥社会自治组织的作用，实现政府治理和社会调节、居民自治良性互动。这些理念，必将使法治、德治、自治更为有效地结合为一体，中国整个社会的治理水平也会上升到全面和谐的高度。

（二）中国司法理念的道德基础重建

法治本身不是一个终极的价值理念，即使在西方，它也不是最终极的，在它的上面还有一些更终极、更根本的东西。用塔玛纳哈教授的话说，法治本身是空的。[②] 王启梁教授认为，法律不能妄图成为一种具有终极价值意义的信仰，如果真能实现的话，意味着法律有能力改变和重塑整个民族的内心信念和对生活意义的认同方式。[③] 所谓对“法”的信仰，也就是对法律背后的具有终极性价值意义的正义、真善美和道德的信仰，法律只有建立在这样的基础上，才能获得自身的正当性和权威性。每个人都以理性的行为去追求自己最终的道德目的，只有在这样的社会秩序下，法律才能有效调整人们的外在行为。因此，法律作为社会规范，总要以道德为其根基，中西方概莫能外。否则，法律就会因为与终极价值冲突而丧失其存在的意义。[④]

任何法律制度安排的背后都有深厚的文化底蕴。西方的道德元素是融在宗教里面的，所以法律与宗教缠绵了上千年，直到今天，法律理念的根基依然深深地埋藏在宗教信仰里。比如，今天的美国联邦最高法院大厦前门依然镌刻着《圣经》里的一句名言：“世人哪，耶和华已指示你何为善。他向你

---

① 张文显：《中国法治四十年：历程、轨迹和经验》，载《吉林大学社会科学学报》2018年第5期。

② ［美］塔玛纳哈：《一般法理学：以法律与社会的关系为视角》，郑海平译，中国政法大学出版社2012年版，第265页。

③ 张永和：《信仰与权威：诅咒（赌咒）、发誓与法律之比较研究》，法律出版社2006年版，第8页。

④ 杨振山、龙卫球：《罗马法的传统性和法律方法——兼论中国民法新传统》，载《中国法学》1995年第1期。

所要的是什么呢？只要你行公义，好怜悯，存谦卑的心，与你的上帝同行。”[①] 中国传统的法律也同样有自己的信仰基础，即儒家的道德伦理。在中华民族的文化传统中，信仰融入了道德，道德以“准宗教”的形式伴随着中华民族走过了几千年的历程，并创造了辉煌的中华文明史。

在中国，法治国家的目标绝对不可能是上帝名义下的律法之治，答案可能是我们希望建立一个符合儒家讲的“仁义礼智信”或“孝悌忠信礼义廉耻”的道德社会。[②] 在现代性主导下的人们的生活世界，不少领域被金钱和权力所腐蚀，因此才出现了道德伦理信仰危机。但是，从根本上说，道德伦理信仰危机的出现是因为对善恶因果律[③]信仰的迷失，进而导致道德伦理生活缺乏自身存在的合理性与正当性。善恶因果律的迷失，还使人们内心缺失了敬畏之感，正因如此，当下的很多国人变得“胆大妄为”“无法无天”。敬畏之心的缺失，使得人与人之间缺少了心理底线和信任基石，因此不但动摇了法院和民众追求实质正义的根基，而且严重危及社会秩序和社会和谐。[④]

历史地看，中国儒家文化并不缺失敬畏之心，孔子说君子有三畏：畏天命，畏大人，畏圣人之言。[⑤]《呻吟语》有云，自天子以至于庶人，未有无所畏惧而不亡者也。畏则不敢肆而德以成，无畏则从其所欲而及于祸。[⑥] 问题出在中国近代以来的社会转型过程中，儒家文化遭遇了连续不断的批判与摧毁，本来已经伤痕累累的儒家文化又遭遇了西方现代文明的重创。儒家伦理

---

① 参见《弥迦书》第6章第8节。

② 楼宇烈认为，在中国人心目中，永远不会把法律看作一个神圣的东西，这个观念是不可能改变的。西方之所以遵守法，把法律看得非常神圣，同样也是道德自觉的结果。就是我必须遵守上帝的意志，由此也必须遵守法律的意志。这也是一个在内心道德的基础上才能有的，并不是完全外在的约束。外在的约束一定是建立在内在的约束的基础上的。所以我们现在把我们自己内在的基础完全否掉，光靠一个外在的约束机制，那是不行的。参见张晋藩、郭道晖、陈光中等:《“中华文化与现代法治”对话录》，载《中国政法大学学报》2010年第5期。

③ 这里的善恶因果律和本书第二章讲到的因果报应本质上是一样的，都是对“善有善报恶有恶报”的表达，但是善恶因果律强调的是，无论有无鬼神世界的存在，因果报应都是客观规律，不因人的意志而改变。

④ ［美］杜维明:《二十一世纪的儒学》，中华书局2014年版，第85页。

⑤ 《论语·季氏十六》。

⑥ （明）吕坤:《呻吟语》，江苏广陵书社有限公司2009年版，第6页。

价值的沦落使中国人丧失了原有的精神家园和价值追求，而西方现代文明虽然给中国带来了科技的突飞猛进，极大地便利了现代人的生活，但是，由于文化根基不同，并没有给中国人提供新的精神家园。对于没有任何价值追求的理性人来说，法律仅仅是用来追逐物质利益的工具而已，对于这样的法律，谈何法律的权威性？更毋谈法律被信仰！毫无疑问，如果今天我们已经意识到树立法治权威、培养法律的精神意蕴很重要的话，那么，我们必须首先从找回我们失落已久的传统道德伦理开始，尽管我们不得不承认，道德伦理的重建比法律体系的建立更加艰难。[①]

儒家讲的性善论本来就是中国传统法律文化的根基，另外，仁政与民本思想也可以成为中国现代法治国家的道德价值基础。[②]但是，如果要重建当代中国的道德伦理的话，当务之急是要重建道德层面的善恶因果律，在此基础上才能建立起中国人的敬畏之心。内心有了敬畏之后，才能谈内心对法律的敬畏与遵行。因此，敬畏之心才是中国人司法理念的最终源泉和最强大的推动力。只有建立在有如此强大生命力的司法理念基础上的法律，才能得到每个当代中国人发自内心的尊重，才会得到民众认真的遵守。[③]

---

① 范愉：《法律信仰批判》，载《现代法学》2008年第1期。

② 陈弘毅：《法治国家的道德基础》，载《领导科学》2015年第9期。

③ 魏长领：《因果报应与道德信仰——兼评宗教作为道德的保证》，载《郑州大学学报》2004年第2期。

结　论

自晚清以来，中国从西方移植过来了很多法律，但直到今天，中国当下的司法状况有些仍不尽如人意。有些学者把我国法治现代化进程缓慢，归因于民众没有很好地培养起“法治精神”，他们认为朝着西方化司法理念与制度的方向前进是毋庸置疑的。但是，通过本书的分析可知，自晚清以来，虽然国家层面的法律理念与制度在不停地发生着变迁，但我们民族的文化传统基本上没有改变，我国国民的性格也未有大的改变，社会组织结构原理并未发生变化，我们每一个人依然站在文化传统的延长线上。事实上，我们移植来的那些西方法制直到今天也并没有变成中华民族固有文化的一部分，更没有深入中国人的日常生活中，[①] 反而就像移植来的他人器官一样，因为不时的排异反应经常会让我们自身感觉到不舒服。[②]

这些移植来的法律在中国当下处于一种“悬空”状态，它既没有中国传

---

① 这里笔者强调的是暂时没有融合，事实上，承认这样的一个客观现实，是更有利于指导我国当下的司法改革的，至少在一定程度上能减少我们的盲从行为。至于从长远来看，长到未来的无穷世纪，也就是说，有足够多的时间来让东西方文化进行融合的话，结果会如何？笔者觉得这也是值得商榷的问题，笔者个人观点是分两种情况：一种情况是像中国文化吸收佛学一样，经过千年的融合，佛学成为中华文明中不可或缺的重要分支，但这里仍然有一个问题，即佛学本来就是东方文明的一部分，作为东方文化整体来说还是有一些基本共性的，这可能也是佛学历经千年终能融入中华文明最根本的原因所在；另一种情况是从易经的角度来看，地球本身就是一个阴阳球，西方为阳，东方为阴，这点可以从各自的文化中充分表现出来，比如西方崇尚阳刚之美，东方崇尚阴柔之美。如果按照易经的观点，相异才能相生的话，中西文化就不可能彻底融合，否则地球上的一切文化都没法向前发展了，就和不能想象当南极与北极融为一体的时候，地球是否还能存在，是同样的道理。

② 张伟仁：《天眼与天平——中西司法者的图像和标志解读》，载《法学家》2012 年第 1 期。

统文化作为根基，也没有西方的基督教文化作为根基。但不可否认的是，如果法律制度背后没有深厚的文化作为牢固根基的话，那么，它的价值与作用始终都是有限的，法律的崇高性和权威性也都没有办法建立起来。

司法实践证明，盲目地追随西方的法治路径的确行不通，当然，想完全回到中国传统社会的司法模式亦无可能，因此唯有中国当代法律人自己进行创新才是司法改革的可行之路。问题在于如何创新，是无中生有，还是在既有的母本前提下创新？我们必须承认，是中西方文化的巨大差异导致了中西方法律理念上的巨大差异，这种差异不但是文化起源上的差异，而且在各自几千年的发展演化中，早已转化为各国民众的“潜意识”，并在无形中支配着每一个当代人仍然按照既定的模式去行为。

因此，对于法律制度来说，如果其与每个民族自己传统的司法理念相吻合的话，那么它的实效就会发挥得好，并容易得到民众的自觉遵从；如果其与传统司法理念不符或者背离过甚，这样的法律制度往往会被变相地架空，难以在审判过程中发挥应有的作用，或者说即使依此法律规定作出了判决，这样的判决常常也会被“民意”推翻。而所谓中国的“民意”，正是中国几千年来传统司法理念在当下的载体。①

我们也不得不承认，儒家思想的原则以及思维方法在形成中华民族法律文化和基本理念上不但起到了开端和奠基作用，而且这种法律文化和基本理念还一直绵延到了今天，并最终融进了习近平法治思想。换句话说，经过近现代以来近200年的法治实践以及经验总结所形成的习近平法治思想并不仅仅代表了国家的意志，它也代表了民众的意愿，这是中华民族法治历史发展到今天的必然选择。这不但可以看作对中国近200年来，司法理念不断变化作出的最终回应，也可以看作针对西方一些发达国家司法理念不断向世界各地蔓延作出的最终回应。由此可见，在中华民族伟大复兴的感召下，只有习近平法治思想才能真正为中国当下的法律制度提供一个坚固的理念之基，并进而发挥司法为民的功能。

---

① 吕勇：《法治权威与中国的现代性——兼评当代中国的新权威主义思潮》，载《前沿》2015年12月。

美国联邦法院法官 Hon Charles 博士说，当中国将来修订法律时，我们希望其修订的结果，将能显示出中国尚未淡忘的、令人赞赏的法制史，且能善于保存与利用其中最完善的法律制度，而这个法律制度是来自更完美而值得自傲的固有法律文化传统。[①]

① 转引自林咏荣：《中国固有法律与西洋现代法律之比较》，中央文物供应社 1982 年版，第 249 页。

参考文献

一、著作类

1. 喻中:《社会主义法治理念概论》,法律出版社 2012 年版。

2. 叶传星:《当代中国的法理念:以构建和谐社会为背景的考察》,中国政法大学出版社 2012 年版。

3. [德] 斯宾格勒:《西方的没落》(上卷),齐世荣、田农等译,商务印书馆 1995 年版。

4.《马克思恩格斯选集》(第 1 卷),人民出版社 1976 年版。

5. [美] 霍姆斯:《普通法》,冉昊、姚中秋译,中国政法大学出版社 2006 年版。

6. 陈晓枫:《中国法律文化研究》,河南人民出版社 1993 年版。

7. [美] 格伦顿、戈登、奥萨魁:《比较法律传统》,米健等译,中国政法大学出版社 1993 年版。

8. [英] 罗索:《西方哲学史》,商务印书馆 1982 年版。

9. [英] 丹尼斯·罗伊德:《法律的理念》,张茂柏译,新星出版社 2005 年版。

10. J. Needhom, Science and Civilization in China, Vol.2, Cambridge University Press1956.

11. 赵敦华:《西方哲学简史》,北京大学出版社 2008 年版。

12. [英] 库比特:《西方的意义》,王志成、灵海译,四川人民出版社 2012 年版。

13. [德] 黑格尔:《黑格尔早期神学著作》,贺麟译,商务印书馆 1988 年版。

14. [美] 罗斯科·庞德:《通过法律的社会控制》,沈宗灵译,商务印书馆 2010 年版。

15. [法] 涂尔干:《道德教育》,陈光金、沈杰、朱谐汉译,上海人民出版社 2001 年版。

16. [德] 康德:《纯粹理性批判》,邓晓芒译,人民出版社 2004 年版。

17. 顾肃:《自由主义基本理念》,中央编译出版社 2005 年版。

18. [德] 黑格尔:《精神现象学》(下卷),贺麟、王玖兴译,商务印书馆 1997 年版。

19. [美] 桑德尔:《自由主义与正义的局限》,万俊人译,译林出版社 2001 年版。

20. [美] 列奥 · 施特劳斯:《古今自由主义》, 马志娟译, 江苏人民出版社 2012 年版。

21. Ronald Dworkin, Justice for Hedgehogs, Harvard University press2011.

22. 彭付芝:《中国传统文化概论》, 北京航空航天大学出版社 2007 年版。

23. 冯友兰:《中国哲学简史》, 北京大学出版社 1996 年版。

24. 张岂之:《中国传统文化》, 高等教育出版社 1994 年版。

25. [法] 孟德斯鸠:《论法的精神》(上册), 张雁深译, 商务印书馆 1978 年版。

26. 江山:《中国法思想讲义》, 中国经济出版社 2014 年版。

27. Leo Strauss, Natural Right and History, Chicago: University of Chicago Press1953.

28. 胡水君:《法理学的新发展: 探寻中国的政道法理》, 中国社会科学出版社 2009 年版。

29. 陈来:《儒学思想录: 时代的回应和思考》, 华东师范大学出版社 2014 年版。

30. [美] 亨廷顿:《文明的冲突与世界秩序的重建》, 新华出版社 1998 年版。

31.《史记》。

32.《宋史》志。

33. [美] 柯文:《在传统与现代性之间——王韬与晚清革命》, 雷颐译, 江苏人民出版社 1989 年版。

34.《圣经 · 旧约》, 简化字现代标点和合本, 中国基督教会 2000 年版。

35. (清) 段玉裁:《说文解字注》, 中华书局 2013 年版。

36. [美] 冯 · 贝塔朗菲:《一般系统论》, 秋同、袁嘉新译, 社会科学文献出版社 1987 年版。

37. 王树人:《回归原创之思—— "象思维" 视野下的中国智慧》, 江苏人民出版社 2005 年版。

38. 黄寿祺、张善文:《周易译注》, 上海古籍出版社 2004 年版。

39. 陈鹏:《中国婚姻史稿》, 中华书局 1990 年版。

40. 朱熹:《中庸章句集注》。

41.《中庸》。

42.《左传》。

43. 郑定等:《情理法与中国人》, 北京大学出版社 2011 年版。

44. [古罗马] 西塞罗:《论共和国、论法律》, 中国政法大学出版社 1997 年版。

45. [英] 李约瑟:《科学思想史》, 何兆武译, 科学出版社 1990 年版。

46.《周易》。

47.《论语》。

48. 俞荣根:《儒家法思想通论》(修订本),商务印书馆 2018 年版。

49.《礼记》。

50.《孟子》。

51. [英] 休谟:《人性论》,关文运译,商务印书馆 1980 年版。

52.《尚书》。

53. 蒋庆:《政治儒学:当代儒学的转向、特质与发展》,生活 · 读书 · 新知三联书店 2003 年版。

54. 喻中:《中国法治观念》,中国政法大学出版社 2011 年版。

55. 俞荣根:《应天理顺人情》,山东教育出版社 2011 年版。

56. 南怀瑾:《易经杂说》,中国世界语出版社 1996 年版。

57. [法] 弗朗斯瓦 · 魁奈:《中华帝国的专制制度》,谈敏译,商务印书馆 1992 年版。

58. [美] E. 博登海默:《法理学、法哲学及其方法》,邓正来、姬敬武译,华夏出版社 1987 年版。

59. C. Perelman, The Idea of Justice and the Problem of Arguement, University of Brussels 1963.

60. [美] 弗兰克 · 戈布尔:《第三思潮:马斯洛心理学》,吕明、陈红雯译,上海译文出版社 1987 年版。

61. 赵旭东:《法律与文化》,北京大学出版社 2011 年版。

62. 霍存福:《复仇 · 报复刑 · 报应说——中国人法律观念的文化解说》,吉林人民出版社 2005 年版。

63. 钱穆:《中国历代政治得失》,九州出版社 2012 年版。

64. 苏亦工:《明清律典与条例》,中国政法大学出版社 2000 年版。

65.(清)曾国藩:《曾文正公全集》,吉林人民出版社 2005 年版。

66. 蒋廷黻:《中国近代史大纲》,东方出版社 1996 年版。

67. 沈国琴:《中国传统司法的现代转型》,中国政法大学出版社 2007 年版。

68.(清)朱寿朋:《光绪朝东华录》,中华书局 1958 年版。

69. 张晋藩:《中国法律的传统与近代转型》,法律出版社 1997 年版。

70. 王尔敏:《中国近代思想史论》,社会科学文献出版社 2003 年版。

71. 曹全来:《国际化与本土化——中国近代法律体系的形成》,北京大学出版社 2005 年版。

72. 严复:《论世变之亟》，载《严复集》(第1册)，中华书局1986年版。

73. 康有为:《康有为政论集》(上册)，中华书局1981年版。

74. 梁启超:《饮冰室合集·专集之四》，中华书局1989年版。

75. 宋仁:《梁启超政治法律思想研究》，学苑出版社1990年版。

76. 张之洞:《劝学篇》(内篇)，上海书店出版社2002年版。

77. 沈家本:《历代刑法考》，中华书局1985年版。

78. 朱勇:《中国法制史》，法律出版社1999年版。

79. 张从容:《部院之争:晚清司法改革的交叉路口》，北京大学出版社2007年版。

80. 葛兆光:《中国思想史》(第2卷)，复旦大学出版社2001年版。

81. 高鸿钧:《法治:理念与制度》，中国政法大学出版社2002年版。

82. 喻中:《自由的孔子与不自由的苏格拉底》，中国人民大学出版社2009年版。

83. 蔡枢衡:《中国法律之批判》，中正书局1947年版。

84. 张仁善:《礼法社会》，商务印书馆2013年版。

85. 韩秀桃:《司法独立与近代中国》，清华大学出版社2003年版。

86. 徐矛:《中华民国政治制度史》，上海人民出版社1992年版。

87. 李剑农:《戊戌以后三十年中国政治史》，中华书局1965年版。

88. 孙中山:《三民主义》，岳麓书社2000年版。

89. 蔡枢衡:《中国法理自觉的发展》，清华大学出版社2005年版。

90. 王伯琦:《近代法律思潮与中国固有文化》，清华大学出版社2005年版。

91. 公丕祥:《近代中国的司法发展》，法律出版社2014年版。

92. 居正:《法律哲学导论》，商务印书馆2012年版。

93. 施羽尧、沈渝丽:《女杰施剑翘》，北方文艺出版社1985年版。

94.《后汉书》。

95. 俞荣根:《道统与法统》，法律出版社1999年版。

96. 吴永明:《理念、制度与实践:中国司法现代化变革研究(1912~1928)》，法律出版社2005年版。

97. 侯欣一:《从司法为民到人民司法——陕甘宁边区大众化司法制度研究》，中国政法大学出版社2007年版。

98. 曾维东、曾维才:《中华苏维埃共和国审判史》，人民法院出版社2004年版。

99. 徐显明:《人民立宪思想探原》，山东大学出版社1999年版。

100. 杨永华、方克勤:《陕甘宁边区法制史稿》(诉讼狱政篇)，法律出版社1987年版。

101. 高新民、张树军:《延安整风实录》, 浙江人民出版社 2000 年版。

102. 纪坡民:《产权与法》, 生活 · 读书 · 新知三联书店 2001 年版。

103. 高新民、张树军:《延安整风实录》, 浙江人民出版社 2000 年版。

104. Schurmann Herbert Franz, Ideology and Organization in Communist China, Berkeley, University of California Press1968.

105. 张希坡:《马锡五审判方式》, 法律出版社 1983 年版。

106. 强世功:《调解、法制与现代化: 中国调解制度研究》, 中国法制出版社 2001 年版。

107. 张文显:《张文显法学文选: 司法理念与司法改革》(卷 7), 法律出版社 2011 年版。

108.《马克思恩格斯选集》(第 2 卷), 人民出版社 1995 年版。

109. [德] 马克思:《政治经济学批判》, 徐坚译, 人民出版社 1955 年版。

110.《列宁全集》(第 31 卷), 人民出版社 1985 年版。

111. [英] 韦恩 · 莫里森:《法理学: 从古希腊到后现代》, 李桂林等译, 武汉大学出版社 2003 年版。

112.《毛泽东选集》(第 2 卷), 人民出版社 1991 年版。

113. 蔡定剑:《历史与变革: 新中国法制建设的历程》, 中国政法大学出版社 1999 年版。

114. 王人博、程燎原:《法治论》, 山东人民出版社 2002 年版。

115. 陈景良:《当代中国法律思想史》, 河南大学出版社 1999 年版。

116. 林乾、赵晓华:《百年法律省思》, 中国经济出版社 2001 年版。

117. 程竹汝:《司法改革与政治发展》, 中国社会科学出版社 2001 年版。

118. [日] 棚濑孝雄:《纠纷的解决与审判制度》, 王亚新译, 中国政法大学出版社 1994 年版。

119. 胡水君:《法理学的新发展》, 中国社会科学出版社 2009 年版。

120. Ullmann.W, The Medieval Idea of Law, New York barnes&noble1969.

121. 喻中:《社会主义法治理念概论》, 法律出版社 2012 年版。

122. Cassirer, E, The Philosophy of the Enlightenment Princeton, Princeton University Press1951.

123. [美] 塔玛纳哈:《一般法理学: 以法律与社会的关系为视角》, 郑海平译, 中国政法大学出版社 2012 年版。

124. 江山:《制度文明》, 中国政法大学出版社 2005 年版。

125. 邓正来：《中国法学向何处去——建构“中国法律理想图景”时代的论纲》，商务印书馆 2006 年版。

126. 张文显：《法理学》，高等教育出版社 1999 年版。

127. [法] 罗伯特·雅各布：《上天·审判——中国与欧洲司法观念历史的初步比较》，李滨译，上海交通大学出版社 2013 年版。

128. 杨一平：《司法正义论》，法律出版社 1999 年版。

129. 林端：《儒家伦理与法律文化——社会学观点的探索》，中国政法大学出版社 2002 年版。

130. 尹伊君：《社会变迁的法律解释》，商务印书馆 2003 年版。

131. [美] 劳伦斯·M. 弗里德曼：《法律制度——从社会科学角度观察》，李琼英、林欣译，中国政法大学出版社 2004 年版。

132. 苏力：《送法下乡——中国基层司法制度研究》，中国政法大学出版社 2000 年版。

133. 吕世伦、公丕祥：《现代理论法学原理》，安徽大学出版社 1996 年版。

134. [法] 古斯塔夫·勒庞：《乌合之众：大众心理研究》，冯克利译，广西师范大学出版社 2011 年版。

135. [法] 托克维尔：《论美国的民主》(上)，董果良译，商务印书馆 1991 年版。

136. 张永和：《信仰与权威：诅咒（赌咒）、发誓与法律之比较研究》，法律出版社 2006 年版。

137. 陈弘毅：《法理学的世界》，中国政法大学出版社 2003 年版。

138. (明) 吕坤：《呻吟语》，江苏广陵书社有限公司 2009 年版。

139. [美] 杜维明：《二十一世纪的儒学》，中华书局 2014 年版。

140. 林咏荣：《中国固有法律与西洋现代法律之比较》，中央文物供应社 1982 年版。

二、论文期刊类

1. 崔永东：《西方司法理念与司法制度》，载《中国刑事法杂志》2010 年第 11 期。

2. 范愉：《现代司法理念的建构》，载《检察日报》2001 年 7 月 17 日。

3. 季秀平：《关于现代司法理念的一些误区》，载《南京社会科学》2006 年第 7 期。

4. 张建伟：《社会主义司法理念的中国诠释》，载《人民法院报》2011 年 8 月 24 日。

5. 崔永东：《法治的基础是文化》，载《人民法院报》2013 年 7 月 19 日。

6. 陈晓枫：《中国基本法文化的特征及其当代变迁》，载《中国法学》2015 年第 1 期。

7. 叶传星：《法律信仰的内在悖论》，载《国家检察官学院学报》2004 年第 3 期。

8. 何光沪：《基督宗教与西方文明》，载《暨南学报（哲学社会科学版）》2013 年第 12 期。

9. 傅有德：《理性与信仰之间：西方文化的源流与生命力》，载《世界宗教文化》2014 年第 5 期。

10. 张晋藩、郭道晖、陈光中等：《"中华文化与现代法治"对话录》，载《中国政法大学学报》2010 年第 5 期。

11. 黄瑞英：《走向理性信仰的意义世界——康德道德信仰观对我们的启示》，载《东南大学学报（哲学社会科学版）》2009 年第 1 期。

12. 陈弘毅：《法治国家要有道德基础》，载《领导科学》2015 年第 9 期。

13. 徐文俊、林进平：《康德对宗教合理性基础的批判与建构》，载《哲学研究》2001 年第 3 期。

14. 秋风：《尊重孔子，现代化才有意义》，载《南方都市报》2011 年 2 月 6 日。

15. 庞朴：《文化传统与传统文化》，载《科学中国人》2003 年第 4 期。

16. 刘梦溪：《百年中国文化传统的流失与重建》，载《浙江艺术职业学院学报》2010 年第 6 期。

17. 刘梦溪：《如何追寻文化的价值信仰》，载《中国文化报》2014 年 7 月 3 日。

18. 单纯：《中华法系的"天人合一"特色》，载《粤海风》2010 年第 1 期。

19. 徐显明：《坚持依法治国与以德治国相结合》，载《求是》2017 年第 6 期。

20. 姚中秋：《中国治道探源：敬天与人文之治》，载《人大法律评论》2015 年第 2 期。

21. 胡邦炜：《现代化西方化本土化——对亨廷顿〈文明的冲突〉中一个观点的解读》，载《四川行政学院学报》2005 年第 1 期。

22. 吴钩：《为什么赞美宋仁宗》，载《视野》2016 年第 16 期。

23. 彭林：《礼乐文化与和谐社会》，载《中国教育报》2007 年 5 月 1 日。

24. 黄文艺：《论中国法律发展研究的两大范式》，载《法制与社会发展》2000 年第 3 期。

25. 崔永东：《古代司法文化中的和谐价值观》，载《人民法院报》2011 年 1 月 14 日。

26. 崔永东：《从简帛史料看中国古代的司法思想》，载《江苏警官学院学报》2010 年第 9 期。

27. 何光沪：《癌症与重生——罗马帝国、西方文明与基督宗教》，载《汕头大学学报（人文社会科学版）》2012 年第 4 期。

28. 张祥龙：《概念化思维与象思维》，载《杭州师范大学学报（社会科学版）》2008

年第5期。

29. 何丽野：《〈周易〉象思维在现代哲学范式中的解读及意义》，载《社会科学》2006年第12期。

30. 俞荣根：《中道：传统良法善治之道》，载《人民网》2017年7月17日。

31. 魏祥：《〈周易参同契〉中的象思维特点——以“日月悬象”和“同类合体”为例》，载《景德镇高专学报》2014年第8期。

32. 舒国滢、冯洁：《作为文明过程的法治》，载《中共中央党校学报》2015年第1期。

33. 王树人、喻柏林：《〈周易〉的“象思维”及其现代意义》，载《周易研究》1998年第1期。

34. 张伟仁：《天眼与天平：中西司法者的图像和标志的解读》，载《法学家》2012年第1期。

35. 张舜清：《论儒家“中和位育”伦理观及其现代价值》，载《武汉科技大学学报（社会科学版）》2009年第2期。

36. 肖乐群：《儒家“中和”之德及其现代价值》，载《南华大学学报（社会科学版）》2009年第5期。

37. 刘梦溪：《礼仪文明的核心价值是“敬”——“礼失，求诸野”再识》，载《北京日报》2016年7月25日。

38. 张自慧：《和谐：礼乐文明的本质特征——对中国古代文明构建路径的理性思考》，载《理论月刊》2011年第7期。

39. 张中秋：《人与文化和法——从人的文化原理看中西法律文化交流的可行与难题及其克服》，载《中国法学》2005年第4期。

40. 马毓晨、刘霞、杜晓明：《论道德的力量源泉与弘扬》，载《经济与社会发展》2012年第5期。

41. 周玄毅：《自由意志——康德道德宗教的核心观念》，载《云南大学学报（社会科学版）》2010年第4期。

42. 杨泽波：《从以天论德看儒家道德的宗教作用》，载《中国社会科学》2006年第3期。

43. 萧伟光：《家，我们共同的信仰》，载《人民日报》2016年2月4日。

44. 谢扬举：《老子论士的修养与古礼》，载《孔子研究》1997年第3期。

45. 张幼良：《〈尚书〉德治思想原论》，载《徐州师范大学学报（哲学社会科学版）》2000年第4期。

46. 寇纪元、李森：《儒家思想造就的我国法制传统》，载《法制与社会》2009 年第 3 期。

47. 马小红：《中国近代法观念的演变》，载《金陵法律评论》2003 年春季卷。

48. 霍存福：《“合情合理，即是好法”——谢觉哉“情理法”观研究》，载《社会科学战线》2008 年第 11 期。

49. 霍存福：《中国传统法文化的文化性状与文化追寻——情理法的发生，发展及其命运》，载《法制与社会发展》2001 年第 3 期。

50. 张晋藩：《中国法律的传统与近代化的开端》，载《政法论坛（中国政法大学学报）》1996 年第 5 期。

51. 连宏：《儒家的和谐观与中国传统调解制度》，载《长春理工大学学报（社会科学版）》2005 年第 6 期。

52. 马毓晨：《重塑司法正义　指引司法改革》，载《法制博览》2016 年第 6 期。

53. 夏清瑕：《另一种秩序——法律文化中的因果报应信仰》，载《宁夏大学学报（人文社会科学版）》2006 年第 5 期。

54. 李俊：《晚清传统司法制度变革动因新探》，载《江西社会科学》2008 年第 6 期。

55. 夏勇：《飘忽的法治——清末民初中国的变法思想与法治》，载《比较法研究》2005 年第 2 期。

56. 崔永东：《沈家本论法制与道德之关系评析》，载《清华大学学报（哲学社会科学版）》2001 年第 3 期。

57. 张仁善：《论中国近代司法文化发展的多层面冲突》，载《法学家》2005 年第 2 期。

58. 喻中：《张之洞的当代意义》，载《博览群书》2009 年第 12 期。

59. 江庸：《五十年来中国之法制》，载《清华法学》2006 年第 2 期。

60. 郭成伟、郭瑞卿：《中国法律现代化的路径——中国法律的变革与外来法律资源的本土化》，载《金陵法律评论》2001 年第 10 期。

61. 肖军：《晚清司法改革的困境及启示》，载《社科纵横》2008 年第 3 期。

62. 郑定、杨昂：《还原沈家本：略论沈家本与晚清司法场域之变迁（1901~1911）》载《政法论坛》2004 年第 2 期。

63. 岳力：《晚清部院司法权限之争》，载《人民法院报》2016 年 10 月 14 日。

64. 李启成：《晚清司法改革之真实记录——〈各省审判厅判牍〉简介》，载《清华法治论衡》2011 年第 5 辑。

65. 沈国琴：《晚清司法发展分析——以严复的司法理论为分析对象》，载《国家检察官学院学报》2005 年第 3 期。

66. 江照信：《辛亥革命与民国司法——居正司法时期（1932—1948）》，载《明清论丛》2011 年第 11 期。

67. 程骞：《民国难产的司法改革》，载《法人》2016 年第 5 期。

68. 姚中秋：《论孙中山之道统自觉》，载《现代哲学》2015 年第 5 期。

69. 秋风：《反思辛亥：论孙中山之道统自觉》，载《儒家邮报》2015 年第 259 期。

70. [美] 安守廉、沈远远：《法律是我的明神：吴经熊及法律与信仰在中国现代化中的作用》，载《湘江法律评论》1998 年第 2 期。

71. 董康：《前清司法制度》，载《法学杂志》1935 年第 8 卷第 4 期。

72. 王新命、何炳松、陶希圣：《中国本位的文化建设宣言》，载《文化建设》1935 年第 4 期。

73. 杨金广、黄艳永：《试评中国 20 世纪 30 年代"中国本位文化建设"论战》，载《黑龙江教育学院学报》2009 年 7 月。

74. 喻中：《中国现代性法学话语的时空坐标》，载《政法论坛》2007 年第 7 期。

75. 陆季蕃：《法律之中国本位化》，载《今日评论》第 1 卷第 25 号，1939 年 12 月 10 日。

76. 侯欣一：《革命司法：徐谦法律思想初探》，载《华东政法大学学报》2008 年第 4 期。

77. 居正：《三十四年展望：法律的权威》，载《中华法学杂志》1945 年第 4 卷第 1 期。

78. 吴海燕：《"六法全书"基本特点的一种探析》，载《云南行政学院学报》2004 年第 2 期。

79. 沈岚、沈旻：《施剑翘——民国司法案卷中的复仇女》，载《中国档案》2013 年 6 月。

80. 强世功：《革命与法治：中国道路的理解》，载《文化纵横》2011 年第 3 期。

81. 刘全娥：《雷经天新民主主义司法思想论》，载《法学研究》2011 年第 3 期。

82. 李娟：《革命传统与西方现代司法理念的交锋及其深远影响——陕甘宁边区 1943 年的司法大检讨》，载《法制与社会发展》2009 年第 7 期。

83. 侯欣一：《中国近现代史上的法官职业》，载《法学》2006 年第 10 期。

84. 侯欣一：《陕甘宁边区高等法院司法制度改革研究》，载《法学研究》2004 年第 9 期。

85. 鲁佛民：《对边区司法工作的几点意见》，载《解放日报》1941 年 11 月 15 日。

86. 侯欣一：《谢觉哉司法思想新论》，载《北方法学》2009 年第 1 期。

87. 陈洪杰：《人民司法的历史面相——陕甘宁边区司法传统及其意义符号生产之“祛魅”》，载《清华法学》2014 年第 1 期。

88. 侯欣一：《陕甘宁边区司法制度、理念及技术的形成与确立》，载《法学家》2005 年第 4 期。

89. 胡永恒：《一元化领导体制下的司法半权：以陕甘宁边区治理为例》，载《文化纵横》2015 年第 4 期。

90. 邵湘茗：《延安整风时期历史经验及现实意义》，载《山东社会科学》2013 年第 12 期。

91. 强世功：《权力的组织网络与法律的治理化——马锡五审判方式与中国法律的新传统》，载《北大法律评论》2000 年第 2 期。

92. 侯欣一：《陕甘宁边区人民调解制度研究》，载《中国法学》2007 年第 9 期。

93. 习仲勋：《贯彻司法工作的方向》，载《解放日报》1944 年 11 月 5 日。

94. 苏力：《为什么“送法上门”？》，载《社会学研究》1998 年第 2 期。

95. 何立波：《马锡五，你在哪里？》，载《同舟共进》2011 年第 4 期。

96. 肖周录、马京平：《马锡五审判方式新探》，载《法学家》2012 年第 6 期。

97. Fu Hualing, Understanding People's Mediation in Post-Mao China, Journal of Chinese Law1992.

98. Lubman B. Stanley, Mao and Mediation: Politics and Dispute Resolution in Communist China, California Law Review. Vol.55, 1967.

99. 梁洪明：《马锡五审判与中国革命》，载《政法论坛》2013 年第 6 期。

100. 曾益康：《从政治与司法双重视角看“马锡五审判方式”》，载《西南政法大学学报》2009 年第 4 期。

101. 蔡定剑：《阶级斗争与新中国法制建设——建国以来法学界重大事件研究》，载《法学》1998 年第 4 期。

102. 张文显、于宁：《当代中国法哲学研究范式的转换——从阶级斗争范式到权利本位范式》，载《中国法学》2001 年第 1 期。

103. 张文显、姚建宗：《权利时代的理论景象》，载《法制与社会发展》2005 年第 10 期。

104. 蔡定剑：《关于前苏联法对中国法制建设的影响——建国以来法学界重大事件研究》，载《法学》1999 年第 3 期。

105. 何勤华：《关于新中国移植苏联司法制度的反思》，载《中外法学》2002 年第 3 期。

106. 范进学：《废除南京国民政府“六法全书”之思考》，载《西北政法学院学报》2003 年第 7 期。

107. 何勤华：《论新中国法和法学的起步——以废除国民党“六法全书”与司法改革运动为线索》，载《中国法学》2009 年第 8 期。

108. 莫纪宏：《司法应当在宪法制度下合法运行》，载《河南工业大学学报》2013 年第 9 期。

109. 陈光中、曾新华：《建国初期司法改革评述》，载《法学家》2009 年第 12 期。

110. 陈寒非：《断裂与延续：新旧法统“决裂论”辨正——以“废除六法全书”与“司法改革运动”为中心》，载《财经法学》2016 年第 3 期。

111. 黄文艺：《1952~1953 年司法改革运动研究》，载《江西社会科学》2004 年第 4 期。

112. 何青洲：《政治正义的司法实现》，载《政治法学研究》2014 年第 12 期。

113. 李玉生：《司法改革运动述评》，载《南京社会科学》1999 年第 9 期。

114. 汤一介：《不要把儒家“意识形态化”》，载《南风窗》2011 年第 2 期。

115. 贝淡宁：《贤能政治是个好东西》，载《当代世界》2012 年第 8 期。

116. 朱苏力：《认真对待人治》，载《华东政法学院学报》1998 年第 1 期。

117. 张文显：《中国法治四十年：历程、轨迹和经验》，载《吉林大学社会科学学报》2018 年第 5 期。

118. 何永军：《人民司法传统的表达与实践（1978~1988）》，载《司法》2008 年第 3 期。

119. 周才储：《谈我国民事诉讼中的便民思想》，载《北京政法学院学报》1983 年第 3 期。

120. 范愉：《法律信仰批判》，载《现代法学》2008 年第 1 期。

121. 庞朴：《文化结构与近代中国》，载《中国社会科学》1986 年第 5 期。

122. 江必新：《论司法为民的内涵及其实践》，载《人民司法》2005 年第 3 期。

123. 崔永东：《西方司法理念与司法制度》，载《中国刑事法杂志》2010 年第 11 期。

124. 高鸿钧：《现代西方法治的冲突与整合》，载《清华法治论衡》2000 年第 1 期。

125. 季卫东：《论法制的权威》，载《中国法学》2013 年第 3 期。

126. 陈小文：《程序正义的哲学基础》，载《比较法研究》2003 年第 1 期。

127. 江必新：《司法理念的辩证思考》，载《法学》2011 年第 1 期。

128. 李竹:《程序正义的法文化考察》,载《四川警官高等专科学校学报》2003 年第 10 期。

129. 江必新:《正确认识司法与政治的关系》,载《求是》2009 年第 24 期。

130. 张慜:《司法为民的楷模——记马锡五和马锡五审判方式》,载《中国审判》2006 年第 8 期。

131. 郑成良、张英霞、李会:《中美两国司法理念的比较》,载《法制与社会发展》2003 年第 2 期。

132. 吴占英、伊士国:《我国立法的价值取向初探》,载《甘肃政法学院学报》2009 年第 3 期。

133. 田成有、李懿雄:《乡民朴素的"正义观"与基层法官解决纠纷的策略》,载《现代法学》2002 年第 1 期。

134. 信春鹰:《中国需要什么样的司法权力?》,载《环球法律评论》2002 年春季号。

135. 宁松、王志华:《现代司法理念与司法公正的本土化整合》,载《广西政法管理干部学院学报》2005 年第 2 期。

136. 蔡维力、张爱军:《走出移植西方困境回归人民司法传统——对我国司法改革的实证评析》,载《法学评论》2009 年 7 月。

137. 张伟:《中国传统的司法和法学》,载《现代法学》2006 年第 5 期。

138. 黄秀丽:《李昌奎案:一份免死判决引发的风波》,载《法律与生活》2011 年第 8 期。

139. 喻中:《论"治—综治"取向的中国法治模式》,载《法商研究》2011 年第 5 期。

140. 吴国豪:《试论我国法院调解制度的完善——和谐诉讼理念下的法院调解制度》,载《法制与社会》2012 年第 9 期。

141. 张志铭:《社会主义法治理念与司法改革》,载《法学家》2006 年第 4 期。

142. 刘思达:《中国法律的形状》,载《中外法学》2014 年第 4 期。

143. 喻中:《再论法治的价值》,载《山东警察学院学报》2008 年第 11 期。

144. 江必新:《实现法治自身的现代化》,载《北京日报》2014 年 11 月 10 日。

145.《最高法 @ 所有人 这些道德要求上升为司法裁判标准》,载《人民日报》2018 年 9 月 19 日。

146. 黄勤武:《现代司法理念的反思——对照邓正来先生〈中国法学向何处去〉的检视》,载《福建法学》2007 年第 4 期。

147. 何勤华:《历史法学派述评》,载《法制与社会发展》1996 年第 2 期。

148. 徐亚文、邓达奇:《“政法”:中国现代法律传统的隐形维度》,载《河北大学学报(哲学社会科学版)》2011 年第 5 期。

149. 张文显:《中国社会转型期的法治转型》,载《国家检察官学院学报》2010 年第 4 期。

150. 杨振山、龙卫球:《罗马法的传统性和法律方法——兼论中国民法新传统》,载《中国法学》1995 年第 1 期。

151. 魏长领:《因果报应与道德信仰——兼评宗教作为道德的保证》,载《郑州大学学报》2004 年第 2 期。

152. 吕勇:《法治权威与中国的现代性——兼评当代中国的新权威主义思潮》,载《前沿》2015 年 12 月。

三、论文集

1. 徐显明、刘翰主编:《法治社会之形成与发展》(上),山东人民出版社 2003 年版。

2.《李泽厚对话集:二十一世纪(二)》,中华书局 2015 年版。

3. 尤陈俊编:《为什么要重建中国法系——居正法政文选》,中国政法大学出版社 2009 年版。

4. 刘东编:《中国学术》(2005 年第 2 辑),商务印书馆 2006 年版。

5. 中华学术院编:《哲学论集》,中国文化大学出版社 1976 年版。

6. 张仁善编:《王宠惠法学文集》,法律出版社 2008 年版。

7. 韩延龙主编:《法律史论集》(第 2 卷),法律出版社 1999 年版。

8. 郭道晖、李步云、郝铁川主编:《中国当代法学争鸣实录》,湖南人民出版社 1998 年版。

9. 中央档案馆编:《中共中央文件选集》(第 13 集),中共中央党校出版社 1989 年版。

10. 马俊驹主编:《清华法律评论》(第 2 辑),清华大学出版社 1999 年版。

11. 陈光中:《中国司法制度的基础理论专题研究》,北京大学出版社 2005 年版。

12. 董必武:《董必武法学文集》,法律出版社 2001 年版。

13. 肖扬主编:《中国刑事政策和策略问题》,中国人民公安大学出版社 1999 年版。

14. 夏勇主编:《走向权利的时代——中国公民权利发展研究》,中国政法大学出版社 1995 年版。

15. 苏力主编:《法律和社会科学》(第 1 卷),法律出版社 2006 年版。

16. 高鸿钧:《清华法治论衡》(第 1 辑),清华大学出版社 2000 年版。

17. 江华:《江华司法文集》，人民法院出版社 1989 年版。

18. 中南财经政法大学法律史研究所编:《中西法律传统》(第 2 卷)，中国政法大学出版社 2002 年版。

四、学位论文类

1. 田成有:《传统与现代：乡土社会中的民间法》，中国政法大学 2005 年博士学位论文。

2. 迟梅华:《中国传统文化在现代化进程中的地位与作用》，大连海事大学 2009 年硕士学位论文。

3. 贾奇英:《中国共产党法治理念之历史变迁》，重庆理工大学 2011 年硕士学位论文。

4. 雷芳:《法律文化视野下的报应观念——以中国传统社会为背景》，西北师范大学 2014 年硕士学位论文。

5. 钟家全:《当代中国程序法实现的法理思考》，湖南师范大学 2001 年硕士学位论文。

6. 汪合生:《伍廷芳的法律思想述评》，安徽大学 2007 年硕士学位论文。

7. 刘杨:《法治的哲学之维——正当性观念的转变》，吉林大学 2007 年博士学位论文。

8. 李庆萍:《论民国司法党化与司法独立共时性建设之矛盾》，西南政法大学 2014 年硕士学位论文。

9. 尤跃海:《居正司法改革思想研究》，南京师范大学 2014 年硕士学位论文。

10. 吴燕:《南京国民政府时期四川基层司法审判的现代转型》，四川大学 2007 年博士学位论文。

11. 孙伟:《吴经熊法律实践研究(1917—1949)》，苏州大学 2009 年博士学位论文。

12. 曹全来:《国际化与本土化——中国近代法律体系的形成》，中国政法大学 2004 年博士学位论文。

13. 黄岩:《“情理法”在清末的断裂与新生》，吉林大学 2011 年硕士学位论文。

14. 刘全娥:《陕甘宁边区司法改革与政法传统的形成》，吉林大学 2012 年博士学位论文。

15. 于博:《当代法院管理体制非行政化问题研究》，河北师范大学 2010 年博士学位论文。

16. 祁娜娜:《陕甘宁边区司法改革研究》，西南政法大学 2011 年硕士学位论文。

17. 周鹏宇:《谢觉哉法律思想研究》，吉林大学 2014 年博士学位论文。

18. 张炜达:《陕甘宁边区法制创新研究》，西北大学 2010 年博士学位论文。

19. 王建国：《列宁司法思想研究》，南京师范大学 2008 年博士学位论文。

20. 郝笑益：《1949—1957 年新中国移植前苏联法律制度研究》，北方工业大学 2015 年硕士学位论文。

21. 何永军：《断裂与延续——人民法院建设（1978—2005）》，四川大学 2007 年博士学位论文。

22. 赵晓力：《通过法律的治理：农村基层法院研究》，北京大学 1999 年博士学位论文。

23. 何青洲：《人民司法在中国的实践路线》，西南政法大学 2012 年博士学位论文。

后　　记

我的家族

——从晚清到当代

我的十三世祖马昇远从山东省济宁市汶上县（孔子当年为中都宰的地方）城西马家庙迁徙到泰安市宁阳县宁阳镇杨家集村，宁阳县鹤山乡是孔子的得意弟子颜回的家乡，不过颜回家离孔子家比离我家远太多了，我家离孔府只有二十五公里。从那时起，杨家集村开始有了姓马的人家，至今我们家族已经有三百多口人了，都是同宗的。

我的高祖父马文香排行老四，他的二哥是清朝最后一批秀才。据说他身材魁梧，力大无穷，成年后娶21岁的张氏为妻，转年生了一个儿子，但是天有不测风云，没过多久，我的高祖父突然得了一场病去世了，留下了孤儿寡母。我一直在想象，当他离开这个世界的时候，他是用怎样的眼神注视着自己的妻子呢？不舍，嘱托，安慰，还是保佑？妻子对他承诺过什么吗，还是哭得无言以对？总之，这个女人选择了坚强地活下去，关键是她活出了人样！从23岁守寡到86岁高龄去世，她不但买下了我们村的大部分土地，建了最好的房子，还供子孙们读书。她一生勤俭持家，家教甚严。奶奶给我讲过一个故事，她刚嫁到我们村时，她娘家的奶奶很想孙女，就让孙子扶着亲自来看看，到村头后，却被通知不让见，原因是今天分配的活儿还没干完，老人家只好在村头等着，结果一直等到夕阳西下也没能见到，哭着又回去了。我问奶奶，当时抱怨她吗？奶奶说，那么大一家人一起过日子，没有规矩是不行的，而且她八十多岁的时候还亲自干活呢，大家都没意见。

有一件事情能反映出我们家当年的殷实，即我爷爷、二爷爷、三爷爷是同一天举行的婚礼，据说场面很大，热闹非凡。听我奶奶说，在我们当地，有钱的人家娶个儿高的媳妇，我三位奶奶身高都在一米六五左右。我的曾祖父在民国时期担任过我们村的伪保长，但据我奶奶说，不是选举的，是因为家道殷实被任命的。每年的年终时节我家都会舍粥送饭，供应吃不饱的人吃，为人处世受到乡邻赞许，一个重大事件证实了这种说法：我父亲两岁，他的亲哥哥五岁时，两人同时病得昏迷不醒了，危及生命，据说羚羊角能治好。许多人都传言当地只有一王姓人家有，但真正去借用的时候，又总以早就用光了为由推托。在万般无奈之下，我的曾祖父主动提出来，为了两个孙儿，自己去一趟。大家也不抱什么希望了，就同意了。结果王姓人家真给了，但是真的所剩无几了，但就是这仅有的一点儿，救活了我的父亲和大爷。

在那个战乱的年代，伪保长有义务收粮食供应军队，但更多的时候是我家自己出，因为别人家往往自家都吃不饱，更无粮可交，于是我们家的粮食就被军队陆续运走了，家道也就开始衰落了。在三年自然灾害的时候，家人也要靠树皮草根充饥，而我的曾祖父吃树皮、草根患上了水肿病，没过多久就离开了人世，我的曾祖母也没有熬过来，去世了。后来生计实在艰难，我爷爷就主持分家了，我二爷爷学问最少，得了一套房，我五爷爷最小，也得了一套房，包括我爷爷在内的三兄弟就没房可分了，只能自己解决。我爷爷和我奶奶搭了两间茅草房住，但不久失火了，这场大火又让我家陷入了赤贫。那时我父亲还是个很小的孩子，他的妹妹刚出生不久，他担心蚊子会咬妹妹，就学着母亲的样子把蚊帐收紧，不料蚊帐扯到了燃烧的煤油灯上，顿时火就冲上了草房的顶部，等他的母亲赶到，已经成了火海，妹妹大哭，做母亲的不忍心，把一桶水浇到头上就冲进了火海，一把把孩子拽了出来，奶奶的头发就烧光了。政府救济了两床被子。我奶奶说，划分阶级成分时，是投票决定各家成分的，我们家最后定的是中农。

1981 年，我们村有一个当兵的名额，我二爷爷家的叔叔和我三叔体检都合格了，我爷爷说，我二爷爷读书少，如果儿子再不行，日子就更艰难了，一个名额就给他吧。所有人都服从，我二爷爷家的叔叔就当兵走了。后来，我三叔也有机会当兵了，他说："咱们家太艰难了，能得到这个机会太不容易了，我要坚决干好，提不了干就再也不回这个家。"半年后，他寄信说要一块手表，还要特别准时的。为了买这样的表，拿出了我父亲、我大姑父全部的工资，卖了我大爷家的一部分粮食，再加上我二姑家的一头老母猪，总共凑齐了120块钱，我父亲买了一块上海牌的手表给三叔寄去了。二十多年后，我看到这块表时，它竟然依旧在准确无误地走着。三叔走后再也没有其他的音信，直到六年后，他才第一次回家，这时他已经在中直机关工作了。我小的时候就盼着三叔回家，因为能吃到各种好吃的食品。当然整个家族的小孩都能吃到。

也是在1981年，我三爷爷得了脑瘫，生活完全不能自理，吃喝拉撒睡全靠妻子帮助，二十年如一日，我亲眼见过我瘦弱的三奶奶扶起比她高一头多的三爷爷，也许有人会说这对女人不公平，但是请问，如果妻子病倒了，谁又不希望自己的丈夫扶持自己呢？离婚，是强者的意愿，绝非弱者的福音！中国传统婚姻观念将夫妻视为一体，强者必须陪弱者走完一生。这里面有个很有意思的问题，就像罗尔斯提出的“无知之幕”一样，谁能预测到将来的自己是强者还是弱者呢，尤其是到了晚年，身体是否还能自理呢？那么通过婚姻设定一个不离不弃的保护人有何不好呢？当然，我相信三奶奶是乐意的，因为她去世没几年，三爷爷就走了。或许这才是情歌里所渲染的人间真情吧？为金钱而来的，钱没了人就去了；为美色而来的，容颜不在时人也就不在了。没有文化作支撑的爱情究竟能走多远呢？真的很让人疑惑。

在我童年的记忆里，最清晰的事情就是给乡邻送爷爷写的春联。后来听奶奶说都是白送的，我问，他们不知道买纸也需要钱啊？奶奶说一开始是给钱的，但是后来说要几副春联的人越来越多，实在记不清谁给过钱了，如果给了钱，没送去春联多不好看啊，所以就变成给钱不给钱的都送，挨家挨户地送，慢慢地大家都不给钱了，等过了年来咱家拜年时说声“谢谢”就完了。这事对幼年时期的我来说是件大事，每年寒假，天气不错的时候，我就负责给爷爷磨墨，爷爷写毛笔字的时候，我负责坐在他对面往上一点一点地拉纸张，等写好了，就拿到院子里晒干，之后再按照上下联的顺序收起来，够一定数量了，我还帮着去给乡邻送春联，有时还会送出村子去，因为我爷爷是我们当地毛笔字写得最好的。对我的好处，就是在年复一年、日复一日的写春联的过程中，完成了我对传统文化的启蒙教育。至今记忆尤深的是挂在爷爷家堂屋的一副春联："天增岁月人增寿　春满乾坤福满门"。在我很小的时候，爷爷就告诉我天地即乾坤，天地人乃三才。现在读起来，突然意识到这副春联是对"天人合一"这一中华文化根本理念的绝佳阐述。爷爷还教导我读书的好处：家财万贯晚上睡觉怕偷了，知识装进脑子里就不怕偷，而且去哪里带着知识也不累。

有一次，我和奶奶在路上遇到一个老太太，我常年不住在老家，不认识，赶紧问奶奶怎么称呼她，奶奶说不理她。结果老太太也看到我们走过来了，她竟然主动站到路边等我们走过去。奶奶给我说，就是她家"文革"期间带头把咱家的祖坟扒了。我说，为什么不好好教训她？奶奶说，她家这些年也不好过，真遭报应了，算了。奶奶经常说："人家开口求助，肯定是的确需要帮助了，求咱们是相信咱们能帮忙，咱们没有的话，就是现去借，也要帮人家。"我母亲也说，但凡要饭的，都是被生活所迫，否则谁愿意背井离乡受罪呢，没有现成的吃的，让人家等一会儿，现做一碗面给人家吃，也不能让人家饿着肚子走。

1986 年，我父亲获得了考公务员的机会，因为他在 1979 年被共青团中央授予了"全国新长征突击手"称号。当时正是农忙时节，我父亲去找爷爷，爷爷说，考不一定能考上，但麦子若收割不了，一年的收成肯定就没有了，会挨饿的。母亲却对父亲说："你去参加考试吧！我自己干就行。"我父亲真的就背包复习考试去了，结果父亲是全县唯一一个被录用的。我们家族的人可高兴了，我爷爷走路时腰杆都挺直了！但我母亲说，谁高兴也没有她高兴。父亲被分配到西疏乡工作，离家很远，我们母子三人只能跟着去了。临行前，爷爷对父亲嘱咐说："一不能贪污受贿，你本是农民出身，应知农民不易；二要常回家看看。"这些年我父亲用实际行动做到了。

1998 年正月，我爷爷在弥留之际，依然不停地背诵《三字经》，奶奶说，别背了，歇一会儿吧！爷爷却说，你别说话，我在教育孩子们别做坏事。不久爷爷去世了，来吊唁的人特别多，出殡那天，就没能从家直接去坟地，因为我的高祖母晚年把坟地迁到了家门口，比较近，但是参加丧礼的人实在太多了，从家到坟地的距离都站不开，所以围着村子转了一大圈。后来我看到了账本子，全村人基本上都出钱了。热闹过去了，爷爷离开我们了，但是对奶奶来说不是的，她每天都会搬着一个小凳子坐在离爷爷不远的地方，从早晨到傍晚。即使你不在人间了，我依然在守望着你，如果这不叫爱情，又该叫什么呢？

2003 年，我五爷爷病重，他的儿子还小，没能力给他治病。于是我们家族就聚集起来，所有的侄子都出钱出力，这就是家族义务。最后钱花出去了，但五爷爷还是去世了。

2003 年，我弟弟也考上了大学，母亲没工作，父亲一人的工资不够用，于是父母又选择重做农民，靠种菜供我们姐弟两个读书。父亲身体也不太好，他每天朝着朝阳走去，而且告诉自己："我要活着，我的儿女还需要我。"但2006 年，父亲还是倒下了，我们展开了千里大救援，从宁阳到济南，从济南到北京，感谢每一个在我们危难时帮助过我们的人！感谢阳光照耀着大地，让我永怀希望！戴博士说，只要你想让你的父亲活着，他就能活下去，因为你的身上流淌着他的血液！要相信天人感应是有的，孝感动天是真的。十年后，父亲见到了当年给他治疗的李大夫，李大夫高兴得像个孩子般，他说，能活着就是奇迹。

2010 年，在一个阳光明媚的日子，我们整个家族一起给我的高祖母立了一块两米高的墓碑，碑文记述了她平凡而又伟大的一生，署名从她的孙子开始，直到她的四世孙，以此来表达我们对这位先祖最崇高的敬意！

我们家族仅仅是中华大家庭中很普通的一员。中国人就是这样一代人托举起下一代人，以延续一个家族，进而来实现中华民族的发展与强盛的。试看今天的教育和就业就知道，依然没有改变家族的延续方式，既然如此的话，我们有什么理由不供奉祖先，不奉养父母呢？中华民族是一个"可以托六尺之孤，可以寄百里之命"的国度，但是请相信，没有永远的弱者，正像没有永远的强者一样。

在我们这一辈分的族人中，我是学历最高的，我分别在三所不同的大学攻读了法学学士学位、科学技术哲学硕士学位和法学理论博士学位，因此，理应代表我的家族对中华民族作出一些贡献。

谨以此文献给我伟大的祖国，献给我生生不息的家族！

致　谢

我在中国政法大学攻读博士学位期间完成了此书的大部分内容，本书终稿就是在此基础上修改完成的。我毕业后到《民主与法制》社工作，我的工作岗位给了我很多机会去接触更加广阔的法学理论领域和司法实践领域，书中不少内容是在工作过程中逐步完善起来的。书稿付梓之际，最想表达的就是感谢。感谢中国法学会法治文化研究会在本书写作和出版过程中给予的大力支持。感谢中国法制出版社的工作人员，正是你们的辛勤工作，才使本书得以面世。

感谢我的导师姚建宗教授，他学识渊博，治学严谨；导师是我做人的榜样，他朴实无华，光明磊落，更难能可贵的是，我的导师具有博大的胸襟，这点从他对我的论文指导中充分地展现了出来。感谢中国政法大学原副校长张保生教授，他是我的第二导师，三年来，我通过张老师的同门课堂，和大家共同学习，共同讨论问题，这让我的学业增进很多，他高尚的师德令我感动。感谢我的博士论文答辩主席朱勇教授，“新民主主义司法理念”的提法就是他确定的，当然他还给予了我其他方面的修改意见，使我顺利通过博士论文答辩，并取得了博士学位。感谢俞荣根教授和马小红教授在百忙之中为本书作序。

感谢全国人大宪法和法律委员会副主任委员江必新主任、北京市大兴区人民法院的曹庆安副院长、北京市大兴区某居委会的赵秀娥主任，感谢西南政法大学俞荣根教授、清华大学江山教授、北京大学易继明教授、中国人民大学马小红教授、华东政法大学崔永东教授、北京航空航天大学姚中秋教授、中国人民公安大学沈国琴教授、北京林业大学周国文教授的当面教导。诸位能在百忙中抽出宝贵的时间给予我指教，实在让我感激不尽！另外，江西省社会科学界联合会吴永明副主席、浙江大学光华法学院马光教授、西南大学陈庆教授，虽然远隔千里无缘谋面，但通过电话、微信等方式对我论文进行的指导也令我感动。

感谢我的任课老师们，你们传授给我的知识和对我的关心与帮助，我都会永远谨记不忘。当然，还有我们中国政法大学法理学方向、法制史方向、宪法与行政法方向的老师，都在我请教的范围之内，还有人文学院、国际儒学院的老师也为我解答过问题，在此一并谢过，永记不忘！

图书在版编目 (CIP) 数据

中国司法理念的变迁 / 马毓晨著 .— 北京：中国法制出版社，2022.11

ISBN 978-7-5216-2969-9

Ⅰ . ①中…　Ⅱ . ①马…　Ⅲ . ①司法—理论研究—中国 Ⅳ . ① D926.01

中国版本图书馆 CIP 数据核字（2022）第 190549 号

责任编辑：王雯汀　　封面设计：李　宁

中国司法理念的变迁

ZHONGGUO SIFA LINIAN DE BIANQIAN

著者 / 马毓晨

经销 / 新华书店

印刷 / 三河市紫恒印装有限公司

开本 / 710 毫米 ×1000 毫米　16 开　　印张 / 16　字数 / 245 千

版次 / 2022 年 11 月第 1 版　　2022 年 11 月第 1 次印刷

中国法制出版社出版

书号 ISBN 978-7-5216-2969-9　　定价：65.00 元

北京市西城区西便门西里甲 16 号西便门办公区

邮政编码：100053　　传真：010-63141600

网址：http://www.zgfzs.com　　编辑部电话：010-63141824

市场营销部电话：010-63141612　　印务部电话：010-63141606

（如有印装质量问题，请与本社印务部联系。）